노년을 위한 마음 공부

FIDELIS RUPPERT
Älter werden – weiterwachsen

© 2013 Vier-Türme GmbH, Verlag, D-97359 Münsterschwarzach Abtei
All rights reserved.

Translated by CHEONG Hadon
Korean translation copyright © 2016 by Benedict Press, Waegwan, Korea.

Korean translation rights arranged with Vier-Türme GmbH, Verlag.

노년을 위한 마음 공부

2016년 2월 19일 교회 인가
2016년 3월 17일 초판 1쇄
2024년 5월 16일 초판 10쇄

지은이   피델리스 루페르트
옮긴이   정하돈
펴낸이   박현동
펴낸곳   성 베네딕도회 왜관수도원 ⓒ 분도출판사
찍은곳   분도인쇄소

등록   1962년 5월 7일 라15호
주소   04606 서울시 중구 장충단로 188 분도빌딩(분도출판사 편집부)
         39889 경북 칠곡군 왜관읍 관문로 61(분도인쇄소)
전화   02-2266-3605(분도출판사) · 054-970-2400(분도인쇄소)
팩스   02-2271-3605(분도출판사) · 054-971-0179(분도인쇄소)
홈페이지 www.bundobook.co.kr

978-89-419-1605-5   03230

이 책의 한국어판 저작권은 Vier-Türme GmbH-Verlag와 독점 계약한 분도출판사에 있습니다.
저작권법에 의해 한국 내에서 보호를 받는 저작물이므로 무단 전재와 무단 복제를 금합니다.

노년을 위한
마음 공부

평화롭고 조화로운 노년을 맞이하기 위한 지혜

피델리스 루페르트 지음
정하돈 옮김

분도출판사

차례

머리말
    나이는 숫자에 불과할까   7

1. 노년은 기회다   13
    나이 들어 감을 제때 알아차리기   13
    노년에도 계속 성장하기   23
    노년에 성숙하지 못하면   35
    장애물 치우기   40

2. 과거를 통해 미래로   51
    감사하기   52
    버릇 끊어 버리기   56
    성공을 상대화하기   63
    잘못 알아차리기   70
    과거의 아픔 허용하기   75
    용서하기   84

3. 나이 들면서 자유로워지는 발걸음   95
    자유로워지기   95

연로한 이들을 공경하고, 연소한 이들을 사랑하라　114
노인의 모태가 수태할 수 있는가　129
신앙은 노년에 더 깊어지는가　139
제일 중요한 것은 건강이다!?　151
죽음을 날마다 눈앞에 두라　169

맺음말
　새로워지면 성장한다　185

부록　물러남과 나아감　197
주　225
참고문헌　237

머리말

나이는 숫자에 불과할까

몇 해 전 탄자니아에 있는 형제 수사님의 생일잔치에 참석한 적이 있다. 뮌스터슈바르작 수도원 출신으로 그곳 수도원 아빠스(대수도원장)를 지낸 분이 80세 생일을 맞은 것이다. 한 젊은 아프리카 수사가 감동적인 인사말을 했는데 아프리카에서 노인이 된다는 의미에 대한 것이었다. 그는 전통적으로 노인을 세 종류로 구분한다고 했다.

첫째는 '늙은 어린이'(mzee kijana)다. 그는 참으로 나이 들지 않은 사람이다. 그는 성장하지 않았고, 성숙하지 못했고, 지금도 여전히 그렇게 살고 있다. 그 때문에 '늙은 어린이'란 젊다는 칭찬이 아니라 인격을 발전시키지 못하고 성숙하지 못한 사람을 비판하는 말로서, 비꼬고 조롱하는 의미가 있다.

둘째는 삶에서 무엇인가를 이루고 경험을 쌓은 노인들이다. 그들은 이제 그 경험을 젊은이들에게 전해 주고 조언자가 된다.

셋째는 '하느님의 노인'(mzee wa Mungu)이다. 그는 특별한 방법으로 하느님과 관계를 맺은 사람이다. 이 특별한 친밀함을 통해 그는 공동체 안에 축복을 가져온다.

아프리카 사회에서 중요한 것은 — 외적으로든 내적으로든 — 젊음을 오래 유지하느냐가 아니다. 노년의 가치를 인식하고, 무엇보다 삶의 지혜와 하느님과의 친밀함에서 드러나는 것을 노년에 발전시켰는가 하는 것이다.

반대로 우리가 사는 곳에서는 이런 표현이 만연해 있다. "나이는 숫자에 불과하다." 사람들은 자신의 나이를 말해야 할 때 자신이 실제로는 아직 많이 젊다는 것을 강조하곤 하는데, 여기에는 자신이 어떻게 해서든 젊게 느끼고 있고, 늙는다는 것에 대해서는 알고 싶지 않다는 마음이 있다. 나이가 들었음에도 건강하고 정신적으로 총명함을 유지하는 것은 좋은 일이다. 그러나 실제 나이를 무시하고, 그렇게 함으로써 인생의 이 시점에서 시급하고 중요한 질문 또한 무시하는 것이 과연 현명할까?

철학자 게르트 아헨바흐Gerd Achenbach는 이런 표현들을 심도 있게 다루었다.[1] 그는 나이와 나이 들어 감에 관한 19세기의 금언과 속담을 500개 넘게 수집해 책으로 엮었다. 그 책에서 이렇게 단정했다. "여러 민족의 속담 522개 중에 오늘날 우리가 흔히 사용하는 '나이는 숫자에 불과하다'라는 표현은 하나도 없었다. 확실히 이 비슷한 것조차 없다. 이런 표현은 최근의 것이 분명하다. 다시 말해서, 이것은 정말 현대인들의 표현이다. 그것이 존중해야 할 '서민의 지혜' 또는 '길거리의 지혜'[2]인지는 좀 더 살펴봐야 한다. 세련되고 제법 그럴듯하게 들리는 표현이라고 해서 삶의 참된 지혜를 표현하는 것은 아니다. 이 표현도 마찬가지다."

아헨바흐가 언급하는 격언들은 대부분 노년의 품위 혹은 문제에 관한 것이다. 자기 나이를 인정하지 않는 사람을 희화하는 말도 있다. 아헨바흐는 안드레아스 그리피우스Andreas Gryphius의 풍자시를 인용한다. "네가 늙었기 때문에 사람들이 웃는 게 아니다. 사람들은 네가 늙었는데도 절대로 늙지 않으려고 하기 때문에 웃는다." 그리피우스가 여기서 '늙은 어린이'(mzee kijana)에 대해 말한 것임을 우리 젊은 아프리카 수사들은 즉시 알 것이다. 이런 말도 있다. "많은 이가 여전히 아기 피부에서 회색빛 머리칼이 나고 평생을 어린이 신발을 신고 살아간다." 이런 사람은 외적으로 늙고 백발이 되었지만 인생에서 아무것도 배우지 못해 미숙하고 아이처럼 행동한다.

자기 나이를 인정하지 않는 것은 어리석은 일이다. 나이와 그에 따른 중요한 인생의 단계를 풍요롭게 만들 수 있는 기회를 놓치는 것이기 때문에 자신에게도 좋지 않다. 아르투르 쇼펜하우어Arthur Schopenhauer는 『인생론』Aphorismen zur Lebensweisheit에서 "자기 나이에 어울리는 정신을 갖지 못한 사람은 노년에 모든 것이 불편하다"고 한 볼테르Voltaire의 말을 인용했다. 이에 대해 게르트 아헨바흐는 이렇게 평했다. "예전에는 실제 자기 나이에 맞게 사는 것이 지혜로 인정되었고, 그 외의 것들도 나이가 채워야 할 여러 가지 기대들과 관련되어 있었다. 그와 반대로 현대인들은 젊게 보이려는 노력밖에 하지 않는다." 삶의 단계마다 존재하는 기회와 위험들을 알고 그것을 미래를 위해 사용할 줄 아는 것이 성숙하는 것이다.

　삶을 마무리하고 뜻 깊게 '최후를 장식'하기 위해 이제 노년의 심오한 의미에 대해 묻고 길을 찾아야 할 시간이 된 것 같다. 오늘날 성숙하고 지혜로운 노인들의 긍정적인 모습을 찾아볼 수 없기 때문에 아마도 많은 이가 젊음이라는 망상에 사로잡혀 있는 것 같다.

　그래서 이 책에서는 무엇보다 그리스도교 안팎의 오랜 전통과 이 시대의 사람들의 모습에서 노년의 깊은 의미를 되새겨 보고자 한다. 또한 노년에 성취해야 할 매력적인 목적과 우리에게 새로운 길을 제시하는 사람들과 그들의 경험들을 살펴보고자 한다. 그뿐 아니라 앞으로 나아가는 것을 부담스러워하지 않고 노년에 더욱 풍요로운 결실을 맺기 위해 지금까지의 삶의 단계를 잘 마무리하고 또 새로 통합시킬 수 있는 방법도 살펴보려 한다.

　뮌스터슈바르작 수도원에서 프란츠 트로프만Franz Troppman과 함께 '성장하는 노년'이라는 주제로 피정을 했다. 심리 상담사로 일해 온 그의 풍부한 경험이 고스란히 드러난 매우 유익한 시간이었다. 이 피정을 하면서 은퇴를 앞두고 있거나 은퇴한 사람들, 인생의 새로운 단계를 제때에 준비하고 싶어 하는 사람들이 함께 생각해 보고 또 대단히 열린 마음으로 서로의 체험을 나누었다. 참으로 모두에게 풍요로운 시간이었다.

우리 형제 우도 퀴퍼Udo Küpper 신부와 마인라트 두프너Meinrad Dufner 신부가 피정 중에 '기도하면서 늙어 가기'라는 주제를 깊이 있게 이끌어 가는 데 큰 도움을 주었다. '기도와 신앙이 참으로 무엇인가?' 그리고 '합당한 형식은 무엇인가?'라는 근본적인 질문이 제기될 때, 적어도 신앙인에게는 기도가 노년기를 관통하는 길이며 새로운 삶으로 들어가게 하는 결정적인 매개체라는 것이 분명하게 드러났다. 이런 피정을 지도할 때에는, 단지 다른 사람들에게 봉사만 하는 것이 아니라 이 과정이 나 자신에게도 도움이 된다. 그리고 수도원에서 함께 나이 들어 가는 일 또한 열매 맺게 한다.

이 책에서 소개하는 내용들은 나 자신의 경험과 수도승 전통의 풍부한 경험들 그리고 다른 문화, 특히 아프리카 문화와의 만남에 바탕한 것이다. 이것은 우리 중부 유럽의 활발한 정서와는 약간 동떨어진 전통의 경험일 수 있지만 오늘날 우리 시대에 매우 적합하고 '새로운 노인'의 지평을 열어 준다.

이 글을 쓰는 데 용기를 주고 전문적인 도움을 준 마를레네 프리치Marlene Fritsch 여사에게 감사한다.

1. 노년은 기회다

나이 들어 감을 제때 알아차리기

"늙고 싶은 사람은 제때에 시작해야 한다"는 유명한 격언이 있다. 나는 마흔 살에 노년에 대해 진지하게 생각하기 시작했다. 내가 그렇게 하려고 결심했기 때문이 아니라 상황이 그렇게 흘러갔다. 대부분의 사람이 이런 생각을 해 보았을 테고 또 경험했다고 믿기에 여기서 내가 겪었던 과정을 이야기해 보고 싶다.

내·외적으로 혼란스러운 중년 때였다. 당시 중년의 위기에 대한 책이 많이 나왔다. 그때만 해도 이 주제는 전에는 잘 언급되지 않던 새로운 것이었다. 책들은 이 위기가 '지금까지 많은 일을 하고 성공을 거두었지만 마음속 깊이 자리하고 있는 동경이 채워지지 않았다는 느낌에서 기인한다'고 했다. 나도 자신에게 이런 질문을 던졌다. '그 속'에 어떤 새로운 것, 어떤 깊은 것, '진짜'가 있는가? 그렇다고 한다면 이것은 이미 여러 해 동안 영적 도정에 있었으나 지금 불안을 느끼는 수도자에게 무엇을 의미하는 걸까?

1978년은 나에게만 어려운 시기가 아니었다. 몇 해 동안 나와 함께 살던 많은 이가 공동체를 떠나갔다. 이런 '퇴회 물결'은 다른 수도원에서도 마찬가지였다. 지금까지 해 오던 것들을 더 이상 하지 못했고, 그렇다고 새로운 것이 보인 것도 아니었다.

마흔 살 생일날 내 방에서 어찌할 바를 모른 채 한참을 앉아 있었던 것을 아직도 기억한다. 구체적인 것이 보이지는 않았지만 그것이 끝이 아니라 어떤 식으로든 새로운 시작일 수 있겠다는 희미한 예감이 들었다. 이 예감은 요한네스 타울러Johannes Tauler(1361년 사망)를 알게 된 것과 관계가 있다. 그는 쉽고 깊은 말로 내 삶에 새로운 전망을 열어 주었고 오랫동안 내 길잡이가 되어 준 인물이다. 그를 처음 알게 된 것은 한 잡지[3]에서였다. 그가 마흔 살에 겪는 위기에 대해 상세하게 설명한 것이 나에게는 깨달음과도 같았다.

타울러의 글을 읽었을 때, '완전히' 다르게 행동하거나 완전히 다른 삶의 길을 가는 것이 핵심이 아니라는 것이 분명해졌다. '지금까지와는' 다르게 행동하는 것, 새롭고 심오한 비전과 동기를 발견하는 것이 중요했다. 나는 새로운 시대가 다가옴을 느꼈다. 그때 나는 안셀름 그륀 신부와 함께 이 새로운 발견을 우리 공동체 피정 때 소개했다. 이는 우리 모두가 힘들어하고 있던 위기의 시기에 새로운 소식이었다. 우리에게 미래로 들어가는 문이 열린 것 같았다.[4]

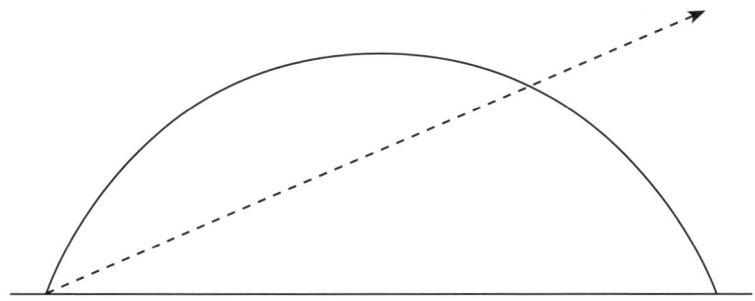

이때 나는 요제프 골드브룬너Josef Goldbrunner가 노년에 관해 쓴 책도 발견했다.5 이 책에서 본 도표는 내 머릿속에 각인되어 있다.

도표는 우리 삶의 활동성을 표현하고 있다. 인생 곡선은 위로 향하다가 어느 지점에서부터 아래로 떨어진다. 인생의 외적 부분의 진행 과정을 표현한 것이다. 화살표는 인간의 정신적 발달을 가리킨다. 인생의 외적 곡선이 어느 순간 아래로 떨어지는 반면 화살표는 계속 위를 향해 간다. 인생 곡선이 정점에 이른 후 아래로 떨어지기 시작하는 바로 그 지점에서 정신적 발달을 가리키는 화살이 새로운 자유를 향해 나아간다. 이 자유 안에서는 성공이나 업적이 중요하지 않다. 외적 행위나 외적 과제와 동일시하지 않는 초월적인 의미, 내적 여정이 중요하다.

나는 외적 성공이나 그 어떤 출세에도 관심이 없었다. 그러나 실제적이고 나를 아주 고통스럽게 하는 문제들이 넘치고 있었다. 그 문제들이란 비전을 숨기거나 그저 동경만 하는 것이었다. 거기에는 어떤 가능성도 없었고, 그 자리에서 옴짝달싹도 못하게 했다.

그런데 도대체 이것이 무엇을 뜻할까? 20년 동안이나 수도원에 살고 있는 수도자에게 이는 분명하고 당연한 것이어야 했다. 그런데 그렇지 않았다. 나는 수도원에서도 길 위에 있을 수 있다. 그러나 화살표가 표현하는 것처럼 새로운 공간으로 나아가는 길 대신 내가 움직이는 공간 안에 있었다. 그것은 내가 여러 해를 공동체 안에서 조화롭게 살면서 의무를 지키고 기도 생활을 실천한다는 것을 뜻한다. 이는 여러 미지의 세상에 대한 탐색 없이 닫힌 공간에서 이루어진다. 그러면서 마음의 호기심과 새로운 시작에 대한 큰 동경이 사라져 버릴 수 있다.[6]

이런 통찰은 중년에 내 영혼을 대대적으로 흔들어 놓았다. 이 시기에 나는 끊어진 길 위에 있다는 자각과 더불어 무엇인가 새로이 시작하고자 하는 것 앞에서 속수무책으로 서 있다고 느꼈다. 골드브룬너의 도표는 숨어 있는 신비를 탐색하는 암호와도 같았다. 그 신비를 어떻게 설명해야 할지는 알지 못한 채, 이 도표는 그 후 35년이 넘는 시간 동안 늘 나와 함께하고 있다. 이 도표는 ― 그 숨은 신비를 전부 알지는 못했지만 ― 내가 새로운 것들을 발견할 수 있도록 호기심과 동경을 깨어 있게 했다. 이제 나의 '활동적인' 시간을 넘어서까지 미치는 노선이 분명해졌다.

이 도표를 발견한 것은 내 인생 여정에서 큰 행복이었다. 몇 년 후에 나는 아빠스(대수도원장)로 선출되었다. 수십 년 동안 대단히 역동적인 시간을 보냈다. 그러나 도표와 타울러의 글들을 늘 떠올렸다. 이것이 내가 외적인 과제들에 몰두하지 않도록 도와주었다. 아직도 다른 차원, 즉 정신적 발전을 나타내는 화살표를 늘 생각한다. 불현듯 나는 거기서 나의 진정한 정체성을 깨달았다. 그것은 내 지위가 아니라 수도자로서의 근본적인 길이었다.

나는 화살표의 길, 즉 마음의 길을 닦을 시간을 많이 가지지 못했다. 그러나 내게 깨달음을 주는 만남과 경험들이 거듭 주어졌다. 마음은 이런 내적 길에서 새로운 것을 발견하기 위해 늘 깨어 있었다. 이것이 외적 과제들을 해결하는 결정적인 힘의 원천이 되었다.

다음으로 중요한 전환점이 되는 때는 55세 생일이었다. 이때는 휴식이 필요해서 우리 수도원에 속한 숲속 낡은 집에서 며칠 동안 머물렀다. 이 집은 수도원에서 약 30킬로미터 떨어진 곳에 있었다. 고요와 고독을 원하는 수도자 누구든 며칠 동안 그곳에 머물 수 있다. 저녁에 나는 '내일이면 쉰다섯 살이 되는구나!' 하며 곰곰이 생각했다. "오십대 초반이었는데 이제 예순을 향해 가는구나!"라고 갑자기 혼잣말을 했다. 그것은 완전히 다르게 들렸다. 사실 충격이었다. 지금까지 나는 종종 — 농담 반 진담 반으로 — 내가 예순이나 예순다섯 살이 되면 죽을 것이라고 말했다. 내가 늙게 되리라는 것을 결코 상상할 수 없었다. 그것은 부정적인 의미에서가 아니라 그저 그렇게 생각했었다. 그런데 갑자기 내가 이제 예순을 향해 가고 있지 않은가! 내 생의 대부분의 시간이 지나갔다. 정말 그런가?

나는 밖으로 뛰쳐나가 집 앞을 왔다 갔다 했다. 바람은 차가웠고, 하늘에는 별이 보이지 않고 시꺼먼 구름이 지나가고 있었다. 그 하늘이 내 마음 같았다. '정말 그런가?' 나에게 물었다.

나는 게으르게 살지 않았다. 거기에는 '내면'도 중요한 역할을 했다. 그러나 갑자기 죽음에 직면하여 '내 삶이 근본적으로 어떠해야 하는가?'라는 질문이 또다시 절박해졌다. 출발점에 서 있는 것 같았고, 손에 아무것도 없다는 것이 분명해지자 충격을 받았다. 그것은 논리적인 숙고의 결과가 아니라 나를 덮친 실존적인 충격이었다. 도표와 화살표가 새로운 절박함으로 다가왔다. 그것들이 계속해서 메시지를 준비하고 있는 듯했다.

서서히 내 영혼에 다시 고요가 찾아왔다. 나는 거실에서 따뜻한 난로 곁에 앉아서 메모를 하기 시작했다. 이에 대해 할 말이 많긴 하지만 여기서 중요한 것은 그때 내가 페루Peru로 여행을 떠나고 싶다는 구체적인 결심을 하게 된 것이다. 오래전부터 이런 생각을 하고는 있었지만 실행할 용기가 없었다. 우리가 '공정 무역' 차원에서 페루의 수공예품을 받을 수 있도록 주선해 준 오를란도 바스케스Orlando Vasquez가 인디언 전통문화를 알려 주고 싶다며 나를 초대했다. 오래전부터 나는 이런 원시 문화와의 만남이 내 영혼에 중요한 사건이 될지도 모르겠다는 생각을 막연하게 하고 있었다.

드디어 그렇게 하기로 결심하고 페루로 날아갔을 때 정말 적기임을 곧 알아차렸다. 그곳에서 경험한 영적 체험들은 그 전까지 한 번도 없었던 깊고 지속적인 영향을 미쳤다.[7]

인생 곡선이 이미 힘차게 아래로 향하고 있었으나 화살표는 확실히 위로 향하고 있음을 다시 느꼈다. 그곳에서 쌓은 우주적이고 전례적인 체험들은 내가 일을 해 나가는 데 새로운 에너지를 이끌어 내는 원천이 되었다. 또한 이 경험이 노년기 안으로 들어왔다가 노년기를 넘어 밖으로 뻗어 가는 화살표 방향과 아주 긴밀하게 연관되어 있음을 알게 되었다. 그뿐 아니라 내 인생이 예순 혹은 예순다섯의 나이로 끝날 수 있다는 고정관념이 사라졌다. 그럼으로써 시야가 넓어졌다.

노년과 노년의 의미에 대한 질문이 다시 묵직하게 다가오면서 내가 얼마나 더 아빠스직을 수행해야 하는지 점점 더 구체적으로 생각하게 되었다. 이 선출직에는 정해진 임기가 없기 때문에 떠나는 시간을 나 스스로 결정할 수 있고 또 해야 한다. 나는 70세 이전에 아빠스직을 그만두어야 한다는 확신이 들었다. 그뿐 아니라 나는 아직 남아 있는 힘을 다른 방식으로 사용하고 지금까지의 경험들을 창조적으로 활용하고 싶었다. 인생에서 활동적인 시기가 지나면 안정과 심화의 시기가 필요하다. 인생의 마지막 시기에서 내가 지금까지 보여 주고 발전시킨 많은 것을 버리지 않고 그것에 내용과 형태를 부여하고 싶다는 생각이 — 많은 것이 아직 막연하기는 했지만 — 아주 분명해졌다. 이 인생의 마지막 시기에 대해서는 뒤에 다시 언급하겠다.

내가 일찍이 그리고 거듭해서 노년과 삶의 마지막 시기라는 주제(여기서는 내가 기억하는 경험 몇 가지에 대해서만 언급했다)를 직면한 것은 분명 도움이 되었다. 일상의 일들이 이 주제를 자주 덮어 버리지만 잠재의식 속에 늘 자리해 있고 또 작용하고 있다. 짐작건대 많은 이가, 아마 거의 모두가 그런 것 같다. 문제는 우리가 깨어서 신호를 받아들이느냐 아니면 재빨리 억압해 버리느냐 하는 것이다. 예컨대, 파스칼 메르시어Pascal Mercier의 소설 『리스본행 야간열차』에서 운전사 펠리페는 기억을 더듬으며 말한다. "2년 전에 심근경색을 앓았습니다. 그 후 다시 일하러 갔던 것이 신기했지요. 그런데 내가 그것을 완전히 잊었다는 것이 이제야 다시 생각나네요."[8] 심근경색이 이제 달라져야 한다는 신호를 보냈지만 그 느낌은 곧 잊혔다. 그런데 어떤 사람, 노년에 '잠시 멈추어 서고' 완전히 새로운 것을 발견한 사람을 만났을 때 갑자기 그 기억이 떠올랐다. 그리고 그는 새롭게 숙고하기 시작했다. 이번에는 그 생각이 구체화될까, 그렇지 않을까?

이런 경험을 모르는 사람은 없을 것이다. 큰 병을 앓고 나면 "이제 좋아졌다"라고 말한다. 다시 건강해지는 건 좋은 일이다. 그러나 병은 인생에서 무엇인가 변화해야 한다는 신호이기도 하다. "다시 좋아졌다"는 말이 계속 그렇게 가도 좋다는 말은 아니다. 직책이나 업무를 수행하는 데 아무 문제 없다는 듯이 "아직은 괜찮다"라고 말하는 많은 사람은 실제로는 더 이상 계속할 수 없다는 것을 알아차려야 한다. '아직'은 어쩌면 '바로 지금'일 수 있다. 인생에는 '쓰디쓴 종말'까지 견디는 것밖에는 다른 가능성이 없는 상황들과 문제들이 충분히 많다. 인생의 극한 상황에서 '아직' 자신에게 남은 것과 마지막 것까지 줄 수 있는 준비가 되어 있는 사람이 있다. 이는 높이 평가할 만하다. 그러나 많은 경우에 이 '아직'은 현실을 깨닫고 제때에 내려놓지 못하는 무능력의 표시이기도 하다. 나에게 "아직 괜찮다"는 말은 늘 정말로 '아직' 계속 가야 하는 것인지 묻는 신호다.

우리는 그림Grimm 형제의 동화 「죽음의 사자使者」에서와 같이 불쾌한 것을 인정하려 하지 않거나 빨리 잊고 싶어 한다. 한 남자는 죽음과 약속하기를, 자신을 데려가려고 찾아오기 전에 어떤 표시를 받기로 했다. 어느 날 드디어 죽음이 그를 데려가려고 왔다. 그 사람은 죽음이 약속한 표시를 주지 않았다고 저항했다. 죽음은 "쉿! 조용히!"라고 했다. "내가 너에게 사자를 보내지 않았느냐? 열이 나서 너를 치고, 흔들고 땅에 쓰러뜨리지 않았느냐? 어지러움이 정신을 잃게 하지 않았느냐? 온몸의 관절이 쑤시고 아프지 않았느냐? 귀에 윙윙거리는 소리가 요란하게 들리지 않았느냐? 치통 때문에 많이 괴롭지 않았느냐? 눈이 어두워지지 않았느냐? 이 모든 것을 통해서 나의 형제인 잠이 매일 밤 너에게 나를 생각하게 하지 않았느냐? 너는 죽은 것처럼 밤에 눕지 않았느냐?" 그 사람은 어떻게 대답해야 할지 몰랐다. 운명에 맡기고 죽음과 함께 떠나갔다.9 이 동화는 대부분의 사람이 알고 있는 것을 표현하고 있다. 우리가 신호를 진지하게 받아들이지 않으면 이미 때는 늦고, 이미 정해진 일이 우리를 앞질러 가고 있음을 보게 된다.

그러므로 나는 독자들에게, 이와 같은 경험들이 지금까지의 인생 어디쯤에서 문을 두드렸는지 잠시 귀 기울여 보라고 권하고 싶다. 이는 가볍게 떨쳐 버린 기억들을 곰곰이 생각하게 한다. 떠오르는 것에 놀랄 필요는 없다. 그것들이 우리 마음을 열어 주고 우리에게 알려 주고자 하는 것이 무엇인지 — 이에 관해서는 뒤에서 상세하게 말할 것이지만 — 호기심을 갖게 할 것이다.

그러기 전에 매우 '신선한' 개인적인 경험을 하나 이야기해야겠다. 이 책 원고를 수정하는 동안 지금까지 한 번도 겪어 본 적 없는 치통을 앓았다. 여러 날 동안 의사들이 세밀히 진찰했지만 그 원인을 찾을 수 없었다. 나의 유일한 바람은 이 지독한 치통이 끝나서 이 주간에 해야 할 일들을 '다시 계속할' 수 있는 것이었다. 이 고통스러운 경험이 내가 지금 쓰고 있는 원고와 조금 관계가 있다는 생각이 서서히 들기 시작했다. 앞에서 말한 그림 형제의 동화에도 '치통'에 대한 이야기가 나온다. 고통이 사라진 것처럼 보일 때 나는 오늘부터 "괜찮아졌어"라고 말할 수 있다. 나는 지금까지 하던 일을 계속할 수 있다. 그렇다고 해서 그것이 잘못된 것인가! 그러나 나는 이 아픔에서 깨달았다. 중요한 것은 이제 많은 것이 머리에서 조금씩 아래로 '미끄러져' 내려갔고 나의 고유한 실존적 의식이 변했다는 것이다. 어떤 것을 인식하는 것과 더 깊은 내면, 더 깊은 심연을 느낀다는 것은 같지 않다. 이제 그것을 알게 되어 감사하고 있다. 그것은 잠재의식 속에서 오랫동안 영향을 미칠 것이고 내 자아상에 각인될 것이다.

이 글을 쓰는 동안, 교황 베네딕도 16세가 퇴임을 발표해서 세상을 놀라게 했다. '아직은 괜찮다'가 아니라 고령의 나이가 보내는 신호를 진지하게 받아들이고 싶다는 것을 다른 말로 표현한 것이다. 평론가들은 — 옳든 그르든 간에 — 교회 안에서만이 아니라 '아직은 괜찮다'에 대한 새로운 성찰이 시작될 것이라고 예상한다. 어쨌든 누군가가 역사에 또 다른 방향을 제시한 건 분명해 보인다.

노년에도 계속 성장하기

젊은이가 인생을 계획할 때 가정과 직업을 그려 보고, 어쩌면 구체적으로 어떤 성공을 이루기 위해 노력할 것인가 곰곰이 생각한다. 그런 다음 퇴직을 하고, 아이들도 독립해 나가는 시기가 오면 지금까지의 삶의 형태로는 더 이상 만족하지 못한다. 이 시기, 그러니까 대략 중년에 이후의 삶의 목적과 전망들을 추가로 설정해야 한다. 앞으로의 삶의 의미와 목적이 무엇인지 자신에게 물어야 한다. 이는 아주 절박하고도 삶의 결정적인 질문이다. 현대인 대부분이 직업을 그만둔 후에도 수십 년을 더 살게 될 것이기 때문이다. 삶의 의미와 목적은 무엇인가?

고대 수도승들은 이러한 삶의 목적을 전체적으로 표현했다. 그들은 가정도 직업적 출세도 계획하지 않았고 삶 전체에 대한 정신적·영적 목적을 찾았다. 삶의 의미와 목적을 찾는 것은 고전 철학과 여러 종교의 지혜의 가르침이 만나는 지점이다. 이런 지혜의 전통들이 현시대에 결실을 맺기 위해서 다양한 노력들이 이루어지고 있다.[10] 나는 무엇보다 수도승 전통에 집중할 것이며 거기서 오늘 우리의 상황에 대한 조언을 구하고자 한다.

요한 카시아누스Ioannes Cassianus(435년경 사망)는 누르시아의 베네딕도에게도 큰 영향을 끼친 수도 교부다. 그는 우리 삶의 이중 목표를 상세하게 서술했다.[11] 근원적 목표는 저세상의 하느님 나라지만 지상의 삶도 마음의 순결이라는 고유한 목표를 지니고 있다고 했다. 이 성서적 개념(마태 5,8 참조)으로 그는 내적 평화를 찾은 마음, 공포와 부담에서 자유로워진 마음, 곧 모든 종류의 부정적인 태도에서 자유로워진 마음을 표현했고 그럼으로써 헌신적으로 사랑하고 관상적인 길로 진보할 수 있음을 역설했다.[12]

누르시아의 베네딕도(547년 사망)는 이 목적을 조금 다른 말로 표현했다. 『수도 규칙』 머리말 끝에서 그는 이렇게 말한다. 수도승이 삶의 여러 좁은 통로를 거치고 그에 상응한 정화 과정을 통과해 내면의 길에서 크게 진보한다면 "마음이 넓어지고 말할 수 없는 사랑의 감미甘味로써 하느님의 계명들의 길을 달리게 될 것"(『수도 규칙』 머리말 49)이다. 여기서 말하는 '넓은 마음'이란 좁은 마음, 좁은 생각, 자기 자신 안에 갇힌 마음이 아니라는 것이다. 이런 넓은 마음을 지닌 사람 내면에서는 큰 사랑과 기쁨이 솟아나고, 새로운 자유 안에서 그는 기뻐하고 감격하며 자신의 길을 가게 된다. 교부들과 고대 수도승들은 한 인간이 폭넓은 사랑과 내적 자유에 도달했음을 표현하기 위해 '넓은 마음'이라는 개념을 종종 사용했다. 이 개념은 한 인간이 관상의 길과 하느님을 바라볼 준비가 되었음을 의미하기도 한다. 그럼으로써 그의 마음과 의식은 점점 넓어질 것이다.

베네딕도는 이런 영적 목적을 일반적으로 묘사한 다음, 다른 구절에서 이런 경험들이 구체적인 삶에서 어떻게 영향을 끼치는지 보여 준다. 그의 규칙서 7장에서 베네딕도는 겸손의 개념을 바탕으로 수도승의 영적 길을 제시한다. 그는 여기서 수도승이 목적을 달성하면 수도승 안에 더 이상 두려움을 모르는 '하느님의 사랑'이 생기고, 아무것도 그리고 아무도 두려워하지 않는 '완전한 사랑'이 실현된다고 말한다. 이 사랑이 내적 평화와 평정으로 인도한다. 베네딕도는 이와 관련하여 이 사랑이 무엇을 하게 되는지 묘사한다. "이 완전한 사랑은 두려움을 몰아내며, 이전에는 공포심 때문에 지키던 모든 것을 별로 어려움 없이 자연스럽게 습관적으로 지키기 시작할 것이니 … 덕행에 대한 즐거움에서 하게 될 것이다"(『수도 규칙』 7,67-69). 이런 사람은 벌에 대한 공포심이 없어졌기 때문이 아니라 그의 마음이 사랑으로 가득 찼기 때문에 선을 행하게 된다. 그리고 ― 이제까지 그랬던 것처럼 ― 선을 행하는 것이 어렵지 않을 뿐 아니라, 이 사랑으로 인해 "별로 어려움 없이 자연스럽게 습관적으로" 더 쉽게 선을 행할 수 있다. 좋은 습관이 이제는 그의 둘째 본성이 되어 "덕행에 대한 즐거움"을 지니게 된다.

이 구절에서 사용한 '덕행'이란 말은 고전적인 덕행 개념으로, 선행을 어려움 없이 당연한 것처럼 행하는 것을 뜻한다. 선행을 하기 위해서 힘들게 노력해야 한다면 그것이 비록 좋은 행위이고 권장할 만한 가치가 있는 것이라 할지라도 덕행이 아니다. 덕행이란 인간이 적어도 어떤 영역에서만큼은 선을 행하려고 노력한다는 것이 아니라 그 자신이 선한 사람이 되었음을 뜻한다. 선량함이 그의 둘째 본성이 되었고, 내면적인 자세가 된 것이다. 그의 깊은 내면에 하느님의 사랑이 생겼기 때문에 그는 단지 사랑하기 위해 노력하는 것이 아니라 사랑하는 사람, 사랑스러운 사람이 된 것이다. 여기서 인간은 외면으로도 자연스레 드러나는 내적이고 정신적인 성숙에 이르게 된 것이다.

거기에 이르기까지는 먼 길이다. 이 도정에서 무슨 일이 일어나야 하는가? 이에 베네딕도는 '악습'이라는 반대 개념을 사용했다. 수도승이 "악습과 죄악에서 깨끗해지면"(『수도 규칙』 7,70) 하느님께서 지금, 바로 이 세상에서 성령을 통하여 이 사랑을 선물로 주실 것이다. 정화의 길이 필요하다는 것이다. 악하고 죄 많은 태도가 '큰 사랑'으로 인도할 수 없기 때문에 그 전에 정화되어야 한다는 것은 명백하다. 이런 맥락에서 '잘못'이란 말은 중요하다. 라틴어 비티움vitium 혹은 비티아vitia는 '잘못'이라고 할 수 있지만 '악습'이라고도 할 수 있다. 우리가 어쩌다 범하는 잘못이 아니라 습관적으로 되풀이하는 잘못을 '악습'이라고 한다. 비티아vitia란 말은 좋은 습관과 덕행에 반대되는 태도, 나쁜 습관을 뜻한다. 사랑을 방해하는 것은 때로 실수로 저지르는 잘못이 아니라 우리 안에서 그리고 우리 주위에 사랑이 자랄 수 없도록 분위기를 조성하는 나쁜 습관과 태도다. '큰 사랑'에 이르기 위해서는 사랑을 방해하고 차단할 수 있는 모든 것을 제거하는 정화의 길이 필요하다.[13] 이에 대해서는 앞으로 더 상세하게 설명하겠다. 그러기 전에 목적에 대해 좀 더 생각해 보고자 한다.

베네딕도가 의지한 훌륭한 신학자이자 수도 교부인 대 바실리우스(379년 사망)는 이 정화 과정의 목적을 좀 더 구체적으로 표현했고, 노년에 관해서도 언급했다. 그는 자신의 규칙서에서 나이 든 수도승이 젊은이들에게 무슨 의미를 줄 수 있는가를 질문했다. 그들이 아직 건강하다면 모든 좋은 일에 모범이 되어야 한다고 했다. 그러나 그들이 아파서 아무것도 할 수 없다면 "그들의 얼굴과 모든 움직임에서 그들이 하느님이 지켜보는 가운데 있고 주님의 현존 안에 있다는 확신이 빛나야 한다". 중요한 것은 행동이나 말이 아니라 빛을 발하는 것이다. 그의 기도 생활과 하느님의 현존 안에서 삶이 말없이 빛을 발하기 시작하면, 사람들은 그것을 그의 얼굴에서 볼 수 있고 그의 태도에서 읽을 수 있다.

바실리우스는 무엇보다 빛을 발하는 것은 사랑이라고 상세하게 묘사하고 있다. 수도승들은 바오로 사도가 열거하는 '사랑의 특성'을 보여 주어야 한다고 했다. "'사랑은 참고 기다립니다. 사랑은 친절합니다. 사랑은 시기하지 않고 뽐내지 않으며 교만하지 않습니다. 사랑은 무례하지 않고 자기 이익을 추구하지 않으며 성을 내지 않고 앙심을 품지 않습니다. 사랑은 불의에 기뻐하지 않고 진실을 두고 함께 기뻐합니다. 사랑은 모든 것을 덮어 주고 모든 것을 믿으며 모든 것을 바라고 모든 것을 견디어 냅니다'(1코린 13,4-8). 이 모든 것은 약한 육체 안에서도 할 수 있는 것입니다."[14] 이런 사람은 몸이 병들어 허약해지더라도 약화되지 않은 사랑 자체가 된다.

코린토 1서의 이 구절이 암시하는 바를 추측해 보자. 이 사랑은 말없이 빛을 발하는 데 그치는 것이 아니라 노인의 구체적인 태도로 젊은이에게 영향을 미칠 수 있어야 한다. 바로 인내하고, 성내지 않고, 무례하지 않고, 자기 이익을 추구하지 않고 혹은 고집을 부리지 않는 것이다. 이런 사람들은 더 이상 젊지 않지만 다른 이에게 발하는 사랑 가득한 활기에 가득 차 있다.

아프리카 토고Togo에 있는 베네딕도회 수사 보니파스 티길라Boniface Tiguila 역시 참으로 성숙한 노인들은 빛을 발한다고 한다. "지혜로운 아프리카 사람의 얼굴을 바라보면, 고통을 파묻은 주름살 위에서 빛나는 평화에 놀라게 된다. 그 사람에게서 퍼져 나가는 이 평화는 분명 인내와 침묵의 힘에서 온 것이고 끊임없이 내면으로 향하여 얻은 힘에서 나오는 것이다. 그리고 이 힘은 침묵과 관상의 시간을 통해 쌓은 것임이 틀림없다. 그는 '보이지 않으시는 분을 보고 있는 사람'(참조: 히브 11,27; 2코린 4,16-18)"이다.15 이런 성숙은 저절로 이루어지지 않는다. 많은 고통과 긴 침묵의 시간을 통과해야 하는 성숙의 여정이 필요하다. 그러면 마침내 노인에게서 보이지 않는 분의 현존이 빛나게 된다.

내가 묘사하는 목표가 너무 높아서 어떤 독자들은 시작부터 포기하고 싶을지도 모르겠다. 그러나 이런 목표를 반드시 달성해야 한다고는 말하지 않았다. 더 큰 사랑으로 가는 길 혹은 마음의 평화로 가는 모든 발걸음은 나 자신을 위한 것이고 내 주변을 위한 것일 수 있다. 중요한 것은 내가 이런 삶을 위해 영적인 목적을 세우고 있는지, 무엇보다 노년기를 통과하는 이 길에서 적어도 그 길을 향해 가고 있는지 혹은 지금 이대로 있고 싶어 하는지 아는 것이다.

머리말에서 언급한 바 있는 '성장하는 노년' 피정에 참석한 많은 이는 현세의 삶에서 구체적인 영적 목적을 세울 수 있고, 또 그

목적이 시야를 넓혀 주고 자유로 이끌어 주기 때문에 노력할 만한 가치가 있다는 것에 놀라곤 한다. 그 전까지 사람들은 영적 목적에 아무런 관심이 없었다. 그들은 어릴 때부터 하늘나라에 가서 상을 받으려면 윤리적으로 잘 살고, 기도하고 선행을 하면 된다고 생각하며 살았다. 이것이 분명 잘못은 아니지만 이러한 단편적인 윤리적 삶에 대한 개념은 많은 사람에게 하늘나라의 매력을 잃게 했다. 그리고 그 자리에 아무것도 대신 들어오지 않았다. 예전에는 거룩해지고 싶어 했다. 오늘날 나이 든 사람들은 어쩌면 어릴 때만 그렇게 하고 싶었는지도 모르겠다. 다른 종교들도 마찬가지로, 거룩함이라는 전통적 개념이 의식에서 다시 살아나야 가치가 있다고 말하고 있지만 거룩함이라는 개념은 미숙하고 괴상한 것으로 왜곡되어 사람들은 더 이상 이 거룩함을 목표로 삼지 않는다. 그러나 앞에서 말한 베네딕도와 바실리우스 혹은 아프리카의 전통이 실현하고자 하는 인생의 목표는 사라지지 않을 것이다. 이는 노벨 평화상을 수상한 미얀마의 아웅 산 수 지Aung San Suu Kyi가 묘사한 것과 크게 다르지 않다. "성인聖人은 머물러 있지 않고, … 늘 전진하는 사람이며, 이 과정에서 서슴없이 책임을 맡는 사람이다."16

여기서 말하는 과정이란 인간적이며 정신적인 성숙으로 인도하는 내·외적인 발전 과정을 뜻한다. 이런 성숙 혹은 거룩함은 단순히 개인을 변화시키거나 아름답게 하는 데 그치는 것이 아니라 인생 여정을 통해 쌓은 경험의 보화이며, 이 풍요로움에서부터 다른 사람들에게 아낌없이 전해진다. 이는 종교적 혹은 문화적 차이와 관계없이 성인의 가장 기본적인 이미지다. 조금이라도 이런 방향으로 자신을 움직이고 발전하는 것은 모든 사람에게, 무엇보다 노인들에게 영감을 불러일으키는 이미지가 될 수 있다. 얼마나 진보하느냐는 결정적인 것이 아니다. 어쨌든 내적 시야가 넓어진다는 것은 분명하다.

여기서 인생 곡선과 미래를 향해 계속 나아가는 화살표로 이루어진 단순한 도표는 특별한 의미가 있다. 나는 피정을 시작할 때 이 도표를 큰 종이에 그려 방 안에 건다. 그러면 자연스레 흥미와 호기심이 자극되고 오랜 동경들이 살아난다. 사실 이런 메시지는 새로운 것이 아니다. 많은 사람에게 이러한 동경은 인생 여정에서 반복적으로 깨어나지만 다시 덮어 버린 것이다. 지금, 노년기에 그리고 더 큰 자유를 향한 기회의 문턱에서 이러한 생각들은 새로운 정신적 추진력으로 발전할 수 있다. 피정이 끝나고 시간이 조금 지난 후에 참석자들을 다시 만나면, 그 도표가 그들과 함께했으며 그러한 목표를 발견하고 계속해서 끝까지 추구하도록 거듭해서 새로운 자극을 주었다고 한다.

사람들이 삶의 목표를 고대 수도승들이 묘사한 대로 받아들이는지는 중요하지 않다. 각자가 자신의 경험과 개인의 언어를 바탕으로 한 정신적·영적 목적을 세워야 한다. 우리 피정에서는 개인적으로 숙고하는 데 도움을 주기 위해 몇 가지 질문을 던진다. 생의 마지막에 나는 어떻게 되기를 바라는가? 나는 어떤 유형의 사람이며 어떤 특징이 있는가? 친척이나 지인 중에서 노년과 그에 따른 문제들을 잘 극복했거나 정신적이고 영적으로 새롭고 넓은 영역으로 발을 내디딘 사람을 보고 감탄한 적이 있는가? 어쩌면 당신은 당신 삶에서 이와 비슷한 특성이나 가치들을 발전시키는 일은 노력한다고 되는 일이 아니라고 생각하고서 지금까지 이런 사람들을 보고 감탄하기만 했는지도 모른다.

우리 수도원에서는 형제가 선종하면 그의 성격이나 특성이 잘 드러나는 몇 가지 일화를 골라 추모사를 작성한다. 나는 종종 내가 지도하는 피정에서 참석자들에게 이러한 추모사를 써 보라고 권한다. 이때 삶의 마지막 단계에 중점을 두고 자신이 죽은 후 가족이 추모사를 쓰게 될 거라는 걸 염두에 두어야 한다. 그러면서 나는 이런 질문을 한다. 양심적으로, 내가 죽은 후 내 삶의 마지막 단계에 대해 무엇이라고 쓰고 싶을까? 예컨대, "사랑하는 증조부는 95세 나이에 우리 곁을 떠나셨다. 그분의 존재는 삶의 마지막 단계에서 기쁨으로 변했다. 예전과는 달리 더 잘 인내하고 사랑스러운 모습이었다". 그분 주위에 있는 사람들에게서는 웃음이 끊이지 않았다. 이러한 거리낌 없는 쾌활함은 삶의 넓은 지평에서 유연하고 열린 마음으로 숙고할 수 있게 하고 인생의 어려움 속에서도 더 큰 자유로 나아가게 하는 기쁨을 가져다준다. 베네딕도는 이에 대해서, 그렇게 하면 철저히 "사랑의 말할 수 없는 행복" 속에서 살게 될 것이라고 했다. 이것은 영속적인 상태는 될 수 없겠지만, 목표를 향해 가는 데 이러한 기쁨과 감격은 항상 필요하다.

중요한 것은 각자가 흥미를 느끼거나 마음이 끌리는 목표를 오로지 자신의 말로 표현해 보는 것이다. 우리가 이 목표를 실제로 얼마나 이루어 내는지는 그리 중요하지 않다. 아마도 앞으로 나아가면서 다시 세분화될 것이다. 몇 해 안에 지혜로워져서 미소 지으며 자신의 추모사를 마무리하고 완성할지도 모른다. 어쨌든 중요한 것은 노년기가 그만의 가치가 있으며 그 안에 자유롭게 해 주는 메시지를 준비해 놓고 있음을 알고 그 길을 만들어 가는 것이다.

이런 의미에서, 매우 고령임에도 심리치료를 시작하고 새로운 자유를 찾은 한 부인의 이야기를 하고 싶다. "미래의 목적지에 정차하지 않으면 삶은 단순히 회상하는 존재 방식에 불과하다. 이는 체념과 우울증을 초래할 수 있다. … 그러면 노인을 위한 체조나 떠들썩한 축제도 도움이 되지 않는다. 빅터 프랭클Viktor Frankl이 곧 죽을 운명에 처한 수용소 사람들에게 강조한 것[17]이 노인들에게 더 적합하다. 즉, 다시 미래에 목표를 두고 그것을 성취해야 한다는 것이다. 인간은 이제 순전히 미래의 관점에서, 영원의 관점에서(sub specie aeternitatis) 그 자신으로 고유하게 존재할 수 있게 된다."[18] 우리 삶의 활동력은 목표에 달려 있다.

요한 카시아누스는 이를 이해하고 있었다. 그는 목표에 대해서, — 이 장章의 첫머리에서 언급한 — 수도승의 이중 목표에 대해 언급할 때 부자가 되려고 하는 상인과 출세하고 싶은 사람을 참조하라고 한다. 그들은 목표 달성을 위해 아무것도 어려워하지 않고 어떤 위험도 감수한다. 농부도 마찬가지다. 농부는 나중에 풍성한 수

확을 거두기 위해 궂은 날씨에도 힘든 노동을 마다하지 않는다. 카시아누스는 분명한 목표를 세우고 이 목표에 열중하고, 여정의 수고로움을 받아들일 뿐 아니라 기꺼이 젊어지는 사람만이 목표에 이를 수 있다고 결론을 내린다. 참된 목표는 열중하게 하고, 열중하면 자연스럽게 내적 활력과 창의력이 생겨난다.[19]

여기서 시편 구절을 언급하는 것이 좋겠다. '성장하는 노년' 피정을 시작할 때 즐겨 인용하는 구절인데 인생 곡선을 나타내는 도표와도 연결되어 있다.

> 의인은 야자나무처럼 돋아나고 레바논의 향백나무처럼 자라리라.
> 주님의 집에 심겨 우리 하느님의 앞뜰에서 돋아나리라.
> 늙어서도 열매 맺으며 수액이 많고 싱싱하리니.
>
> 시편 92,13-15

의인, 즉 신앙이 있는 사람은 고목과 같으며 잎이 무성한 야자나무와 향백나무와도 같다. 그들은 주님의 집에 있으며 거룩한 땅에 뿌리내리고 있기 때문에 노년에도 번성하고 열매를 맺으며 수액이 많고 싱싱하다. 이는 노년에 성장함을 상징한다.[20] 육체적 강함이 아니라 정신적 삶의 수액을 내면에 지니고 있음을 뜻한다. 여기서는 '젊게' 보이는 것을 말하는 것이 아니다. 고령과 주름살에도 얼굴에 싱싱함과 활기가 흘러넘칠 수 있고, 성장할 수 있고 미래를 향해 열려 있음을 말한다.

이 시편을 우리 수도자들은 매주 토요일 아침에 기도한다. 노老수도자, 아주 고령의 수도자도 마찬가지다. 우리는 무엇을 생각하는가? 이 시편 구절이 우리에게 용기를 주고, 활기를 주며 미래에 대한 희망에 넘치게 하는가? 바실리우스가 말한 것처럼 "아파서 아무것도 할 수 없는 육체"가 되었을 때도 그러한가?21 짐작건대 수도자인 우리 역시 이 시편 구절의 폭발력을 느끼기 위해 늘 충분히 깨어 있지는 못하는 것 같다. 그러나 거듭해서 이 질문을 던져 보는 것으로 충분하다. 세월이 흐르면서 그 효력이 드러날 것이다.

이 장章을 마무리하면서 분명히 할 것이 있다. 여기서 '목표'에 관해서 말하고 있지만 이 목표는 '성공의 방법론'으로는 달성할 수 없는 것임을 분명히 알아야 한다. 그것은 우리가 성공하기 위해 효율적으로 계획하고 모든 수단을 동원해 이룰 수 있는 목표가 아니다. 중요한 것은 삶의 과정이고 성장 과정이다. 사전에 계획했던 결과에 따른 성공이 아니라 선물로 주어지는 결실이다. 인생의 이 시기에 중요한 것은 무엇을 '하는 것'이 아니라 무엇이 '되는 것'이다. 성공이나 업적을 이루는 것이 아니라 바로 선물이 되는 것이다. 이 시기에 우리가 '할 수 있는 것'(이에 관해서는 다음 장들에서 서술하겠다)은 무엇보다 우리 여정에서 장애물들을 제거하는 것이다. '큰 사랑'이 기회를 얻도록, 모든 것에서 새롭고 넓은 세계로 인도하려는 신호들에 열려 있기 위해서다. 그러나 어디에서, 어떻게 그 모든 것이 일어나는지는 우리 힘에 달려 있지 않다. "순례자의 여정을 위한 지도地圖는 없다"는 격언이 딱 어울리는 말인 듯하다.

노년에 성숙하지 못하면

고대 수도승들은 이 세상 삶에 대한 목표가 높았다. 그러나 그들은 눈먼 이상주의자가 아니라 단순한 현실주의자였다. 그들은 경외심에 가득 차 훌륭한 교부와 교모들이 얼마나 높은 영적 성숙에 도달하고 '큰 사랑' 안에서 나이 들었는지에 대해서만 말하지 않았다. 오히려 그들이 얼마나 자주 목표를 잃었는지 그리고 노년에 어떤 결실도 맺을 수 없었는지 보았다.

요한 카시아누스는 한 젊은이와 노인의 무척 불행한 만남에 대해 상세히 이야기했다.[22] 그런데 그 전에 노년과 흰머리가 지혜와 성숙의 표시일 수 없다는 주제를 길게 서술했다. 그는 이와 관련된 좋지 않은 경험을 많이 한 것 같다. 그는 "노년의 풍요의 기준은 흰머리가 아니라 젊은 시절의 열성과 수고의 열매여야 한다"고 했다. 성숙은 긴 인생과 진지한 노력의 열매여야 한다. 이어서 그는 "안타깝게도 젊은 시절부터 우유부단하고, 낙담 속에서 늙고, 인격의 성숙 정도가 아니라 나이가 많다는 이유로 자신의 권위를 내세우는" 사람이 제법 많다고 했다. 그들은 젊은 시절부터 우유부단하고 열성이 부족하여 노년에 성숙하지 못했다. 그러니 그들에게 어떤 식으로든 어떤 종류의 권위를 바라는 것은 의미가 없다. 그러므로 깊이 생각하지 않고서 "흰 머리카락이 머리를 덮고 혹은 오래 살았다는 것만으로 노인을 따라가서는 안 된다". 우리는 "젊은 시절의 삶이 칭찬받을 만하고, 온전히 성실한 사람으로 인정받고, 불손하지 않고 선조들의 전승에서 가르침을 받은 이들을 따라가야 한다".23 성숙한 노인은 위대한 지혜의 전통을 지향하고, 자기 자신과 자신의 불손함에만 머물러 있어서는 안 된다.

보니파스 티길라도 이와 비슷하게 말하는 아프리카 전통을 언급한 바 있다. "'노인'이라는 이유만으로 누군가에게 거룩한 스승의 권위를 부여하기에는 충분하지 않다는 것은 분명하다. … 아무리 늙었다 해도, 노년의 권위를 좋은 방식으로 그의 삶에 근거하여 사회 안에서 체현하는 이, 인정받고, 존경받고, 사랑받고, 자연스럽게 그를 따르게 하는 이가 참노인이다. 나이가 많다고, 흰 머리카락 때문에 어느 정도 존경을 받는 노인은 쓸모없는 사람으로 여겨지고 그저 이웃 사랑 때문에 참아 주는 것이다." 여기서 특히 마지막 말에 주목해야 한다. 어떤 이가 그의 인생에서 아무것도 하지 않았거나 혹은 아무것도 할 수 없었다면 그에 대해 기본적인 존경과 인간적인 사랑만은 지니고 있어야 한다. 이러한 사람을 돌봐야 하는 것은 젊은이들의 과제다.

보니파스 티길라는 삶이 성공하지 못한 이유를 제시한다. 우선 극명한 반대말로 표현하고 있다. "나는 노인들이 시인 아니면 얼간이, 철학자 아니면 바보, 또는 삶의 상황으로 인해 숙고하는 사람이거나 아니면 완전히 무감각한 사람들이라고 감히 확언한다."24 아프리카에서는 구체적인 상황들이 극단적으로 어려워서 잘못된 길에 들어설 가능성이 매우 높다. 그러나 한편으로는 힘든 현실이 자기를 극복하고 특별한 성숙에 이르게 하는 도전이 되기도 한다. 극한의 상황에서는 삶의 계획에 대한 성과가 극단적으로 긍정적이거나 부정적일 수 있다. 그러므로 여기서 중요한 것은 삶이 성공하지 못한 사람을 도덕적으로 평가하는 것이 아니다. 삶을 성공하게 하거나 그렇지 못하게 하는 전제 조건과 과정을 이해하는 것이다.

베네딕도의 『수도 규칙』에는 미성숙한 노인에 대한 언급은 없다. 그러나 베네딕도는 결정할 때 나이가 역할을 한다고 간접적으로 주의를 주고 있다. "어디서든지 절대로 나이로써 차례를 구별하거나 속단하지 말 것이니, '사무엘'과 '다니엘'은 소년들로서 장로들을 심판하였기 때문이다. 그러므로 이미 말한 바와 같이 아빠스가 깊이 고려하여 올려 주었거나 분명한 이유 때문에 내린 사람들을 제외하고는, 나머지 모든 사람이 다 입회한 차례를 지킬 것이다"(『수도 규칙』 63,5 이하).

수도원의 서열은 대부분 오늘날까지 나이를 따르지 않고 수도원 입회 날짜를 따른다. 그러나 어떤 직위에 있으면 정신적·육체적 나이도 상관이 없다. 아빠스 선출 때도 마찬가지다. "(아빠스로) 세워질 사람은, 비록 공동체의 차례에는 마지막 자리에 있더라도, 생활의 공덕과 지혜의 학식을 따라 선출되어야 한다"(『수도 규칙』 64,2).

"생활의 공덕과 지혜"만이 중요하다. 베네딕도는 수도원의 다른 직무를 정할 때도 중요한 것은 이 기준이라고 정의한다. 나이와 삶의 지혜가 무조건 비례한다고 볼 수 없고 서로 구별되어야 한다고 분명하게 말한다. 또한 중요한 일이 있을 때 아빠스는 공동체 전체를 소집하라고 분명하게 제안한다. "모든 형제들을 회의에 소집하라고 하는 이유는, 주께서 때때로 더 좋은 의견을 젊은 사람에게 밝혀 주시기 때문이다"(『수도 규칙』 3,3). '주께서 때때로 젊은 사람에게 더 좋은 의견을 주신다'고 그가 확신한 것은 놀랍다. 이는 노인이 지혜를 독점한 것으로 여기지 말라고 노인에게 신호를 주는 것처럼 들린다. 여기서 다시 한 번 분명한 것은 나이와 삶의 지혜가 반드시 비례하는 것은 아니라는 점이다.

『수도 규칙』의 이 구절들이 노인들을 심판한 젊은 다니엘과 사무엘을 암시하고 있다는 것은 주목할 만하다. 다니엘의 이야기는 잘 알려져 있다. 마을의 두 원로가 아름다운 수산나를 유혹하려고 했다. 수산나가 거부하자 두 노인은 수산나의 간음 현장을 목격했다고 중상했다. 사람들은 큰 존경을 받는 그 원로들의 말을 믿었다. 예언자적 능력을 지닌 젊은 다니엘이 노인들을 꿰뚫어 보고 그들을 심판대로 끌고 가서 거짓을 폭로했다. "악한 세월 속에 나이만 먹은 당신, 이제 지난날에 저지른 당신의 죄들이 드러났소"(다니 13,52). 엄청난 질책이다! 이 장면은 간음한 여인을 예수께 데리고 와서 돌을 던져 죽여야 한다고 고발한 구절을 떠올리게 한다. 오래 침묵하시고 난 후 예수님이 말씀하셨다. "너희 가운데 죄 없는 자가 먼저 저 여자에게 돌을 던져라. … 그들은 이 말씀을 듣고 나이 많은 자들부터 시작하여 하나씩 하나씩 떠나갔다"(요한 8,7-9). 그 말씀이 제일 먼저 자신들을 겨냥했다는 걸 느끼고서 떠나간 이들은 노인들이었다.

성경에서, 수도 전통에서 그리고 여러 민족의 지혜 전통에서 노인들은 살면서 성숙해지고 현명해졌을 거라고 기대한다. 그러나 성숙의 길을 가지 못하고 그저 안정되고 편안한 삶을 살아간 사람에 대해서도 언급되고 자주 강조되기도 한다. 이런 예들은 우선 나이에 맞게 어느 정도 대우를 받고 있는 노인들을 비난하려는 것이 아닙니다. 무엇보다 젊은이들에게 그들 스스로 훗날 풍자의 대상이 되지 마라는 경고다. 요한 카시아누스는 미성숙한 노인들을 조심하라고 주의를 주면서 이런 말로 시작한다. "모든 젊은 수도승이 정신적으로 똑같은 지혜로 불타오르거나 최고의 원칙과 관습 안에서 가르침을 받은 것은 아니다."25 그는 젊은 수도승들이 열성으로 이 여정을 갈 수 있도록 부정적인 예화로 그들의 눈을 열어 주고자 했다.

여기에 대해 콩고 출신 사제이자 스위스 프리부르Fribourg 대학 윤리신학 교수인 베네제 뷔조Bénézet Bujo는 다른 관점을 제시한다. 아프리카와 유럽 전통의 관계에 대한 책에서 그는 노인의 의미에 대해 논했다. 우선 그는 노인의 삶의 지혜를 존중하고 전통과 민족의 존속을 위한 노인의 의미를 설명했다. 그런 다음 아프리카에서, 특히 지도층에서 삶의 지혜가 더 이상 아무런 역할을 하지 못한다는 심리가 널리 퍼지고 있다고 했다. "전통의 왜곡을 막지 못한다면, 오늘날 아프리카에서 노인이 되는 것은 유럽에서 일어나는 것과 비슷한 문제들을 발생시킬 수 있다. 오늘날 오로지 지식과 권력과 재산 사이에서 이리저리 찢기면서 늙어 가는 이들은 젊은이들에게 결코 모범적인 삶을 제시할 수 없다. 이런 이들은 미숙하고, 신식 민주의 노인(mzee kijana)이라고 비난받고 거부당할 수 있다." '음제 키자나'mzee kijana라는 표현에 베네제 뷔조는 이러한 설명을 덧붙인다.

"이 스와힐리어 표현은 말 그대로 '늙은 어린이'을 뜻하며, 바로 미숙함과 무자격을 강조하려는 표현이다. 그러면서 당사자들은 '노인'이라는 호칭을 거부할 것이다."[26]

여기서 말하는 '늙은 어린이'들은 힘과 권력을 소유하고 있지만 삶을 위한, 무엇보다 다음 세대의 삶을 지속적으로 후원하는 지혜를 갖고 있지 않다. 그들이 인격적 성숙에 이르지 못한 것은 참으로 유감스러운 일이다. 이 '늙은 어린이'들은 그들의 힘과 권력으로 사회와 국가에 지속적인 해를 끼칠 수 있기 때문에 위험하다.

개인의 운명을 위해서나 인간 공동체를 위해서 가능한 한 많은 사람이 '참노인'이 되는 것은 중요한 것 같다. 우리 사회 전반에 걸쳐, 세속의 단체뿐 아니라 교회나 수도원에서도 점점 노인들이 대다수를 차지하고 있는 이때 특히 더 그렇다. 지금까지 우리는 "젊은이가 우리의 미래다"라고 말해 왔다. 이 말은 앞으로도 유효하겠지만, 미래는 점점 더 어떻게 노인이 되는지에 영향을 받게 될 것이다.

장애물 치우기

분명한 목표를 향해 가는 길에서는 사고가 일어나기 마련이다. 우리 영혼에는 이 목표에 대립되는 것이 많다. 성숙 혹은 '큰 사랑'은 우리가 결정할 수 있는 것이 아니다. 그것은 우리가 참여해야 만하는 더딘 성장 과정이고, 정화 과정의 결실이다.

노년은 특별한 기회가 될 것이다. 지금까지 어떤 책임, 무엇보다 지도자의 책임을 졌던 이들, 말하자면 직업적으로 사람들을 이끌거나 가르치거나 선도해야 했다든지 아니면 적어도 그렇게 해야 한다고 믿었던 이들에게 특히 그럴 것이다. 다른 사람들에 대한 책임을 지고 있는 동안에는 그들에게서 문제를 발견하면 그것을 당장 해결하고 싶은 위험이 있다. 직업 혹은 가정의 책임을 넘겨주게 되면 자기 자신을 더 찾게 되고, 그 전보다 더 많이 혹은 그제야 비로소 자아를 인식하는 여정을 시작할 기회가 생긴다.

"우리는 아직도 하루 종일 화를 낼 수 있다. 그러나 지금은 화를 조금 덜 낼 의무가 있다"라는 금언을 조금 바꿔 볼 수 있겠다. 개인적으로 관계가 없는 일에도 잘 흥분하는 사람이 이렇게 말하는 것을 자주 듣곤 한다. "그게 나쁘지 않아요? 그러니 흥분하지 않을 수 없지요! 예수님도 자주 거룩한 분노를 하시지 않았습니까?" 예수님은 거룩한 분노를 그리 자주 하지 않았다. 그러나 그렇게 말하는 것은 인생의 현시점에 더욱 중요한 구절이 성경에 있는지 묻는 것이다. 예컨대 "어찌하여 형제의 눈 속에 있는 티는 보면서 네 눈 속에 있는 들보는 깨닫지 못하느냐? 네 눈 속에는 들보가 있는데, 어떻게 형제에게 '가만, 네 눈에서 티를 빼내 주겠다' 하고 말할 수 있느냐? 위선자야, 먼저 네 눈에서 들보를 빼내어라. 그래야 네가 뚜렷이 보고 형제의 눈에서 티를 빼낼 수 있을 것이다"(마태 7,3-5).

예수님은 언제나 자기 안에서 시작하는 철저한 자아 인식을 요구하신다. 반복해서 말하자면, 직장이나 가정의 특별한 상황에서 우리가 다른 이의 눈에 있는 온갖 티에 집중해야 하는 것은 이해할 수 있다. 그러나 — 물론 빠르면 빠를수록 더 좋겠지만 — 늦어도 노년은 인식의 전조등을 자기 자신에게 향하게 할 좋은 시기다. 정신적·영적 성숙의 길로 가고 싶다면 정말 절호의 기회다.

그러면 이제 더 이상 다른 사람 일에 신경 쓰지 않아도 되느냐는 질문이 자연스럽게 제기된다. 그것은 잘못된 결론일 것이다. 다시 분노에 관해서 말해 보면, 나 자신을 들여다보고 분노하는 마음에서 서서히 내적 평화를 찾게 되면 나는 아주 새로운 방식으로 다른 이를 위해 존재할 수 있다. '화내는 늙은 남자'가 대단히 많다. 더 많이 이해하고, 화해하고, 합일시키고 평화를 이룰 수 있는 이들이 필요하다. 이는 성숙한 노인의 과제다.

분노는 전통적인 악덕 중 하나다. 목표에 대해 설명하면서 베네딕도는 좋은 습관과 '큰 사랑'의 덕행은 한 사람의 인생에서 악덕들, 나쁜 습관들, 고착들이 극복됨에 따라 발전할 수 있다고 했다. 그러면서 수도 교부 에바그리우스 폰티쿠스(399년 사망)에게로 거슬러 올라가는 전통적인 악덕을 암시한다. 에바그리우스의 심리학에 따르면, 인간에게는 여덟 가지 부정적인 기본 유형 혹은 '근본 생각'이 있다. 그는 이런 것을 종종 단순히 '생각들' 혹은 '악한 생각들'이라고 했다. 이것이 인간을 괴롭히고, 종종 죄로 혹은 큰 예속과 중독으로 이끌 수 있다. 악한 생각들이란 '탐식, 음욕, 탐욕, 분노, 슬픔, 아케디아*Akedia*(나태), 헛된 영광, 교만'이다. 그는 많은 저술에서 '큰 사랑'과 내적 평화의 길로 나아가기 위해 이러한 '생각들'의 배후 관계를 밝히고, 어떻게 하면 그것들을 유익하고 건설적으로 다룰 수 있는지 그리고 어떻게 하면 이런 '생각들'이 일으키는 내적 무질서를 천천히 규명하고 진정시킬 수 있는지 도움을 주고 있다.[27] 수백 년 후 이 여덟 가지 악덕에서 일곱 가지 주된 죄 또는 죄의 일곱 근원인 칠죄종七罪宗이 나왔다. 에바그리우스 폰티쿠스는 사람들이 자신의 내적 무질서를 이해하고 그것에 유익하게 반응하는 데 도움을 주고자 이 '생각들'을 교육학적으로 이해했다. 반면 전통에서 이 '생각들'은 사람들에게 인간을 경계하라는 경고로, 경우에 따라서는 인간을 공포에 떨게 하는 '죄 목록'이 되었다. 이러한 죄 목록은 그 근본적인 힘을 현명하게 다루는 데 아무런 도움이 되지 않는다.

 에바그리우스는 도움을 주려고 했다. 그럼에도 나는 많은 도움을 주는 이 '생각들'을 피정에 참석한 이들에게 소개하기가 망설여지곤 한다. 나이 든 사람에게 악덕의 거친 특성이 어릴 때부터 들었던 윤리적 설교를 떠올리게 하여 겁을 줄 수 있기 때문이다. 그러나 이를 소개하면 참석자들은 곧장 반응하면서 내적 길을 계속 가기 위해 지금 중요한 행동 양식에 대해 말해 나는 놀라곤 한다. 즉, 그들은 자신에게서 '악덕'을 발견하고 대항하고 싶어 한다. 에바그리우스의 악덕들은 그들에게 자기 내면을 이해하는 데 도움을 준다.

 칠죄종 혹은 일곱 가지 죄 목록은 최근의 다양한 분야의 저작들에서 놀라울 만큼 중요한 역할을 한다. 그중에서도 신학적 혹은 그리스도교적 윤리 사상을 피력한 글이 아니라 심리학, 사회학, 철학 관련 출판물에서 두드러진다. 저자들은 현대사회의 영혼 상태를 분석하고 극복하는 데 자극을 주기 위해서 이 악덕들을 이용한다.[28] 최근에 독일 오스나브뤼크의 프란츠요제프 보데Franz-Josef Bode 주교가 이 주제와 관련하여 『그리고 우리를 유혹에 빠지게 하시고』를 출간했는데 부제가 '자기 심연을 다루는 방법에 대해'다.[29] 이 표현은 에바그리우스가 뜻한 것과 딱 들어맞는다. 말하자면 우리를 끊임없이 위험에 빠지게 하는 자신의 심연을 인식하고 잘 다루기 위해 배워야 한다는 것이다. 옛 수도승들은 이런 자기 심연과의 내적 대결을 '영적 투쟁'이라고 했다. 영적 투쟁은 결코 다른 이를 대결 상대로 삼지 않는다. 우리가 충분히 영적이고 경건하지 못해서가 아니라 내적 평화와 내적 자유에 이르고 참으로 사랑하는 것을 배우기 위해 자기 자신과 투쟁하는 것이다.

영적 투쟁은 삶 전체에 걸쳐 계속해야 하는 것이다. 그러나 우리 생애의 '활동적인' 단계에는 '투쟁'이 너무 많기 때문에 영적 투쟁은 활동이 적어지는 노년이 기회가 될 수 있다. 이 시기에 우리 주의를 좀 더 중심으로 돌릴 수 있고, 혹은 다가오는 삶에 근본적인 동기가 될 실제적인 기초를 다질 수 있다.

여기서 영적 투쟁이라는 주제를 상세히 다루지는 않겠다.[30] 나는 이미 여러 번 언급한 분노에 대해 더 이야기해 보려고 한다.[31] 에바그리우스 폰티쿠스는 분노가 노인의 특징적인 문제라고 생각했다. 그러면서 그는 영적으로 진보한 사람들을 생각한다. 이런 수도승은 기도 안에서 훌륭한 진보를 이루었기 때문에 사탄은 불안해한다. 그래서 사탄은 기도하지 못하도록 끊임없이 분노를 일으키고,

기도하려고 조용해지면 그의 속을 뒤집어 놓았던 형제의 얼굴을 내면의 눈앞에 어른거리게 한다. 분노는 기도를 방해하거나 완전히 못하게 한다. 화가 나서 기도하려 했거나 고요 속에서 묵상하려고 해 본 사람들은 에바그리우스의 이 말에 동감할 것이다.

분노와 증오는 기도와는 무관하게 노년의 삶에서 사라지지 않고 늘 어떤 역할을 한다. 계속 화가 나거나 원망이 늘 따라다니는 경험을 누구나 해 보았을 것이다. 그러므로 '늙고 냉소적'이 되어 서서히 점점 더 비참하게 될 위험이 우리 모두에게 있다.

수도승들은 이 주제에 대해 어떤 말을 할까? 베네딕도는 "화를 행동으로 하지 말라"(『수도 규칙』 4,22 참조)고 충고한다. 이는 화를 내서는 안 된다는 뜻이 아니다. 베네딕도는 사람이 화를 피할 수 없다는 것을 알고 있었다. 그러나 화가 난 상태에서 행동하지 않도록 노력해야 한다. 이 말은 고대 수도생활의 일반적인 생각과 일치한다. 즉, 분노는 본디 중립적이고, 선善뿐 아니라 악惡에도 유익한 인간의 근본적인 힘이다. 오늘날 — 우리가 이미 알고 있는 것처럼 — 삶에 활력을 부여하는 공격성은 중요한 근본적인 힘이지만 올바른 길로 인도되어야 한다. 우리는 악에 대해, 무엇보다 내 마음 안에 있는 악에 대해 분노할 수 있다. 그래야 용기를 내어 그 악과 씨름할 수 있다. 옛 수도승의 가르침에 따르면 분노는 절대로 사람을 향해 분출되어서는 안 된다. 만약 그렇게 한다면 그것은 분노의 근본 본성을 거스르는 것(contra naturam)이다. 분노의 힘의 원래 목적은 수도승의 언어에서 사랑과 같은 말인 '온유'로 변화하는 것이다. 이 온유에는 분노의 힘이 내재되어 있어야 한다. 말하자면 온유는 연약한 거짓 덕행이 아니라 내적 힘을 지닌 사랑이며 어떤 것도 두려워하지 않고, 아무것에도, 아무에게도 현혹되지 않는 사랑이다.

이것이 무엇을 의미하는지 이해하기 위해, 매질과 감금의 위협을 무릅쓰지만 반격하기를 원치 않는 비폭력 저항을 생각할 수 있다. 잘 알려진 예를 들어 보자. 넬슨 만델라Nelson Mandela는 남아프리카공화국의 인종차별에 맞서 긴 세월을 감옥에서 보냈다. 그가 분노와 공격성의 에너지로 넘쳤다면 석방 후 그는 분노하며 공격적인 혁명가가 될 수 있었을 것이다. 그러나 그는 권위 있는 중개자, 화해와 평화의 조정자가 되었다. 모든 이가 만델라가 될 수는 없지만 이러한 본보기를 알고 용기를 내어 한 번쯤 시도해 보는 것, 그리고 고대 수도승들과 함께 분노를 온유와 사랑으로 향하도록 노력하는 것은 중요한 일이다.

수도승들에게서 우리는 어떤 자극을 받을 수 있을까? 그들은 제일 먼저 분노는 정상적인 것이므로 우리가 분노를 잘 다룰 수 있고 또 그 힘을 사랑의 방향으로 바꿀 수 있다고 분명하게 말했다. 그 첫걸음은 베네딕도가 앞서 말한 가르침대로 분노를 알아차리되 분노에 휩싸여 행동하지 않는 것이다. 이에 관한 몇 가지 예화를 사막 교부들에게서 찾아볼 수 있다. 압바 이시도르Abba Isidor는 자주 분노하는 것처럼 보이지만 분노를 잘 다루는 법을 배운 교부였다. 분노를 절대로 목구멍까지 올라오게 하지 않았다고 한다. 이는 분노가 강해지고 폭발하기 전에 점점 치솟고 있는 분노를 제때에 알아차렸다는 것을 배웠음을 의미한다.[32] 분노의 움직임이 '아직 작고' 사람들에게 피해를 끼치지 않는 동안, 너무 늦기 전에 영혼의 움직임들을 제때에 알아차리고 감정을 잘 다루기 위해 사막 교부들은 내적으로 늘 깨어 있고자 했다.[33]

압바 이시도르는 싸움에 말려들었을 때 분노가 폭발하기 전에 곧바로 그 자리를 떠났다고 한다. 그는 감정에 압도당하지 않기 위해 '위험 지역'에서 자신을 건져 냈다. 그것이 문제의 해결책은 될 수 없지만 일단 머리를 맑게 해 주어 이성적으로 상황을 판단하게 한다. 알다시피 분노는 눈을 멀게 하고, '격노하는 수도승'은 '외로운 암멧돼지'처럼 행동한다. 그러므로 때로는 우선 약간의 거리를 두는 것이 좋다.

창조적인 방법도 제안한다. 에바그리우스는 혼자 투덜대거나 계속 화나는 생각에 휩싸여 있는 대신 일단 마음의 분노 상태를 자각하여 가난한 이를 돌보거나 거지들에게 적선함으로써 분노의 힘을 온유와 사랑의 방향으로 돌려야 한다고 했다. 그뿐 아니라 화를 낸 사람에게 선물을 주거나 식사에 초대할 수도 있다. 좀 희한하게 들리겠지만 이것은 심리적인 전략이다. 분노에 고정되어 있는 내적 관심을 다른 곳으로 돌리고, 흥분해서 화를 내는 힘을 동정과 사랑 가득한 관심으로 변화시키려는 시도다. 이 전략 역시 만병통치약은 아니지만 분노를 창의적으로 다루는 것을 배우기 위해 에바그리우스의 가르침은 적어도 자기만의 경험을 통해 적합한 방법을 발견하게 하는 자극제가 될 수 있다. 당신은 분명 원망과 화가 치밀어 오르는 온갖 경험들을 했을 것이다. 이는 긍정적이기도 한 것이다. 고대 수도승들의 가르침을 그 배경에서부터 곰곰이 생각해 보고 배우는 것은 정말 유익하다.

에바그리우스는 시편을 노래하는 것이 분노를 가라앉히는 데 도움이 된다고 권한다. 시편의 경건한 내용은 화를 내는 사람에게 평화로운 생각을 떠올리게 할 수 있고, 노래하는 것 자체가 영혼을 밝게 할 수 있다. 그리스 철학자들은 노래와 음악은 분노하는 영혼을 달래는 아주 좋은 치료제라고 했다. 이 방법은 특히 노인들에게 유익하다. 노인들은 특별한 방식으로 우울해지고 원망하는 기분에 빠질 위험이 있기 때문에 노래하고 연주할 때 이 치료제는 특별한 효력을 일으킨다. 이는 수도자에게도 특별한 치료제임이 분명하다. 수도자들은 하루에도 수차례 공동으로 전례 기도를 노래한다. 이렇게 하는 것은 공동 전례의 깊은 종교적 의미에 더하여 노인뿐 아니라 젊은이들에게도 감정이 정화되는 효과가 있다. 일반적으로 긍정적인 분위기가 지배하는 가운데서 살 수 있다면 조종할 수 없는 분노와 싸울 위험도 적어질 것이다.

에바그리우스 폰티쿠스가 '악한 생각'과 그에 따라 나타나는 행동을 잘 다루기 위한 수단으로 사용한 소위 안티레티코스*Antirrhetikos* 방법은 특히 유익하다.[34] 이 말은 반론 또는 반박이라고 번역할 수 있다. 내적으로 쌓인 감정에 휘둘려 괴로울 때나 위험한 '생각'이 들 때 성경 말씀을 무기로 맞서는 것이다. 성경 말씀은 '생각들', 경우에 따라서는 그에 따라오는 행동을 다루는 치료제가 될 수 있다. 에바그리우스는 분노에 맞서는 무기로 성경 구절 64개를 추천한다.[35] 예를 들면, "너희에게 새 계명을 준다. 서로 사랑하여라. 내가 너희를 사랑한 것처럼 너희도 서로 사랑하여라"(요한 13,34), "빛 속에 있다고 말하면서 자기 형제를 미워하는 사람은 아직도 어둠 속에 있는 자입니다"(1요한 2,9)를 제시한다. 물론 다른 일곱 가지 악덕에 맞서기 위한 구절도 제시하고 있다.

  분노와 미움이 마음을 뒤집어 놓을 때 이와 같은 말을 자신에게 하는 것이 한 가지 방법이 된다고 생각한다. 나는 형제에게 화가 나면 그 순간에 성경 말씀을 떠올리거나 '새 계명'을 떠올린다. 예를 들면 이런 식이다. '내가 아직 어둠 속에 있다는 것을 요한의 첫째 서간이 말해 주고 있다. 나에게 화를 내고 있는 것은 형제가 아니라 나 자신이다.' 이런 말을 하거나 생각한다고 해서 즉각적으로 변화가 일어나는 것은 아니다. 이는 화나는 말과 생각들을 자꾸 안에서 쫓아내려 하지 않고 화난 감정에 계속해서 긍정적인 말씀으로 맞서는 것이다. 양쪽에 목소리가 있고, 이 둘이 서로 싸운다고 말할 수 있겠다. 사막 교부들은 이 과정을 '내적 투쟁'이라고 했다. 즉, 상황에서 도피하지 않고 다른 쪽으로 돌리거나, 악한 생각들을 몰아내려고 애쓰지 않고 내적으로 투쟁에 응하는 것이다.[36] 그 목적은, 다 알다시피 어떤 결론에도 이르지 못하는 끝없는 내적 논쟁으로 이끌려는 것이 아니다. 자신의 기본자세를 표현하는 긍정적인 단어를 분노의 감정에 맞서는 대안으로 세우려는 것이다. 그리하여 분노의 힘이 서서히 누그러지고 그 힘이 사랑의 방향으로 돌아가기를 바라는 것이다. 평화가 다시 찾아오면 어쩌면 분노의 원인도 더 이상 중요하지 않게 된다. 실제적인 문제에 창의적으로 접근하기 위한 고요와 평정도 충분히 느끼게 될 것이다.

습관적으로 화를 내는 사람은 기본 규칙처럼 이러한 '분노에 반하는 말씀'을 기도로 삼고 잠시 동안 반복하기를 권한다. 그렇게 하다 보면 내적 자세에 영향을 미치기 시작하고, 그러면 아마도 다음 갈등에는 조금 일찍 분노를 다룰 수 있을 것이다.[37]

안티레티코스 방법은 문제를 빠르게 해결하는 방법은 아니다. 평화롭고 사랑에 가득 찬 행동을 끈기 있게 연습하는 장기적 치료 같은 것이다. 이러한 행동은 분노를 잘 다루도록 도와주는 것에 그치지 않고 계속 반복하는 기도 말씀을 통해 내적 기도를 훈련시킨다. 그렇게 함으로써 모든 일상이 영적으로 각인될 수 있다.

여기에 설명한 분노를 다루는 방법은 보다 높은 성숙과 사랑 안에서 성장하는 것을 방해하는 '악덕'들을 어떻게 다루어야 하는지에 대한 하나의 본보기가 될 수 있다. 한스 모세르Hans Moser가 한 말로 여겨지는 금언을 우리가 깊이 생각한다면 아마 평생 동안 영적 투쟁을 할 기회가 부족하진 않을 것이다. "사람들은 제일 먼저 자신만의 환상을 잃어버리거나 포기하고, 그다음에는 치아를, 마지막에는 삶의 무게를 내려놓는다."[38]

2. 과거를 통해 미래로

우리는 평생토록, 고령에 이르기까지 온갖 문제를 해결해야 한다. 노년에는 특별한 과제까지 주어지는데, 바로 예전보다 훨씬 더 많이 자신의 과거를 다루어야 한다는 것이다. 정당한 가치를 인정받기를 원하며, 평화롭고 조화롭게 이별하기를 바라는 과거가 많다. 그렇게 해서 치유되어야 하는 것도 많다. 과거와 화해하지 못하면 미래로 가는 길을 지속적으로 방해하는 큰 부담이 될 수 있다. 미래로 가기 위해서는 우선 다시 한 번 과거로 발걸음을 돌려야 한다. 칼 라너가 말했듯이, 우리가 저 뒤로 밀쳐놓은 삶을 다시 소환하여 하느님의 눈으로 바라봐야 한다.[39]

자유로이 미래로 가기 위해서 우리가 놓아 버려야 하는 부정적인 것들이 우선 떠오를 것이다. 그러나 나는 정반대에서 시작하려 한다. 좋았던 것들, 아름다움을 알게 했던 것들, 다양한 방식으로 성공할 수 있었던 것들 그리고 그것에 대해 정당하게 조금은 자랑스러워할 수 있는 것들에서 시작하고 싶다.

감사하기

노년에 예전보다 자유 시간이 많아지면 번번이 생각이 과거로 빠져들곤 한다. 잊고 있던 옛일이 불쑥 다시 떠오른다. 일기를 써 온 사람은 예전보다 자주 지난 페이지를 뒤적거리고, 대화 중에 자주 과거에 대한 이야기를 할 것이다. 삶의 역사에 따라 혹은 개인의 성향에 따라 좀 더 즐거운 혹은 좀 더 비통한 역사에 집중할 것이다. 어쨌든 그것은 도움이 되고 삶을 지지해 준다. 과거의 긍정적인 면면들은 내 삶 어디쯤에서 아름다웠고, 성공했고, 결실을 거두었는지 거듭 상기시켜 준다. 그러니 다른 사람들과 협력하며 잘 지냈고, 얼마나 많이 성공했는지, 얼마나 많은 것을 이루어 냈는지 깨닫게 되면 감사함이 마음에 스며들 것이다. 동시에 내 삶을 이루어 나가는 데 큰 도움을 주었던 사람들을 깊은 감사의 마음으로 바라보게 될 것이다. 이는 앞으로의 삶을 — 어쩌면 죽음도 — 함께하고 같이 만들어 갈 수 있는 사람들이 계속해서 있을 거라는 희망을 준다.

이런 상황들을 기억하면서 특히 중요한 것은, 그 모든 것이 쉽고 즐겁기만 했던 것은 아니라는 것이다. 오히려 많은 노력과 고통 그리고 실패를 거쳐 마침내 힘들게 극복해 냈고 성공을 이루었다는 것이다. 나는 피정에서 이런 질문을 하곤 한다. "힘들고 때로는 진퇴양난의 상황에서 나를 도와준 것은 무엇이었는가?" 우리는 각자 고요히 숙고한 다음 소그룹으로 모여 이야기를 나누었다. 무척 많은 이야기가 오가고 긍정적인 분위기가 형성되어 정말 놀랐다. 참가자들은 힘들었던 것들에 대해 이야기하고 있었지만 그 이야기는 갑자기 어떻게 그 어려움에 벗어났는지로 이어졌다. 특히 꽤 많은 이가 자신이 평소에는 거의 말하지 않는 주제인 신앙의 관점에서 자주 언급하는 것에 놀랐다. 어려운 상황에서 신앙이 결정적인 도움이 되었다는 것을 참석자들이 분명하게 느끼고 있었다.

우리의 가장 깊고 가치 있는 경험들은 기쁨만 가득한 상황 속에서 일어난 것들이 아니라 고통스럽고 대단히 수고로운 삶의 과정에서 맺은 결실이었다. 그리고 우리의 인격 형성에 가장 중요했던 가르침은 우리를 극한으로 몰고 가는 상황이었다. 수많은 어려움을 겪었음에도 아직 살아 있고 또 기꺼이 살고자 하는 것은 이런 쓰라리고 고통스러운 사건들이 단순히 삶의 부정적인 기억 리스트에 들어 있는 것이 아니라 그것이 우리 삶을 풍요롭게 해 주었고 나만의 이력이 되어 주었음을 믿기 때문이다. 이는 미래로 가는 길에 중요한 자원일 수 있다.

어려움을 극복하고 성장할 수 있었던 상황들을 기억하는 것은 자유를 주고, 또한 큰 신뢰를 지니고 불확실한 미래로 들어가게 한다. 평정과 하느님에 대한 믿음은 단순하고 세상과 동떨어진 신앙이 아니라 '내가 하느님과 삶을 믿을 수 있다'는 경험과 관련이 있다. 신앙이 나를 지탱해 주었음을 나는 자주 경험했다. 평정과 하느님에 대한 믿음은 경험과 삶의 결실이며, 이는 삶을 감사의 눈으로 바라볼 수 있게 이끈다.

'성장하는 노년' 피정이 끝날 즈음 참석자들에게 피정 동안 깨달은 점과 앞으로의 인생 여정에 도움이 될 수 있는 원천들을 적어 보라고 했다. 결과는 놀라웠다. 이제껏 막연하고 불안하게 보였던 미래가 새롭게 보이기 시작했다. 풍부한 경험과 인식, 능력, 깨달음이 남은 생애에 도움이 될 든든한 장비라는 것이 분명해졌다. 우리가 감사하게 여기고 받아들이는 모든 경험은 미래의 초석이 될 수 있다. 감사함은 미래에 대한 용기를 만들어 낸다.

"나의 삶에 대해 하느님께 끊임없이 감사한다" 혹은 "나는 매일 아침 건강한 몸으로 일어날 수 있음에 감사한다"라고 말하는 사람들이 있다. 그러면 나는 그들에게 "하느님께 그것을 분명하게 말해 본 적이 있습니까?"라고 친절하게 되묻는다. 그러면 대개는 약간 가책을 느끼는 듯 아무 말을 하지 않는다. 나 역시 그렇게 하는 걸 자주 잊어버린다고 솔직하게 인정한다. 우리가 원칙적으로라도 감사해하고, 모든 것을 혼자서 하지 않았다는 것을 아는 것은 중요하다. 그러나 왜 우리는 그것을 표현하지 않는가? 누군가 나에게 적어도 매일 세 번은 작은 것에라도 감사해하고 또 그것을 하느님께 말해야 한다고 했다. 이 충고를 듣자 그렇게 한다면 참으로 큰 내적 여유와 자유가 생길 거라는 예감이 들었다. 나는 늙고 병든 한 사람에 대한 이야기를 들은 적이 있다. 그는 삶의 마지막 몇 해 동안 특히 모든 것에 감사했다고 한다. 이러한 사람에게서 어떤 것이 발산될지 짐작할 수 있다!

우리는 그렇게 되기까지 아직 멀었는지도 모르겠다. 그러나 이어지는 설명을 읽고, 지금까지 우리 삶을 다양한 영역에서 이끌어 온 것들을 약간의 호기심을 가지고 확인해 볼 수 있다. 작은 일이든 큰일이든, 도처에서 감사함의 원인을 찾을 수 있다. 아마도 감사하는 마음을 많이 찾아낼 것이다. 이런 원인들을 자주 발견하고 의식적으로 자신에게 그리고 하느님에게 '감사'할수록 감사하는 마음이 기본자세가 되어 우리 영혼을 자라게 할 것이다. 게다가 감사하는 마음은 우리를 관대하게 하고 미래에 열려 있게 한다. 노년의 여정에서 감사는 끊임없이 우리 삶의 무게를 느끼게 하는 것들에 대한 평형추 역할을 할 수 있다.

베네딕도회 데이비드 스타인들라스트David Steindl-Rast 수사에게 감사는 관상적 영성의 기본 주제이자 기본 개념이다. 감사하는 마음은 하느님의 현존을 향해 사람의 마음을 열게 하여 온전히 이 순간을 살게 하고, 기대에 가득 찬 미래로 마음을 넓혀 준다. 그에게 감사함은 "온 삶이 선물임을 자각하는 것이다".[40] 그때마다 혹은 자주 감사하는 것이 중요한 것이 아니라 감사하는 마음이 서서히 기본자세가 되어 마침내 온 의식에 깊이 새겨지는 것이다. 데이비드 수사는 그의 저서에서 단순히 '감사'(gratitude)라는 표현을 쓰지 않고 '감사의 마음이 넘치는, 매우 고맙게 여기는'(gratefulness)이라는 표현을 썼다. 감사함이 넘치는 사람은 자기 안에 끊임없는 감사함이 솟아나는 샘을 간직한 채 삶의 충만함을 경험하거나 적어도 예감하게 된다.[41] 데이비드 수사는 90세가 다 되었으나 여전히 지칠 줄 모르고 감사함의 길을 널리 알리고 있다.

버릇 끊어 버리기

과거를 감사하는 마음으로 바라보는 것은 대단히 중요하다. 그러나 옛 경험들을 자꾸 끄집어내고, 옛 사진첩을 들여다보고, 늘 같은 옛날이야기를 하면서 거기에 자신을 규정하는 것이 허락된다는 것은 아니다. 그러는 것은 자신에게 좋지 않을뿐더러 듣는 사람에게도 고역이다. 과거는 우리의 미래가 아니다. 일기를 읽지만 말고 계속 써야 한다. 삶은 계속될 것이다.

많은 사람에게 노년기로 넘어가는 것이 그리 큰 문제는 아니다. 그들은 새로운 것에 기뻐한다. 그들은 자신의 외적 활동과 자기를 동일시하지 않고, 많은 관심사와 재능을 발전시켜 직장이나 특별한 직위 없이도 편안하게 미래로 향해 가고 여전히 사람들에게 도움이 되는 존재가 될 수 있다. 이런 이들은 노년의 새로운 자유 안에서 완전히 새로운 삶을 살고, 행복한 창조의 새로운 단계를 체험한다.

그러나 어떤 사람들에게는 노년기로 넘어가는 것, 특히 직업과 책임에서 떠나는 것이 큰 위기가 되기도 한다. 그들은 직위나 일을 자신과 지나치게 동일시하고 그것에서 존경을 얻어 냈기 때문에 그들에게 미래는 큰 벽 같다. 우리가 어느 날 갑자기 직위와 권위 내지는 완전히 만족하던 일에서 떠나게 되면 그 상황은 이중의 문제가 될 수 있다. 실업이 현실이 될 수 있다는 것이다. 그러나 여러 해 전부터 정해진 날에 정년퇴직을 하게 된다는 것을 알고 있는 경우에도 그 사실을 밀쳐놓고 있다가 막상 그날이 와서 홀로 있게 되었을 때 비로소 눈이 뜨인다. 이는 특별히 고통스러운 문제다. 우리 모두에게 갑자기 들이닥칠 수 있는 일이기도 하다. 퇴직할 날을 오래전부터 알고 있었으면서 마른하늘에 날벼락이 떨어진 것처럼 느끼는 사람들이 놀라울 만큼 많은 것은 진기한 일이다. 벌써부터 '다음' 시간에 대해 생각할 겨를이 없다고 말하는 '지나치게 바쁜' 사람과 나눈 대화가 기억난다. 그러니 '덜컹거리며' 은퇴 시기로 가는 것을 이상하게 생각해서는 안 된다.

 하지만 제때에 생각하고 조금 미리 내다보는 사람도 있다. 우리 피정은 퇴직을 앞둔 사람과 연금을 받는 나이에 있는 사람들을 위한 것이지만 '미리 준비하고 싶은' 이들을 위한 것이기도 하다. 그래서 직업을 가지고 있으면서 이후의 삶을 위해 유익한 자극을 얻고 싶어서 오는 남녀 참석자도 많다. 그들 가운데는 직위나 직업이 없는 삶을 상상할 수 없기 때문에 노년이 코앞에 다가와 있는데도 퇴직에 대한 격렬한 공포에 사로잡혀 있는 사람이 있다. 그러나 그들이 며칠 동안 자신의 삶과 자신이 원래 원했던 것이 무엇이었는지 생각하고 나면 더 이상 지금까지처럼 직업이나 직위를 자신과 동일시하지 않게 된다. 그러면 자신이 '최종적으로' 하고 싶은 일과 주제가 많이 남아 있다는 것이 보이기 시작한다. 피정을 마친 후에 자신이 지금까지 소홀히 했던 다른 측면도 한 번 살아 보고 싶다는 새로운 의욕이 솟으니 퇴직 이후를 일찌감치 계획하는 사람을 보았다. 그런 사람의 얼굴에서는 긴장이 완화되고, 어떤 빛이 발산되는 것이 보인다.[42]

그렇다고 이런 변화 과정에서 어려움이 없는 건 아니다. 예컨대 누군가 요직에 있으면서 영향력을 행사하고 특권을 누리고 늘 주위 사람들의 주목을 받다가 갑자기 그 모든 것을 더 이상 누리지 못하게 되면 '금단증세'가 나타날 수 있다. 그것은 끊어 버리겠다는 의식과 관련된 것이 아니라 지금까지의 삶의 방식을 통해 축적되었고 살면서 자연스럽게 형성된 습관과 관계있다. 지금까지는 완전히 정상적이고 일상적이었던 것이 갑자기 사라져 버렸기 때문이다.

내 전임자인 보니파즈 포겔Bonifaz Vogel 아빠스의 80세 생일을 맞아 우리는 교회와 사회의 주요 인사 몇 분을 초대해 축하 자리를 마련했다. 그들은 포겔 아빠스 재임 기간 동안 요직에 있었으나 지금은 자리에서 물러나 있었다. 이분들 중 나도 잘 알고 있던 분이 내게 과할 정도로 감사를 표했다. "초대를 받고서 얼마나 기뻤는지 모릅니다. 아시다시피 자리에서 물러나면 거의 초대를 받지 못합니다. 사람들은 쉽게 잊어버리지요." 이 말이 선명하게 각인되었다. 우리가 매번 예전에 존경받던 분 모두를 초대할 수 없는 것은 당연하다. 이

분에게도 그것은 확실했다. 그러나 더 이상 초대받지 않고 '그 자리에 있을 수 없다'는 현실이 그 사람에게는 무언가가 갑자기 없어져 버린 것이었다.[43]

이제 이런 '금단증세'를 어떻게 다룰 것인가? 우리는 자신이 불쌍하고, 화가 나고, 배은망덕한 세상을 불평할 수 있다. "그러나 나는 결국 많은 것을 성취했고, 그 성취가 내게 준 것들을 기뻐할 수 있다." 이렇게도 말할 수 있다. "그런 것들은 더 이상 중요하지 않다. 이제 스스로 다른 길을 가야 한다." 살면서 유익했고 성취한 것을 감사하는 마음으로 바라보는 것은 좋은 일이다. 그러나 거기에 갇혀 있지 않고 감사하는 마음으로 새로운 미래를 향해 가고 새로운 기회를 받아들이는 것 역시 중요하다.

대부분은 명확하게, 종종 대단히 격식을 갖춘 형태로 직위 혹은 임무와 작별한다. 감사를 표하고 그의 업적을 다시 한 번 인정하는 것은 좋은 일이다. 때로는 이런 작별의 자리에서 앞으로 내미는 손 뒤에 숨은 의견을 듣기도 한다. "이제 더 이상 우리와 함께 대화할 수 없다는 것을 그가 이해하기를 바란다." 그는 원래 없어서는 안 될 사람이고 앞으로도 '중요한' 사람일 것임을 예상하고 확인시켜 주는 칭찬일 수도 있다. 작별은 작별이다. '누군가' 나중에도 여전히 감사를 느끼며 자신을 기억해 주는 것은 물론 아름다운 일이다. 그러나 그것을 지속적으로 기대해서는 안 된다.

그러면 '특별한 지위나 다른 사람의 특별한 관심 없이 우리가 어떻게 남은 생애를 살고 또 잘 살 수 있을까?' 하는 보편적인 질문이 남는다. 그 배후에는 나 자신과의 솔직한 대결이 있다. 곧, 나는 외적인 일에, 인정에, 특권에 매여 살 것인가 아니면 나만의 내적 가치들과 경험으로 살 것인가의 대결이다.

전임 아빠스의 80세 생일 축하 자리에서 만난 퇴직한 공직자의 말을 나는 잘 기억해 두었고 나에게도 언젠가 이와 비슷한 일이 한 번은 일어날 것이라고 그때 이미 예감했다. 그러므로 나는 그 후에 가능한 한 불행해지지 않으려고, 세월이 흐르면서 사람들이 어떻게 직위에서 떠나는지, 모든 것이 그들에게 어떤 영향을 주는지, 그리고 무엇을 해야 하는지 거듭 관찰했다.[44] 나는 남들처럼 하지 않기로 결심했다. 그래서 내가 직위에서 떠날 때 달라져야 할 것들을 일기장에 많이 적어 두었다. 미래에 어디서 내가 더 이상 아무런 영향력을 미치지 못하게 될지, 어디서 나를 더 이상 필요로 하지 않을지, 어디서 더 이상 특별한 관심을 기대할 수 없을지 등이다. 무의식적 습관들이 무언가를 기대하기 때문에 가끔 아픔을 느끼더라도 그것을 받아들이겠다고 나는 계속해서 덧붙여 썼다. 그래서 그런 상황에 처하게 되면 "아참, 그때 이것에 대해 적어 두었지. 이건 이미 내게 분명한 것이었어!"라고 내게 말한다. 내 마음속에서 자조 섞인 웃음이 새어 나오고 문제는 빨리 처리된다. 그러면 나는 그것에 더 이상 힘을 소모할 필요가 없어지고 내 앞에 놓여 있는 많은 좋은 일에 투신할 수 있다. 과거를 만족스럽게 돌이켜 보는 것은 좋은 일이긴 하지만 그것에 매이지 않고 자유로워져야 한다. 그래야 방해받지 않고 자유로이 새로운 미래로 갈 수 있다.

자기 자신에 대해 미소 짓는 유머는 유익하다. 나는 병원장을 지내고 퇴직한 분을 알고 있는데, 그분은 선교사 의사들이 고국으로 휴가를 간 동안 그들 대신 일하기 위해 자주 아프리카에 간다. 그가 이 일을 얼마나 즐겁게 하는지 이야기하기에 나는 여러 달 동안 집을 떠나 있으면 부인이 뭐라고 하지 않느냐며 물어보았다. 그는 이렇게 대답했다. "아내는 '계속 편하게 그 일을 하세요'라고 말합니다." 그러고는 웃으면서 자신이 집에서 아내에게 아직도 병원장처럼 행동하기 때문에 아내의 신경을 건드린다고 말했다. 그래서 자신과 부인을 위해서 이런 출장은 큰 도움이 된다는 것이다. 그는 자신의 옛 행동 방식을 아직 완전히 내려놓을 수는 없었지만 그것에 대해 웃을 수 있었고, 이런 완충 시간이 아내와 자신에게 새로운 상황에 적응할 여유를 충분히 주고 있다는 것을 알고 있었다. 현명한 통찰과 정곡을 찌르는 자조는 이런 과도기와 습관을 바꾸는 시기에 도움이 된다.

최선의 의지와 훌륭한 통찰을 갖추고도 변화하기 위해서는 시간이 필요하다는 것을 알아야 한다. 예를 들면, 어떤 신분의 상징으로 각인된 직위에서 떠나게 되면 이런 상징 자체가 얼마나 인생에서 중요했는지, 자신과 직업을 얼마나 동일시했었는지, 혹은 중요한 직위에 있었음에도 그 특권에 종속되지 않으면서 한 인간으로 남아 있었는지 아닌지가 밝혀진다. 제일 좋은 것은 '어떤 자리'에 있을 때 시험 삼아 한 번씩 스스로에게 질문해 보는 것이다. 내가 잘 아는 분이 이런 '시험'에 관해 이야기한 적이 있다. 우리가 잠옷을

입고서 조용히 침대에 누워 있지만 잠이 오지 않는 밤을 한 번 상상해 보라고 그는 말했다. 우리가 다른 이에게 어떤 깊은 인상도 줄 수 없고, 또 지금 깊은 인상을 줄 수 있는 사람도 전혀 없는 상황에서 스스로에게 물어보아야만 한다. '권력과 좋은 옷이 없어도 나는 나를 좋아할 수 있고 나에게 만족하는가? 나는 나 자신에게 소중한 존재인가?'

이것은 어쩌면 좀 이상한 제안이다. 나는 잠 못 드는 밤이 거의 없어서 이런 시험을 실행해 보지는 못했다. 그러나 나는 때로 나의 일에서 그리고 나의 자리에서 나를 잃어버릴 위험이 있을 때 "나는 아직도 존재하고 있는가? 다른 모든 것 없이 그저 나 자신인가?"라고 묻는다. 무대 위에서나 가면 뒤에서만 살지 않고, 환상의 세계를 현실로 여기며 그 안에서만 살 것이 아니라 자기 자신에게 거듭 도달하는 것은 중요하다. 내가 나에게 이런 질문을 했을 때 나는 고요해지고 내면을 바라보려고 노력했다. 그러면 나는 거기에 철저히 혼자 있었지만 외롭지 않았다. 가벼운 독백에 빠지면 나는 거의 즉흥적으로 유년 시절에 쓰던 사투리, 즉 내 원래 모국어로 말을 했다. 다른 때에 중요하고도 또 중요했던 모든 것은 사라지고, 아주 단순하게, 하느님 아주 가까이에서 사투리로 기도했다. 그것은 내게 새로운 확신을 주었다. 흔들리지 않고 지위나 성과가 없어도 만족하며 살 수 있으며, 정말로 조금도 부족하다는 느낌이 들지 않는 내적 정체성을 느꼈다. 외적 활동과 성과와 인정에 매여 있지 않은 내적 정체성을 많이 발견하고 경험할수록 그만큼 습관과 중대한 것을 포기하기 쉬워진다. 이에 관해서는 다른 장章에서 더 상세하게 말할 것이다. 마지막으로 안겔루스 질레지우스Angelus Silesius의 유명한 격언을 언급하고자 한다.

> 사람아, 본질적으로 되어라!
> 세상이 지나가면
> 우연은 사라지고
> 존재하는 것이 본질이다.[45]

중요한 것은 우연이 사라지는 것이다. 다시 말해서 내 마음에 드는 모든 것, 자기 자신에게 덧붙여진 모든 것은 제거되어야 한다. 그러면 본질적인 것이 나타날 수 있다.

성공을 상대화하기

때로 우리는 자신이 이룬 성공과 업적을 과대평가하기 때문에 '다른 이들이' 나에게 끊임없이 감사해야 한다고 생각한다. 나를 중심에 두고 성공을 보기 때문에 이런 생각이 든다. 예를 들어 설명해 보겠다. 우리 수도원을 소개하는 소책자에는 플라치투스 포겔Placitus Vogel 초대 아빠스가 뮌스터슈바르작 수도원 성당을 지었다고 쓰여 있다. 이는 옳은 말이기도 하고 틀린 말이기도 하다. 정확히 말하면 성당은 많은 수사가 가난하고 힘든 상황에서 밤낮으로 함께 일하고 도와가며 지은 것이다. 그리고 당시 나치 시대에 건축 허가를 받을 수 있도록 도와주고, 재정 지원을 해 준 수많은 사람이 없었다면 아빠스도 수사들도 성당을 지을 수 없었을 것이다. 수도원 성당 건축은 전적으로 많은 사람의 업적이며 성공이다.

    이는 특별히 놀라운 일이 아니다. 모두가 알고 있는 사실이다. 그러나 무엇보다 탁월한 행위와 성공들을 이러한 맥락에서 살펴보는 것은 중요하다. 플라치투스 아빠스는 매우 인상적이고 강한 인물이었고 우리는 그에게 늘 큰 감사의 마음을 지니고 있다. 하지만 수사들이 없었다면, 많은 이의 도움이 없었다면 그가 무엇을 할 수 있었겠는가? 성당 건축 계획은 공상에 머물고 말았을 것이다.

    이러한 성찰이 그의 공로를 축소하는 건 아니다. 그 반대다! 그가 공동체의 유능한 수도자들과 이 작업을 함께 이루어 낸 수도원 외부의 많은 사람을 연결해 주었음을 증명하는 것이다. 이는 그의 인품을 낮추는 것이 아니라 그가 넓은 관계를 형성했음을 밝혀 준다. 그리고 이는 플라치투스 아빠스가 자리에서 물러난 직후에 전쟁이 발발해 수도원이 몰수되었을 때 아직 젊은 수도원이 살아남을 수 있었던 이유이기도 하다. 그의 일은 오직 그만의 일이 아니었기 때문에 살아남은 것이다. 생텍쥐페리는 "다른 사람들을 끊임없이 필요로 하는 사람이 지도자다"[46]라고 했다. 지도자는 사람들의 도움 없이는 일이 잘되지 않고 또 오랫동안 지속할 수 없다는 것을 알기 때문에 다른 이를 '끊임없이' 필요로 한다.

'다른 이들'은 건설하는 데만이 아니라 계속 지켜 나가는 데도 필요하다. '다른 이들'이 이 일을 공동의 일로 받아들일 때 지도자가 떠난 '뒤에도' 존속할 가능성이 높아진다. 최고 경영자가 물러날 때 그에 대한 송별사는 — 경우에 따라서는 거액의 퇴직금을 지급하기도 한다 — 3년 뒤로 미루어야 한다는 우스갯소리를 들었다. 송별사에 쓰일 그의 업적이 아직도 옳은지, 혹은 후임자가 계속 이끌어 갈 수 있도록 그의 경영 방침이 실제로 지속적으로 영향을 미쳤는지, 그 유명 인사가 빨리 이루어 낸 성공이 오랫동안 유지되는지 확인하려면 시간이 걸리기 때문이다.

내가 자주 몰두하면서 큰 용기를 얻은 이 관점에 대해 조금 더 이야기하는 것이 좋겠다. 아빠스 재임 기간 동안 실현한 많은 일은 수도자들과 함께 생각하고 집중적으로 함께 일했기 때문에 가능했다는 것이 내게는 늘 분명했다. 개인적으로 지난 몇 해를 돌아보았을 때 이 사실은 특히 더욱 분명해졌다. 믿을 수 없을 정도로 많은 일이 있었다. '내가' 그 모든 것을 할 수 있으리라고는 재임 초기에는 전혀 생각하지 못했다. 그러나 이 '나'가 원래 '우리'라는 생각이 들었다. 그러고는 곧 '우리'가 어떻게 이런저런 것을 했는지, 이런저런 계획들을 성취했는지가 머릿속에 그림처럼 떠올랐다. 나는 내 앞에 펼쳐지는 그림들을 보면서 아주 기뻐했다.

나는 새로운 것에 대한 아이디어만 냈을 뿐 일은 다른 사람이 하곤 했다. 내 재임 기간 마지막 프로젝트였던 대체에너지 생산이 특히 그러했다. 아이디어는 내가 낸 것이지만 기술적으로 실현할 수 있는지에 대해서는 아는 것이 조금도 없었다. 우리 형제와 직원 가운데 천재적인 전문가들이 아주 좋은 팀워크로 다양한 것들을 설계해 나갔다. 이들은 끊임없이 조정하고 계속해서 발전해 나갔다. 내게는 그 일에 대한 기술적이며 전문적인 지식이 없기 때문에 그 모든 것이 어떻게 이루어졌는지 지금까지도 나는 이해하지 못한다. 그러나 내가 그 일에 대해 모른다는 것이 나와 특히 전문가들에게 아무런 문제가 되지 않는다. 그들이 나보다 더 많이 알고 있는 것에 대해서 내가 말참견을 할까 봐 걱정할 필요가 없기 때문이다. 사람들은 당연히 "아무튼 그 사업은 당신이 계획한 것이고 당신 재임 기간 동안 이루어 낸 당신의 업적이 아닙니까?"라고 말할 수 있을 것이다. 그렇지 않다. 그 계획에 동참한 이 모두가 그들이 같이 이루어 낸 일을 자랑스러워할 것이다. 그러니 그 일은 개인이 아닌 '우리의 사업'이다. 이러한 견해가 내 업적이나 그 일에 동참한 사람들의 업적과 노력을 아무것도 아닌 것으로 만들지 않는다. 나로 하여금 감사하고 또 감사하게 만든다. 그것은 아름다운 경험이다. 스스로 감사할 줄 아는 사람은 다른 사람에게서 끊임없이 감사를 기대하지 않게 된다. 그 일은 그저 '나의' 계획이 아니었기 때문에 내가 없다고 중단되지 않고 계속 진행되고 있다.

    이는 많은 예 중 하나일 뿐이다. 이런 견해는 우리가 창조해 내고 실행에 옮기는 모든 것에 적용할 수 있다. 무엇이 참으로 전적으로 우리들만의 업적이었던가? 우리의 탁월한 업적들은 얼마나 많은 사람에게 의존해 있는가? 그 반대의 상황, 즉 '다른 이'가 협력하지 않았으므로 우리가 또는 탁월한 아이디어가 또는 개인의 업적이 다른 이에게 영향을 주지 않았다고 확언할 수 있는가? 성공과 실패는 많은 부분이 다른 사람들에게 달렸다. 이러한 견해는 자신의 업적을 지나치게 높이 평가하지 않고 또 때가 되면 태연히 작별하도록 도와줄 것이다. '우리'에 대한 이런 견해는 '나'와 관련된 허영심과 스스로를 높이는 것을 막아 준다. 그 대신 큰 힘이 있는 공생을 분명하게 밝혀 주고, 미래에 대한 희망을 주는 감사의 마음이 생기게 한다.

이러한 생각에 잘 어울리는 몇 가지 표현을 베르톨트 브레히트 Bertolt Brecht의 시 「독서하는 노동자의 질문」에서 볼 수 있다.

> 누가 일곱 성문이 있는 테베Thebes를 세웠는가?
> 책에 그 임금들의 이름이 있다.
> 그 임금들이 그 바윗덩어리를 끌어 날랐겠는가? …
> 젊은 알렉산더가 인도를 정복했다.
> 그는 혼자였을까?
> 카이사르가 갈리아를 점령했다.
> 그의 옆에는 요리사도 없었던가?[47]

성공이 상대적인 것임을 다른 예를 들어 좀 더 상세히 이야기해 보자. 몇 해 전에 나는 간단한 탈장 수술을 받았다. 퇴원해 수도원에

왔는데 수술 부위가 곪아 재수술을 해야 했다. 회진 때 오래전부터 잘 알고 지내는 의사가 내 침대 곁에 서서 상처를 약간 눌러 보고는 심각한 표정을 지으며 혼잣말로 "이번에는 꼭 나아야 할 텐데"라고 했다. 그 말에 나는 불안해졌다. 유능한 외과 의사, 간단한 수술, 매일 반복되는 일 그리고 그는 상처가 나을지 알지 못하고, 나을 것이라고 장담하지 못한다. 사실, 큰 수술이 아니더라도 사고가 날 수 있다는 것을 우리는 알고 있다. 그러나 삶의 여러 상황에서 얻게 되는 통찰처럼 이 순간도 내게 깨달음을 주는 순간이었다. 의사는 수술을 잘해 낼 수 있지만 공기 속 바이러스를 제어할 수 없고, 그 바이러스가 몸에 어떤 반응을 불러일으키는지, 새로운 위험을 유발시키는지 알 수 없다.

나는 신중하고 주의 깊게 운전할 수 있지만 다른 경솔한 운전자가 내 차를 들이받는 것을 막을 수 없다. 더욱 조심해서 자동차를 세워 놓을 수 있지만 인도人道 쪽으로 다른 자동차가 미끄러져 내 차를 박을 수 있다. 일이 더욱 나쁘게 흘러갈 수 있는 모든 가능성이 갑자기 떠올랐다. 그리고 모든 사건과 계획이 헤아릴 수 없이 많은 요소와 연관되어 있다는 것을 불현듯 깨달았다.

이는 특별한 지적 깨달음이 아니다. 우리는 어느 정도 곰곰이 생각함으로써 이런 깨달음에 이를 수 있다. 그러나 그것은 나에게 더 많은 것을 의미했다. 그것은 논리적이라기보다 실존적인 인식이다. 이렇게 불러도 된다면 나는 이를 내면의 '찰칵' 소리라고 부르고 싶다. 이는 삶의 내적 합법성 안에서 이루어지는 갑작스러운 통찰이다. 내가 지금까지 체험하고 달성한 많은 것이 갑자기 새로운 빛 안에서 모습을 드러냈다. 잘되고 성공적으로 계획한 것들 중 몇 가지에는 '우연' 혹은 '섭리' 혹은 '선물'이라는 꼬리표를 붙여야 할 것이다. 그때 나는 이 경험을 일기장에 썼고, 얼마 동안 이 새로운 통찰을 의식하면서 지냈다. 최선의 계획을 세웠음에도 전혀 다르게 시작될 수 있음을 거듭 인정하는 것은 즐거운 일이었다. 무엇이 방해가 되고 혹은 방해가 될 수도 있었는지 온갖 생각이 떠올랐다. 그러므로 나는 순조롭게 진행되고 성공한 모든 것에 감사할 수 있었다. 그렇게 하여 내가 이룬 몇 가지 것의 의미를 상대적으로 바라보았다. 그러나 그것이 나를 작게 만들지 않았고 더 큰 것을 분명하게 바라보게 했다. 작은 사건과 큰 사건에 작용하고, 잘못될 수 있었던 여러 우발적 사태에도 늘 많은 것을 이루신 하느님의 섭리와 안배를 보게 된 것이다.

　이런 맥락에서 "무슨 선행을 시작하든지 주님으로 인해 미치도록 간절한 기도로써 청할 것이다"(『수도 규칙』 머리말 4)라는 베네딕도 성인의 말이 새롭게 다가왔다. 그 전에 이 말은 내게 큰 의미가 없었다. 그 전에는 '우리가 선행을 하려 하고 계획을 잘 세우면 될 것이다. 하느님께 너무 많은 도움을 청하지 말아야 한다'고 생각했었다. 이제는 모든 것이 아주 다르게 들린다. "미치도록 간절하게 청하며" 모든 것을 하느님의 눈으로 보아야 한다. "간절한 기도"(instantissima oratione)는 많은 말로 표현해야 한다는 뜻이 아니다. 내적 강도를 의미하며, 신뢰 가득한 마음으로 하느님의 현존을 바라는 깊은 내적 확신에서 오는 힘을 말한다. 만일 바라고 계획한 것이 참으로 이루어졌다면 부정적인 가능성들이 섞이지 않도록 하느님께서 개입하신 것이다.

이런 맥락에서 바오로 사도가 자신과 동료들의 업적을 암시한 성경 구절 역시 맞는 말이다. "나는 심고 아폴로는 물을 주었습니다. 그러나 자라게 하신 분은 하느님이십니다. 그러니 심는 이나 물을 주는 이는 아무것도 아닙니다. 오로지 자라게 하시는 하느님만이 중요합니다"(1코린 3,6-7). 한 사람이 심고 다른 사람이 물을 주는 것은 중요하다. 그러나 그것이 성공은 아니다. 필요한 모든 것을 행했을 때 그 씨앗이 실제로 자라고 또 열매를 맺을 수 있도록 염려하는 분은 다른 존재다.[48]

잘못 알아차리기

성공만 하는 사람은 없다. 어떤 성공은 다른 이를 배신해서 혹은 다른 이에게 불이익을 주면서 얻는 것일 수 있다. 우리가 행한 많은 것은 좋지 않았거나 아무짝에도 쓸모없는 것이다. 직위에서 떠나는 사람은 결코 성공한 업적만 꺼내 보이지 않는다. 이는 겉으로 매우 인상적으로 보이는 것들이나 사소하고 일상적인 것으로 보이는 것들, 자신의 삶이었던 모든 종류의 임무와 책임에도 적용된다. 그렇다고 놀랄 필요도 없고 부끄러워할 필요도 없다. 인간이기 때문에 우리에게는 약점과 한계가 있다. 인간의 행동은 — 많은 탁월한 것 옆에서 — 늘 깨지기 쉽다. 결정적인 것은, 내가 과거의 약점들을 어떻게 다루는지 그리고 내가 그것을 완전히 받아들일 수 있는지, 내가 어느 정도의 솔직함과 객관성으로 내 삶의 진리 '전체'를 직시할 수 있는지이다.

실패 혹은 실수의 원인은 물론 여러 가지다. 그 이면에는 자기 잘못, 무관심 혹은 악의도 숨어 있을 수 있다. 다른 한편, 실패나 좌절이 다른 이와 얽혀 있다면, 또 어떤 사람이나 외적 상황이 행동하게 했거나 할 수 없게 했다면 자기 책임이 조금 줄어들 수 있다. 다른 사람들과의 협동을 통해 이룬 성공이 약화될 수 있는 것과 마찬가지로 실패도 그렇다. 아직 많은 일과 책임 속에 있으면서 자신의 행동에 거리를 둘 수 없을 때보다 노년에 회고할 때 자신의 성격과 행동의 약점에 대한 통찰이 더 쉽게 이루어질 수 있다.

그러나 그 상황 속에 있으면서도 자기가 한 행동과 하지 않은 행동을 더 많이 인식하며 바라봐야 하고 또 바라볼 수 있다. 베네딕도는 아빠스가 자신의 직위와 직권만 알고 있는 것이 아니라 자신의 약점도 의식하고 있기를 바랐다. 그는 이 통찰을 "자신의 약점을 항상 바라보며"(『수도 규칙』 64,13)라고 간결하게 표현했다. 라틴어 그대로 "항상 자신의 허약함(fragilitas)에 대해 의심한다"고 번역할 수도 있다. 물론 그 약점이 분명하게 지도하고 결정하는 것을 방해해선 안 된다. 그러나 자신의 인격적 약점을 마음으로 알고 있는 것은 그로 하여금 형제들의 반응에 깨어 있게 하고, 한편으로는 형제들의 약점 또한 잘 이해하게 한다. 그리하여 형제들과 함께 살면서 '엄한 심판'보다 '자비'가 더 중요하다는 것을 알게 된다. 자신의 약점과 실패를 기억하는 것은 자신에게도 자비가 필요하다는 것을 의식하는 것이므로 아빠스는 형제들을 자비롭게 대하게 된다.[49]

이는 진리 전체를 볼 수 있게 하고 진리 편에 서게 하는 성숙과 지혜의 징표다. 임마누엘 칸트Immanuel Kant는 노년의 이런 지혜를 묘사하면서 "지난 인생의 모든 어리석음을 깨달을 수 있는 상태"라고 했다.[50] 많은 것은 일정한 시간적 거리에서, 서서히 떠오르는 지혜로써만 분명히 인식하게 된다. 그러나 중요한 것은 그것을 진심으로 받아들이고 잘 다루는 것이다. 다른 사람에게 손해를 끼친 어떤 실패는 적어도 용서를 청하거나 해명하는 대화를 통해서 보상할 수 있다.

많은 어리석은 행동과 우리가 매달렸던 거짓 진실을 이제 우리의 순진함 때문이건 아니건 미소로 맞이할 수 있고, 많은 것을 하느님 앞에 가져다 놓을 수 있고 또 그래야 한다. 칼 라너는 이렇게 말한다. "하느님께로 향한 회개는 (옛 인간) 스스로 그의 인생에서 잘못되었고 또 어두웠던 것들을 다시 한 번 용서하시는 하느님과 함께 너그럽고 관대하게 판단하고, 그 모든 것을 교회의 전례를 통해 '복된 탓'으로 이해할 수 있다. 지난 삶을 돌아보는 것은 타인에게 좀 더 관대해지게 한다."[51]

이 짧은 문구를 명상하는 것은 도움이 된다. 노년기에 다시 한 번 자신이 살아온 삶과 함께 하느님 앞에 서서 그분의 눈으로 자신을 바라보아야 한다. 그러면서 하느님께서 실상을 한 치의 오차도 없이 명명백백하게 파헤치시는 분이 아니라 우리 삶을 '너그럽고 관대하게' 판단하시리라는 것을 알아야 한다. 우리는 그분과 함께, 그분처럼 '너그럽고 관대하게' 우리 삶을 바라보도록 초대받았다. 칼 라너는 무엇보다 자신의 실패를 용서할 수 없어서 늘 자신을 원망하고 자신의 삶과 자신의 과거와 평화로운 관계를 맺지 못하는 사람들에게 이 말을 하려고 한 것이다.[52] '복된 탓'은 부활 찬송 「용약하라」Exsultet의 '복된 탓'(felix culpa)과 연관되어 있음을 예상할 수 있다. 이 찬송은 인간의 죄가 사랑하시고 구원하시는 하느님께 인간을 가까이 데려오고, 사랑과 자비의 하느님을 바로 보게 한다고 분명하게 노래한다. '복된 탓'이, 넘치는 은총과 새로운 삶을 얻게 해 주었으므로 궁극적으로 '우리의 행복'인 '복된 죄'에 대해 이야기하는 것이다. 이는 우리가 삶에서 자주 체험하는 것, 즉 많은 약점과 실수를 장점과 축복으로 되돌아보는 경험과 함께한다. 우리가 하느님과 함께 삶의 어두운 부분을 바라보는 '너그럽고 관대한' 시선은 '다른 이를 더 관대하게' 대하게 한다. 자신의 어두운 면을 분명하게 받아들이고, 용서를 체험한 사람은 노년에 다른 이를 — 자기 자신에 대해서는 물론이고 — 정말로 친절하고 너그럽게 대할 수 있다.

직위나 직장에서 떠나는 것은 자신의 실패를 바라보는 계기일 수 있다. 내가 아빠스직을 떠나던 때는 나를 되돌아보는 좋은 기회였다. 아빠스 재임 마지막 주간이 사순 시기여서 공식적으로 작별 인사를 하기 전 얼마 동안 공동체 안에서 보속과 화해를 위한 미사를 지내야겠다는 생각이 들었다. 우리는 이러한 시간을 많이 보냈다. 우리는 다 힘께 양심 성찰을 하면서 형제들과 마찬가지로 아빠스도 자신의 약점을 인정하고, 모든 것을 아시는 자비하신 하느님의 손에 맡기며 용서를 청했으며, 서로 용서했다. 그러면서 문제 영역이 분명하게 거론되면서도 누구도 웃음거리가 되지 않도록 충분한 토론이 가능한 미사가 되도록 우리 모두 노력했다. 마지막에는 각자가 부정적인 것을 적은 종이쪽지를 회의실 한가운데 있는 화롯불 속에 던져 연기와 함께 하늘로 올려 보냈다.

　이 미사는 공동체 전체뿐 아니라 나의 정신적 부담을 덜어 주고 모두를 자유롭게 해 주었다. 그렇다고 과거의 모든 문제와 상처가 완전히 치유된 것은 아니다. 그러나 이는 모두가 참여하여 공동으로 그리고 공개적으로 행한 치유의 시작이었다. 그런 다음 공식적인 작별의 시간에 많은 칭찬을 들었을 때 보속과 화해의 미사가 내 머릿속에 생생하게 떠올랐다. 그리고 재임 기간 동안 빛이 가득했던 부분과 어두웠던 부분이 서로서로 잘 어울려 있기를 바랐다. 참 진리를 향한 시선은 자유를 느끼게 해 주었고, 이 자유는 의구심 없이 칭찬을 받아들이게 했다. 그때까지 나는 이런 경험을 한 번도 한 적이 없었기 때문에 나 자신도 놀랐었다.

과거의 아픔 허용하기

좌절만 고통을 주는 건 아니다. 삶은 다양한 방식으로 우리에게 상처를 낸다. 사람을 통해, 온갖 사건을 통해, 그리고 자기 스스로 상처를 입힌다. 바쁜 생활 속에서는 자신의 아픔을 바라보거나 거기서 벗어나게 해 줄 공간적·시간적 여유가 별로 없다. 절박한 과제들에 집중해야 하고 또 삶은 그냥 계속 흘러가고 늘 불안하기 때문에 우리는 자주 고통스러운 감정을 억압해야 한다. 적합한 방식으로 작별하고 미래에 잘 살 수 있기 위해, 우리를 힘들게 했고 상처를 준 것들을 새롭게 바라보는 시간과 기회를 노년에 비로소 갖게 된다. 여기서는 이와 관련된 다양한 주제 가운데 몇 가지 경험과 성찰을 뽑아서 다루려고 한다.

아픔 없는 삶은 없다. 실패나 실망과 상처는 근본적으로 인간의 삶에 속하는 것이라는 단순한 통찰이 무엇보다 중요하다. 다양한 형태의 광고에 영향을 받는 현대인들은 고통 없는 삶을 추구한다. 이는 서구 사회의 많은 이가 좇고 있는 환상이다. 그러나 알다시피 다른 문화에서는 근본적으로 다른 견해가 존재한다. 예컨대 아프리카의 한 작가는 "아프리카의 인류 역사는 비극을 토대로 한 즐거운 실존주의"라고 했다. 그리고 서아프리카의 금언 중에 "삶은 고통이며, 희망과 결혼했다"[53]는 말이 있다. 여기서 분명한 것은 삶은 기본적으로 비극이지만 그럼에도 우리는 이 모든 것에서 벗어나 거듭해서 기쁘고 즐겁게 살 수 있다는 것이다. 우리는 늘 잘 지내는 것이 아니라 그럼에도 불구하고 잘 지낸다는 것이다. 고뇌와 고통은 우리 삶의 일부이지만 희망의 빛이 절망에서 보호해 주고 미래를 열게 해 준다. 우리는 즐거운 상황에서만이 아니라 고뇌와 고통 속에서도 삶을 느낄 수 있다.

이에 대해서는 페터 셸렌바움Peter Schellenbaum이 거의 죽음에 이를 뻔한 중병을 앓은 경험에 대해 말한 것이 적절한 예가 되겠다. 오늘 힘겹거나 고통스러운 상황을 겪고 있다면 그는 멈추어서 "내가 살아 있구나"[54]라고 말할 것이다. 이는 그가 현 상황을 긍정적 혹은 부정적으로 평가하지 않고 이 고통스러운 상황 속에서도 느낄 수 있는 약동하는 생명을 그냥 받아들인다는 것을 뜻한다.

이와 유사한 방향을 가리키는 내 경험도 떠오른다. 가끔 일기장을 넘기다 보면 온갖 즐겁고 고통스러운 일들을 읽게 된다. 그러면 나는 부정적인 일에도 긍정적인 일에서와 같이 생명이 약동하고 있음을 느낀다. 나는 어떤 일들을 '긍정적인 것'과 '부정적인 것'으로 구분하거나 부정적인 것은 잘못된 삶이고 원래 있어서는 안 되는 것으로 느끼지 않았다. 이렇게 내 삶의 기록에 몰두하고 있으면 그 모든 것이 내 삶에 속하고, 내 삶을 풍요롭고 온전하게 해 준다는 느낌이 든다. 그리하여 나는 계속해서 그 모든 것과 함께 평화롭게 살고 싶다. 고요하고 평화로운 시간에서보다 오히려 부정적인 상황 속에서 생명력을 더 많이 느낀다. 고요한 시간이 더 편안하겠지만 무조건 '더 생동적'인 것은 아니다.

고통스러운 상황에 처해 있을 때보다 회상할 때 삶의 고통스러운 경험을 받아들이기 쉬울 것이다. 그러나 페터 셀렌바움의 경험과 앞에서 언급한 아프리카의 삶의 기술은 우리가 깨어 있고 충분히 경험한다면 실제 그 상황에 있을 때도 고통스러운 상황에 대한 체험과 깊은 이해가 가능하다는 것을 암시하고 있다. 그러나 뒤늦은 통찰 또한 우리 앞에 놓여 있는 고통스러운 상황을 다른 빛에서 보게 해 주고 벗어나게 해 줄 것이다.

그럼에도 삶의 힘든 상황들은 여전히 문제로 남아 있다. 고통을 하찮은 것으로 여겨선 안 된다. 진지하게 받아들여야 한다. 이것은 노년기에 새로운 도전이 될 수 있다. 예전에는 주의하지 않았거나 억압한 문제나 고통은 시간적 여유가 생기고 편안해지고 삶의 상황들 때문에 감정을 억제할 필요가 없을 때 새로운 방식으로 의식으로 밀려 올라온다. 나도 이러한 예기치 않은 경험을 한 적이 있다. 몇 년 전 휴가 중에 스위스의 산과 들을 거닐고 있었다. 혼자서 아름다운 풍경을 만끽하면서 상상의 나래를 펼쳤다. 그러다 불현듯 열 살쯤에 일어난 한 사건이 떠올랐다. 할머니가 나에 대해서 부정적인 말씀을 하셨다. 나는 오늘까지도 그 말을 분명하게 기억하고 있다. 할머니가 말씀하신 문장 그대로 기억하고 있다.

이상하게도 별것 아닌 이 일이 살아오면서 문득문득 떠오르곤 했다. 그때마다 나는 심각하게 생각하지 않았고 그냥 밀쳐 버렸다. 그건 중요한 일이 아니었다. 그런데 지금 아름다운 산속을 거닐면서 이 사건이 떠오르자 처음엔 화가 났다. 화가 멈추지 않자 그것이 나를 더욱 화나게 했다. 그러고는 나이가 들면서 그런 감정을 느꼈던 비슷한 상황들이 꼬리에 꼬리를 물었다. 화가 점점 더 끓어올랐다. 이내 화가 이 아름다운 산을 빙 둘러쌌다!55 내 안에서 어떤 일이 일어나고 있는지 참으로 의식하기까지는 오랜 시간이 걸렸다. 나는 자동적으로 일어나는 화를 멈출 수 없었다.

결국 나는 더는 참을 수가 없어서 잠시 앉아 해결책을 강구했다. 감정이 심하게 끓어올랐기 때문에 그리 간단하지는 않았다. 그러다 몇 가지 방안이 떠올랐다. 나는 당시의 어린 나와 이야기를 나누었다. 60년이 지났는데도 아직까지 할머니의 말이 내 영혼 어딘가에 걸려 있는 걸 보니 할머니가 참으로 좋지 않은 말을 했다는 사실에 우리는 뜻을 같이했다. 그러나 이 말을 60년 후에도 심각하게 받아들이고 그 말 때문에 상처를 받는 것은 소용없는 일이라는 것을 금방 알아차렸다. 뿐만 아니라 그때 할머니는 기분이 좋지 않았거나 다른 일 때문에 골머리를 앓고 있었는지도 모른다. 그 일 외에 할머니는 아주 친절했고, 우리가 할머니에게 많이 감사하고 있었다는 것을 깨달았다. 마침내 기회가 닿는 대로 할머니와 기쁨을 나누기로 했다. 이를테면 아이스크림을 사서 화해하는 마음으로 할머니와 나눠 먹는 것이었다.

어린이에게 어울리는 아주 재미있는 이야기였고 효과도 있었다. 드디어 알아낸 묘책은 할머니를 위해서 기도하는 것, 한 번이 아니라 자주 하는 것이었다. 할머니에게 많이 감사했지만 기도는 거의 하지 않았다는 생각이 들었다. 그러고는 할머니를 위해 기도를 하면 할머니에게 좋고 나에게도 좋은 일이라는 느낌이 들었다.

아주 개인적이고 철없는 이 이야기를 써야 하나 말아야 하나 오랫동안 고민했다. 그러나 이런 문제를 겪는 사람이 나만이 아니라고 생각했고, 이 이야기에서 과거를 극복하기 위한 몇 가지 방안을 추론할 수 있을 것 같아 하기로 결심했다. 어쨌든 이 이야기는 이와 유사한 상황에서 내게 도움을 준 중요한 근본적 체험이었다.

내게 의미가 있었던 것은 이 소소한 일화가 인생에서 거듭 떠올랐고 내가 '그 문장 그대로' 아직도 정확하게 기억하고 있었다는 것이다. 나는 그것을 한 번도 심각하게 받아들인 적이 없었고, 그것에 대해 한 번도 화를 낸 적도 없었으며 그 기억을 그냥 옆으로 밀쳐놓았다. 중요한 것이 있었다. 이제야 내가 다른 문제도 그렇게 처리했다는 생각이 들었다. 나는 원래 남의 잘못에 대해 관대한 편이다. 나는 화나는 일도 — 적어도 머리에서는, 그리고 좋은 의도로 — 비교적 쉽게 놓아 버리고 잊어버리는 편이다. 이제 이 경험을 통해 화를 다만 머릿속에서 극복하는 것으로는 충분하지 않다는 것이 분명해졌다. 감정은 독자적으로 활동하고 무의식에 그리고 몸에 저장된다. 감정의 크기와 강도에 따라 몸과 영혼에 불쾌하고 매우 부정적인 영향을 끼칠 수 있다.[56]

갑자기 떠오르는 강렬한 감정을 잘 다루지 않으면 무슨 일이 일어날지 상상해 본다. 언젠가 내면에 소용돌이가 일어날 것이다. 기회가 오면 다시 나타날 것이고 또 유사한 감정들을 줄줄이 불러일으킬 것이다. 거듭해서 이런 감정이 일어나면 분노가 서서히 영혼에 배게 되고 사람을 점점 '신경질적'으로 만들 것이다. 그래서 노년에 화를 내고, 또 자주 화를 낼 위험이 더 큰 것 같다. 나는 갑자기 많은 노인이 왜 늘 부정적이고 해롭고 고통스러운 감정들을 '계속 건드리며' 이미 여러 해가 지난 일들에 한탄하는지 이해하게 되었다. 그들은 행복해질 수 없고, 그래서 그들 주변에 있는 다른 사람들에게 부담이 된다. 미래로 가는 길에 중요한 함정이 여기에 숨어 있다.

그렇다고 노년에는 예전의 '달갑지 않은 사건'과 옛 문제들이 드러나 귀찮게 하지 않도록 바쁘게 지내는 것이 좋다는 결론을 내리는 것은 물론 틀렸다. 그 반대가 옳고 중요하다. 노년에 쉼 없이 일을 하거나 멈추지 않고 어떤 것에 빠져 있는 사람은 고요히 혼자 있을 때 과거의 중요한 사건이 떠오르는 기회를 억압해 버리고 만다. 그러나 억압해 버린 기억은 무의식 속에서 항상 내 삶에 부정적인 영향을 미친다. 어떻게 하면 이런 문제들을 잘 다룰 수 있을지 알아야 하고 또 배워야 한다. 갑자기 아주 강력하게 다시 떠올라 심각한 정신적 손상이 나타날 경우에는 심리학자의 전문적인 도움을 받는 것이 좋을 것이다.

앞에서 예로 든 내 경우처럼, 극적인 기억 몇 가지를 극복하는 방안을 알아 놓으면 큰 도움이 된다. 고통스러운 기억들을 다루는 데 도움이 되는 또 다른 방법은 이런저런 것들이 참으로 아팠고 아직도 아프다는 것을 그저 인정하는 것이다. 그러면 고통 속에서 길을 잃지 않고 고통에 기회를 줄 수 있다. 그러한 상황 속에서 고통과 여전히 나를 아프게 하는 많은 것은 기쁨과 성공처럼 우리 삶에 속한다는 것을 기억할 수 있다. 고통을 삶에 속하지 않거나 '적절하지 않은 것'으로 억압하지 말아야 한다. 받아들인 것은 억압하고 외면한 것보다 쉽게 치유될 수 있다. 그러므로 이러한 경험에 관해 대화를 나눌 수 있는 좋은 친구가 있다면 생의 이 단계에서 행복이며 은총일 것이다. 신뢰 가득한 사이에서 어쩌면 아직 아무에게도 이야기하지 않은 것을 자유롭게 털어놓을 수 있다. 비슷한 어려움을 겪는 노인들끼리 모임을 만들기도 한다. 그들은 정기적으로 만나서, 나이 들어 가면서 의식하고 몰두하고 있는 주제들에 관해 대화를 나눈다. 여기에서 많은 것이 해명되고 긴장이 풀린다.[57]

얼마 전에 한 부인이 이런 이야기를 한 적이 있다. 그녀는 예전의 고통이 솟아오르면 그 고통에 지배당하지 않으려 애쓰지 않고 원래 자신의 것이었던 것처럼 그 고통을 받아들인다. 그러면 점차 영혼의 자연 치유 능력이 일어나 그 고통이 계속해서 삶에 부담을 주지 않고 이 기억과 함께 살 수 있도록 도와준다. 고통스러운 경험을 어느 날 쉽게 잊어버리려고 하는 것이 아니라 그 경험이 그를 괴롭히지 않고 평화롭게 함께 사는 것을 배우는 것이다.

앞에서 언급한 바 있는 14세기 신비가 요한네스 타울러는 이 주제에 관해 분명하게 서술했다. 그는 중년에 겪을 수 있는 영혼의 의혹과 고통에 관해 말하고 있지만 그 극복 방안은 노년에도 적합하다. "오직 네 자신에게만 머물고 밖으로 도피하지 말며, 참고 견디고 다른 것을 찾지 마라."[58] 단순히 인내하고, 도피하지 말고, 견디어 낸다. 끝날 때까지, 지나갈 때까지 고통과 괴로움을 참고 견딘다. 그는 이 견디는 과정에 대해 다른 표상을 제시한다. "외부로부터 오는 것이든 내부로부터 오는 것이든 오고 싶은 것은 오라! 모든 것이 떼 지어 날아가게 두고 위로를 찾지 마라. 하느님이 너를 안전하게 풀어 주셨으니 그것에서 자유로워지고 그분께 온전히 맡겨라."[59] '떼 지어 날아가게 둔다'는 잘 사용하지 않는 표현이다. 인터넷에서 '떼 지어 날아가다'(ausschwären)는 독일어를 검색해 보면 '파편을 날아가게 하다'라는 표현으로 여러 번 언급된다. 살 속에 박힌 고통스러운 파편은 상처에서, 곪은 상처에서 서서히 끄집어내야 한다. 상처를 반드시 건드려야 하는 건 아니다. 상처가 치유되려면 안정이 필요하고, 독이나 파편은 천천히 끄집어내어 가만히 스스로 '날아가게' 해야 한다. 심리적인 상처들도 치유되기 위해서는 안정이 필요하다. 앞서 말한 부인이 한 것처럼 고요 속에서 자연 치유 능력이 생길 수 있도록 고통을 참고 견뎌야 한다.

 앞서 여러 번 언급한 에바그리우스 폰티쿠스도 고통스러운 생각들을 고요히 그리고 평화로이 다루는 것에 대해 말한 바 있다. 그는 "전투 자체에 대한 관상"[60]의 맥락에서 말한다. 여기서 전투란 정신적인 싸움을 뜻한다. 인간이 마음의 평화를 얻으려면 내적 각인 그리고 영혼의 상처들과 대결해 내적 무질서를 정화해야 한다는 것이다.[61] 지금까지 한 사람을 고통스럽게 몰아대고 그가 격렬한 투쟁으로 대결해야 했던 것들이 서서히 진정된다. 그것은 여전히 존재하고 또 잊히지 않지만, 부정적인 감정 없이 그것을 가만히 바라볼 수 있게 될 것이다.[62] 그래서 머릿속에 큰 고통을 준 사람의 모습이 떠오르면 그 모습은 더 이상 예전처럼 분노를 일으키지 않게 될 것이다.⁶³ 지금까지 고통스럽게 경험한 상황을 이렇듯 고요히 바라보는 것은 시야와 마음을 넓혀 준다. 그러면 이제 깊은 연관성이 보이고 더 큰 맥락에서 문제들을 바라볼 수 있게 된다.⁶⁴ 이런 내적 평화가 성장할수록 마음도 더 넓어지고, 내적 기도와 하느님과의 관상적인 일치에 자신을 개방하게 된다.

지금 이 자리에서 관상기도에 관해 말하려고 하는 것은 아니다. 그러나 에바그리우스 폰티쿠스는 어쩌면 우리가 이미 경험하고 있는 것을 말하고 있는지도 모른다. 예전에 우리는 이런저런 것 때문에 몹시 화가 났거나 그것 때문에 괴롭다고 말했지만 지금은 그것에 대해 조용히 말하거나 어떤 일에 대해서는 웃을 수도 있다. 우리는 그것을 잊어버리지 않았고 또 잊어버릴 필요도 없지만 그것은 이제 조금 치유되었다. 우리는 더 깊이 바라보고, 마음을 자유롭게 하고 넓어지게 하는 큰 관계 안에서 전체를 본다. 에바그리우스 폰티쿠스는 우리가 관상적인 경험 깊이 들어가 예전의 고통들을 고요히 묵상하면서 그 피상적인 문제들의 이면을 거듭해서 바라볼 수 있어야 한다고 말한다. 우리 대부분이 아직 거기까지 이르지 못했지만 그것을 아는 것은 좋은 일이다. 우선 충분히 해방되어 예전의 투쟁과 고통을 편안하고 화해하는 마음으로 볼 수 있다. 그리하여 깊이 보이기 시작한다는 것을 마음으로 알게 된다.

짧은 이야기로 이 주제에 대해 마무리하는 것이 좋겠다. 나이 들면서 겪게 되는 문제들에 관해 이야기를 나누는 남성 모임에서 비교적 나이가 많은 분이 한 이야기다. 그는 야외 맥줏집에서 옆 테이블에 부부와 두 아이가 앉아 있는 걸 보았다. 작은아들과 아버지는 잘 통하는 사이처럼 보였고 아주 활발하게 서로 장난을 쳤다. 한번은 아이가 아버지의 가슴으로 기어 올라가서는 가슴에 머리를 기댔다. 잠시 후에는 다시 일어나시 깡충깡충 뛰어다녔다. 옆에서 그 모습을 보고 있던 그는 깊은 감명을 받았다. 그 모습은 우선 그의 가장 고통스러운 과거를 건드렸다. 그의 아버지는 전쟁터에서 돌아가셨다. 그 아이처럼 아버지와 놀 수 없었다는 사실에 아쉬움이 몰려왔다. 이러한 모습들은 늘 그를 슬프게 했다. 그러나 갑자기 달리 보이기 시작했다. 그는 아버지가 없던 어린 시절을 기억에서 지워 버리지는 못했지만 옆 테이블에 있는 아들과 아버지의 활기찬 모습에서 기쁨을 느꼈다. 이때 자신도 모르게 이런 말이 튀어나왔다. "아, 얼마나 아름다운가!" 이 모임에서 다시 이야기할 때도 되풀이해서 말했다. "아, 얼마나 아름다운가!" 이 아름다운 광경을 생각하는 것도 여전히 좋았다. 그는 이제 조금 치유되었다는 것을 깨달았다. 바로 이 "아, 얼마나 아름다운가!" 하는 말 덕분에 가능했다.[65]

용서하기

과거의 고통과 상처들과 더불어 평화에 이르는 중요한 길은 용서이다. 원수였던 사람들이 여러 해가 지난 어느 날 화해를 하고 울면서 껴안는 모습은 감동적이다. 이것은 은총이지만 항상 가능한 일은 아니다. 이러한 화해는 양쪽 모두가 준비가 되었을 때 가능하다. 많은 사람이 자신의 삶에서 고통스러운 갈등이 해결되지 않아 괴로워하고 있다. '다른 쪽'이 화해를 원하지 않거나 용서할 수 없다고 하고, 어쩌면 이미 이 세상 사람이 아닐 수도 있다. 이 마지막 가능성은 나이가 많은 우리에게 드문 일은 아니다. 옛날에 우리에게 고통을 주었거나 부당한 짓을 저지른 사람 중 아직 살아 있는 사람이 얼마 되지 않을 수 있다. 이러한 상황에서 사람들은 화해의 말, 용서의 말을 찾거나, 내적 평화를 찾기 위해 이 풀리지 않는 문제에 대해 끝까지 이야기하려고 한다. 그러나 그러면 아픔은 남아 있고 내면의 원한은 계속된다. 이것이 많은 사람, 바로 나이 든 사람들에게 어려운 문제이기 때문에 우리 피정에서는 이 주제를 늘 깊게 다룬다. 이런 맥락에서 우리는 '평화와 화해로 가는 유일한 길'에 대해 이야기한다. 물론 서로 간에 화해하는 방법이 가장 좋은 것은 분명하다. 그러나 여기서는 서로 간의 화해가 불가능하고 당사자 홀로 평화를 찾아야 하는 상황에 관해서만 다룬다. 이들은 "끊임없이 따라다니고 삶을 자주 불쾌하게 만드는 원망을 어떻게 떼어 버릴 것인가?"라고 질문한다. 우리가 이 주제에 관해 많은 이야기를 하고 있을 때 어느 날 경영자 팀에서 "원한을 품고 있다"(nachtragen)라는 말을 했다. 이 말은 '누군가의 어떤 점에 대해 내가 원한을 품고 있다', 다시 말해 '내가', 다른 누구도 아닌 내가 '지니고 있다'(tragen)는 말이다.

그런 다음 구체적인 경험을 통해 이 주제를 더 의식할 수 있는 방법에 대해 숙고해 보았다. 피정 참석자들에게 '홀로 화해하는 방법'이라는 주제를 잠시 설명한 후 '원한을 품고 있다'는 간단한 말로 프로그램을 시작했다. 각자는 다른 사람의 어떤 점에 대해 원한을 품고 있는지 숙고할 시간을 가졌다. 그런 다음 나는 모두 일어나서 자신의 의자를 들고 걸어 다니라고 했다. 거기에 있는 의자들이 꽤 무거웠기 때문에 주제에 잘 맞았다. 행동을 좀 더 분명하게 하기 위해 다른 사람이 그의 뒤를 따라가면서 "나는 너의 어떤 점에 원한을 품고 있다"라고 말하게 했다. 그런 다음 참석자들에게 상대방은 전혀 알지 못하는 그의 어떤 점에 대해 원한을 품고 있는 건지 깊이 생각해 보라고 했다. 그것은 나와 상관있을 수 있지만 어쩌면 상대방에게는 무관하고, 그는 이제 이 세상에 없을 수도 있다. 그런데 나는 계속 말한다. "나는 너에게 원한을 품고 있다. 내가 죽을 때까지 너에 대한 원한을 품고 있을 것이다."

처음에 참석자들은 이런 행동을 약간 우습게 여겼지만 의자를 들고 걸어 다니면서 긴장이 풀렸다. 그가 이런 식으로 자기 인생의 고통스러운 순간을 건드렸다는 것을 인식하면서 그들은 서서히 편안해지기 시작했다. 잠시 후 의자를 내려놓으면서 안도의 숨을 쉬는 소리가 들린다. 그런 다음에는 대화가 활발하게 오가고 많은 묵상거리가 생겨난다. 많은 이에게 이제 처음으로 분명해졌다. 오랫동안 품은 원망이 얼마나 자신의 삶을 해쳤는지, 과거의 상처에 덧붙여서 현재까지 원망과 원한을 통해 자신을 다치게 하고, 또 자기만 다쳤다는 것이 많은 이에게 분명해졌다. 이렇듯 '오랫동안 원한을 품고 있는 것'은 다른 누구도 아닌 나만 상처 입는 것이다.

이집트 광야의 초기 수도승생활 때 이미 이에 대한 숙고가 있었다. 위대한 교모 신클레티카Amma Synkletika(4세기 활동)는 원망과 원한을 품고 있는 것의 결과에 대해 아주 상세하게 말했다. 그녀는 분노를 폭발하는 것은 나쁘지만, 분노를 분명하게 알아차릴 수 있고 분노에 맞설 수도 있다고 여수도승들에게 말했다. 분노가 솟구쳐 오르는 것은 시간이 지나면 서서히 가라앉을 것이다. 그러나 원망과 원한은 "영혼에 단단히 자리하고 있어서 야수보다 무섭다".

미친 듯 날뛰는 개는 먹이를 던져 주면 진정시킬 수 있고, 사나운 짐승도 길들일 수 있다. "하지만 나쁜 기억에 사로잡혀 있는 사람에게는 어떤 좋은 충고도 먹혀들지 않고, 어떤 맛있는 음식으로도 그를 달랠 수 없다. 모든 것이 변화하는 시간에도 이 고통은 치유되지 않는다." 원망은 영혼을 잠식하기 때문에 시간도 치유할 수 없다. 원망은 분노를 폭발하는 것과는 다르게 영혼에서 전혀 인식하지 못하는 사이에 작용하고, 본인은 전혀 올바르게 인지하지 않거나 그 위험성을 얕본다. 그리하여 원망은 더욱 위험해진다. 원망이 온갖 종류의 냉혹함으로 사람들에게 좋지 않은 영향을 미치며 영혼을 파괴하고 부패하게 할 수 있음에도 많은 사람이 '원한을 품고 있는 것을 하찮게 여긴다'.[66] 신클레티카는 이런 원망을 그리스어로 므네시카키아*mnesikakia*라고 명명했다. 독일어로는 '불쾌한 기억' 혹은 '병적인 기억'으로 번역할 수 있다.[67] 원망은 고통스러운 경험들을 끊임없이 기억함으로써 생기는 일종의 만성적인 정신병이다.

파스칼 메르시어의 『리스본행 야간열차』에서도 이런 심리적 현상들이 진지하게 묘사되어 있다. 그는 이 심리 현상을 "분노의 타오르는 독"68으로 묘사했다. "다른 사람의 어떤 모습, 예컨대 그들의 뻔뻔스러움, 불의, 전횡이 우리를 화나게 하면, 그것들이 우리에게 힘을 행사하고 우리 영혼에서 무성하게 자라 해로운 영향을 끼친다. 분노는 타오르는 독과 같아서 부드럽고 고상하고 침착한 감정을 해치고 우리를 잠 못 들게 한다." 그런 다음 저자는, 사람이 잠들지 못하고 침대에 걸터앉아 "군중 없는 내면의 무대 위에서" 거기에 있지도 않은 상대와 똑같은 토론을 반복하고 있는 것과 같다고 묘사한다. 마침내 그는 우울한 결론에 이른다. "임종 때 마지막으로 정산해야 할 몫으로 끈질기게 놓지 않을 것이고, 이 몫이 청산가리처럼 치명적인 독이 될 것이 분명하다. 화를 내고 다른 이에게 그림자극劇 속에서나 무력하게 보복하고, 그 속에서 힘없이 당하는 건 단지 우리라는 것을 아는 데에 많은, 정말 많은 힘과 시간을 소비했다." 그래서 속수무책으로 질문을 던진다. "왜 부모님, 교사, 어른들은 우리에게 이에 대해 한 번도 말하지 않았던가? … 우리 영혼을 낭비하는 쓸데없고 스스로를 파괴하는 분노를 예방하기 위해 도와줄 수 있었을 텐데, 왜 우리에게 길잡이가 되어 주지 않았을까?" 사람들 대부분이 이런 원망을 건전하게 다루고 오랫동안 품은 원한을 놓아 버리는 법을 실제로 거의 배우지 못했다.

격한 원망을 터뜨리는 극적인 순간이 있는가 하면 고요한 내면의 한 장면을 쿡쿡 찌르거나 갉아먹는 기억도 있다. 어떤 경우든 그로 인해 상처받고 내면의 활력과 삶의 기쁨이 차단되는 것은 우리 자신이다. 앞에서 언급한, 의자를 들고 걷는 경험은 많은 참석자에게 작은 깨달음을 주었다. 누군가는 끝나자마자 즉흥적으로 이렇게 말했다. "저는 금방은 안 될 것 같아요." 다른 이는 약간 충격적이었으나 그래도 자유로웠다고 했다. "그것이 나를 십 년이나 괴롭혔어요. 더 이상 그러고 싶지 않네요."

이런 훈련은 많은 상황에서 원망과 원한을 여유롭게 대하는 데 도움을 준다. 어떤 이들은 '끈질겨서' 좀 더 시간이 필요할 수도 있다. 피정 참석자들에게 — 독자들에게도 — 도움을 주기 위해 이런 훈련을 제안한다.[69] 여기서 중요한 요소는 '그 사람'이 왜 그렇게 나에게 나쁘게 하는지 깊이 생각해 보는 것이다. 이와 관련해서 중요한 관점은 나에게 나쁘게 하는 그 사람의 상태도 결코 좋지 않을 것이라는 점이다. 행복한 사람은 다른 이에게 악행을 저지르지 않는다. 그렇기 때문에 많은 이가 그전에 — 어쩌면 꽤 자주 — 자신이 '피해자'였기 때문에 '가해자'가 된 것이다. 이런 생각이 참석자들을 숙고하게 했다. 미워하는 사람이 갑자기 새로운 관점에서 보이기 시작한다. 우리는 그 사람을 잘 알고 있으며, 그도 힘들고 과거의 '상처'를 안고 있다는 것을 알고 있다. 그 사람에 대한 시각이 바뀌면 그 사람에 대한 감정 역시 변하게 된다. 그런 다음에는 서로 충돌하는 생각에 몰두하기 위해, 또는 메모를 하기 위해 시간을 갖는다. 여기서 이미 내적 치유가 일어나기 시작한다. 피정에 참석하지 않은 독자들도 이 훈련을 할 수 있고 혹은 자신을 위해 생각해 볼 수 있다. 자신에게 어떤 생각이 떠오르고 기억에서 어떤 의미가 떠오르는지 곰곰이 생각하거나 메모하는 시간을 가져 보길 권한다. 그러면 당신의 생각과 감정에서 어떤 것이 변할 수 있음을 느끼게 될 것이다.

내적 화해를 위한 자세한 지침으로 "그리스도께 대한 사랑 안에서 원수들을 위해 기도하라"(『수도 규칙』 4,72)라는 구절을 제시할 수 있다. 이는 베네딕도가 "너희는 원수를 사랑하여라. 그리고 너희를 박해하는 자들을 위하여 기도하여라"(마태 5,44)라는 말씀과 관련하여 권고한 것이다. 깊이 상처를 준 사람을 위해 기도하는 것은 대단히 어려울 것이다.[70] 그러나 상대가 어쩌면 살면서 나쁜 일을 당한 '불쌍한 사람'이라는 것을 생각해 본다면 마음에서 서서히 이해와 동정심이 자라고 나아가서는 기도 안에서 그에게 어떤 도움을 전하고 싶은 충동이 일어날 수도 있다. 그렇게 함으로써 ― 그 사람이 살아 있든 죽었든 ― 관계가 변화될 것이다. 가장 좋은 것은 직접 한 번 해 보고 경험해 보는 것이다.

또 다른 지침은 우리 모두가 용서를 필요로 한다는 것이다. 우리가 자신의 태도를 비판적으로 바라본다면, 의도했든 아니든 우리가 얼마나 자주 다른 사람에게 잘못하고 상처를 주는지 알 수 있다. 그러면 우리에게도 그들의 용서가 필요하다. 어떤 이의 그릇된 태도나 단순히 서툰 행동을 용서하지 않고 비난을 거듭한다면 그것이 얼마나 고통스러운 것인지 많은 이가 경험을 통해 알고 있을 것이다. 이러한 숙고들은 자신의 원망과 원한을 분명하게 밝히고 치유하는 효과가 있다.

「주님의 기도」의 "저희에게 잘못한 이를 저희가 용서하오니 저희 죄를 용서하시고"라는 간청은 용서라는 주제를 등한시하지 말고 항상 기억하라는 권고다. 베네딕도는 "「아침기도」와 「저녁기도」의 마지막 순서로 장상은 모든 이들이 듣는 가운데 「주님의 기도」를 반드시 외울 것이다"(『수도 규칙』 13,12)라고 했다. 가시처럼 상처를 주는 기분 나쁜 일들은 늘 있기 마련이기 때문이다. 형제들이 '저희가 용서하듯이 저희를 용서하기를' 기도하고 약속하면 그들은 이 말에 매이게 되고 이와 같은 잘못에서 자신을 정화한다. 하루에 두 번, 이른 아침과 저녁에 형제들은 분노의 가시가 얼마나 빨리 상처를 줄 수 있는지 그리고 이러한 상황들을 깨끗이 하는 것이 매일의 과제임을 기억해야 한다. 베네딕도는 에페소서 4장 26절과 연결하여 "불목한 자와는 해가 지기 전에 화해하라"(『수도 규칙』 4,73)라고 했다. 해가 지기 전에 모든 갈등을 해결해야 한다는 것은 현실적으로 불가능하다. 그러나 하느님과 사람들 앞에서 용서의 필요성을 매일 상기하는 것은 분노와 상처들이 영혼을 잠식하고 형제와 공동체를 해치는 것을 막는 데 도움을 준다. 베네딕도는 모든 이에게 용서가 필요하고 자신 역시 용서할 수 있고 또 용서를 배워야 한다고 생각했다. 용서는 매일 서로 잘못하는 우리가 서로에게 하는 봉사다.

　수도 전통에서 드러나는 이러한 구절들과 사고는 피정 참석자들에게 수도자도 그들과 같은 문제들로 투쟁한다는 것, 더 정확히 말하자면 매일 그리고 오래전부터 수도원 안에서 일상적인 주제였다는 것을 알려 주고 있다. 이러한 문제를 가지고 있다 해서 누구도 부끄러워할 필요가 없다. 가장 좋은 것은 그것을 정상적인 것으로, 인간적인 것으로, 그리고 일상적인 것으로 바라보는 것이다. 그리고 자꾸 재발하는 건강상의 불편함처럼 어느 정도 당연시하면서 다루고, 제때에 받아들이고, 그런 다음 건전하게 반응하는 것을 서서히 배우는 것이다.

어려운 주제에 집중적으로 몰두한 후에는 모든 것이 움직일 수 있도록 영혼에 여유를 주기 위해 고요의 시간을 충분히 가져야 한다. 이를 위해서 나는 독자들에게 이 주제에 대해 연습하거나 숙고할 마음이 있거나 이미 행했다면, 책을 밀쳐놓고 산책을 하거나 묵상하고 고요한 시간을 보내며 또 다른 작은 '휴식'을 즐겨 보라고 권한다. 그런 시간을 보낸 다음 돌아와서 우리 피정에서 저녁에 마련해 주는 것과 같은 간단한 전례로 이 주제를 끝낸다. 이때 각자는 용서하고 싶거나 용서해야 하는 무엇이나 누군가(여기에는 자신과 하느님도 포함된다), 쓸데없이 짊어지고 다니는 것, 최후에는 수용해야 할 것과 하느님께 바치고 싶은 것을 종이에 적는다. 그런 다음 피정 참석자들은 밖으로 나가서 메모한 종이를 불 속에 던진다. 그리고 원하는 사람은 시편 141장 2절의 "저의 기도 당신 면전의 분향으로 여기시고"를 상기하면서 향도 같이 피울 수 있다.

피정에서는 혼자 불 가까이 간다. 한 사람씩 뒤따라 불가로 가서 종이쪽지를 태우고 연기가 피어오르는 것을 주의 깊게 지켜본다. 그러면서 노래의 후렴이나 적절한 시편 구절을 골라 계속 반복한다. 이로써 아무도 용서와 놓아 버림의 길을 홀로 가지 않는다. 집에서 이런 의식을 행하고자 할 때는 당신을 도와줄 수 있는 친한 친구를 이 의식에 초대하는 것도 생각해 보면 좋겠다. 끝마치면서 다 같이 「주님의 기도」를 바치는데, "저희에게 잘못한 이를 저희가 용서하오니 저희 죄를 용서하시고"라는 구절을 특히 의식한다. 대개 우리는 불가에 서서 오랫동안 침묵한다. 때로는 그러는 가운데 진심 어린 대화가 일어난다. 참석자들은 짐을 벗어던진 것 같다고 느낀다. 그렇다고 해서 모든 문제가 사라졌다는 것은 아니다. 그러나 예전의 상처들이 치유되기 시작했다. 그래서 필요하다면 용서와 놓아 버림을 계속 연습하고 어쩌면 자기만의 작은 의식을 찾기 위해서 이러한 의식을 개인적으로 반복하는 것도 좋다.

메모한 종이를 태워 버리지 않고 성화 앞에 놓기도 한다. 한참을 고요히 묵상한 후 각자 자신의 종이를 다시 가져간다. 그러고는 그 종이를 집에 있는 성화 앞에 혹은 십자가 아래 두거나 훗날 적당한 때에 태워 버릴 수 있고, 기도를 하면서 강물에 던질 수도 있다. 이처럼 각자는 자기에게 가장 좋은 방식으로 의식을 끝마칠 수 있다. 그 형식이 어떻든 중요한 것은 종이를 놓고 다시 가져오는 것을 모든 참석자가 함께 기도하며 관심을 갖고 참여하면서 아무도 외롭게 느끼지 말아야 한다는 것이다. 이 작은 의식으로 참석자들은 자기 자신만의 의식으로 발전시키고 싶다는 자극을 받는다. 이 의식은 영혼 안에 달라붙어 있는 원한과 불쾌함을 느슨하게 하고 놓아 버리게 한다. 또한 용서하기 위한, 혹은 모든 것을 알고 계시며 치유하시는 하느님의 손에 맡기기 위한 방법이 될 것이다.

영혼에서 오랫동안 묶여 있던 매듭이 풀리는 경험은, 자유롭게 하는 내적 경험에만 그치지 않고 외적으로도 영향을 미칠 수 있다. 얼마 전 한 사람이 내게 자신이 예전부터 알고 지낸 한 여성을 만난 이야기를 했다. 그러면서 그녀기 얼마나 생기가 넘치고 밝게 빛나고 있었는지 놀랐다고 했다. 그녀가 밝게 빛나고 있어서 방금 휴가를 보내고 왔는지 아니면 사랑에 빠졌는지 물어보았단다. 그러자 그녀는 여러 해 동안 품고 있던 원한과 불쾌함을 직시하고 이해하여, 이 세상에 있지도 않는 그 사람을 용서하기로 했다고 말했다. 매우 큰 짐이 떨어져 나가자 비로소 그 짐 때문에 얼마나 힘들었는지, 여러 해 동안 얼마나 우울했는지를 느끼게 되었다고 한다. 이 내적 해방이 그녀의 얼굴에서 밝게 빛나고 있었다. 사실 이는 놀랄 일이 아니다. 불쾌함과 여러 해 동안 품고 있던 원한은 얼굴에 드러나기 마련이고 사람들은 그 사람의 영혼에 얼마나 분노가 가득 차 있는지 실제로 보게 된다. 얼굴만이 아니라 몸 전체에도 영향을 미친다. 단단히 굳어진 원한과 불쾌함은 신체적 병을 일으킬 수도 있다. 그러니 단순하게 이런 표현을 해 볼 수 있겠다. 용서할 수 있는 것은 건강하다. 용서는 아름답게 한다. 그래서 노인의 얼굴은 주름이 가득하더라도 내면의 평화와 내면의 아름다움에서부터 빛날 수 있다. 그것은 삶 그리고 사람과 이룬 내적 화해의 표시다.

3. 나이 들면서 자유로워지는 발걸음

좋은 방식으로 과거와 작별하는 것이 얼마나 중요한지 확실히 알게 되었으니 이제 우리 시선을 미래로 향해 보자. 미래로 가는 길을 알려 주고 또 열어 주는 중요한 주제 몇 가지를 생각해 보고자 한다.

자유로워지기

"나는 아주 자유롭다!" 사람들은 때로 이렇게 말하면서 집착한다. 권하는 술잔이나 건네는 초콜릿을 주저하지 않고 덥석 받는 사람이 있다. 혹은 체면 때문에 주저하다 받지 않거나 기회를 놓치는 사람도 있다. 우리는 이 말의 반대 의미도 적용할 수 있다. "나는 아주 자유롭다!" 그래서 이것 혹은 저것을 놓아 버린다. 더 자유로워지기 위해 필요 없는 것들을 벗어던질 때 나는 자유롭다. 놓아 버림은 자유롭다는 표시이고 더 큰 자유로 가는 길이기도 하다.

놓아 버림은 우리가 그것을 좋아하든 아니든 우리 전 생애와 동행하는 주제다. 노년에는 이 주제가 더욱 절박해진다. 젊은 시절에는 버려야 했던 많은 것에 대해 쉽게 보상받을 수 있었다. 그래서 금방 포기하고 다른 것을 받을 수 있었다. 노년에는 선택권이 줄어든다. 우리가 잃어버리거나 그만두어야 하는 많은 것을 더 이상 다른 것으로 대체할 수 없게 된다. 양자택일을 거의 할 수 없게 된다. 그러므로 많은 것을 예전보다 더 안간힘을 다해 붙들려고 한다. "그러면 내가 아직 무엇을 가지고 있단 말인가?" 노년에 가난할 경우 이런 질문을 하는 것은 아주 당연하다. 그렇지 않은 경우에는 이 질문이 더 깊이 숙고되어야 할 것이다.

여러 상황에서, 반드시 그렇게 해야 할 상황이 아니더라도 어떤 것을 내어 주는 것은 좋은 일이고 우리를 자유롭게 한다. 수년 전에 한 부인이 정기적으로 나를 찾아와서는 자신이 나이 들어 가는 것에 대해 이야기했다. 부인은 가끔 작은 선물을 가져왔는데 대부분 파란색이었다. 파란색 물병, 파란색 화병, 파란색 작은 어항 등이었다. 어느 날 부인이 자신은 파란색을 사랑했고 그래서 파란색 물건들을 모았다고 했다. "그런데 내가 매우 사랑하고 또 모은 것을 이제 선물로도 주고, 그냥도 줍니다. 그렇게 하는 것이 참 좋아요!" 부인은 "나는 자유롭다!"고 말할 수도 있었을 것이다. 나도 그녀의 파란색 물건 중 몇 개를 가지고 있고 가끔 생각하면서 그것을 바라본다.

큰맘 먹고 옷장이나 책장을 정리하며 많은 것을 남에게 주거나 버릴 때 홀가분함을 느낀다. 그러나 일단 모으고 보관하여 꽉 차 있는 방, 어떤 것도 밖으로 나올 수 없을 것 같은 방에서는 답답함을 느낀다. 이런 종류의 쓰레기 축적은 부자유를 드러내는 매우 슬픈 모습이다.

나이가 들면서 점점 더 많은 물건과 가능성이 사라지고 그렇기에 놓아 버림이 생물학적 숙명과 늘 같이 언급되는 주제가 된다는 것을 확인할 때 놓아 버림의 아주 고통스러운 시기가 시작된다. 이에 대해 작가 게르트루데 사르토리Gertrude Sartory는 신앙적 측면에서 아주 중요한 경험을 이야기했다. 그녀는 70세부터 자신에게서 그리고 주변 사람들에게서 무엇이 변하고 있는지를 의식하게 되었다. "할부금을 내듯 죽음이 온다! 전적으로 동의한다!"[71] 사람은 서서히 죽어 간다. 그녀는 이 사실을 받아들였다. 이 사실이 그녀를 슬프게 하지 않는다. 이 표현에는 '가볍게 웃어넘기게 하는 울림'이 있다.

어느 날 그녀는 할부금을 내듯 죽음이 조금씩 다가온다는 말이 전혀 도움이 되지 않는다는 것을 깨달았다. 이 말은 다만 과거를 향해 있고 잃은 것을 바라볼 뿐이다. 갑자기 눈앞에 새로운 이미지가 보였다. 그녀는 자신이 수도원에 막 입회한 지원자 같다고 느꼈다. "수련기를 준비하고 있는 지원자가 자신의 옛 삶과 작별할 때 무엇을 두고 와야 하는지 온전히 집중하는 것처럼, 자기 앞에 놓여 있는 새로운 것 대신 그가 그렇게 동경한 하느님을 완전히 중심에 두는 삶을 바라보는 사람같이 느꼈다. 그 이유가 아니라면 무엇 때문에 수도원에 가려고 했겠는가? '수련자'는 '고참'이 아니라 '초심자'다. 그는 새로운 삶의 문 앞에 서 있다."

수련자의 이미지가 떠오른 것은 게르트루데의 남편이 수녀 동안 베네딕도회에 있었으므로 수도원의 생활양식과 정신을 잘 알고 있었기 때문이다. '고참'으로 계속 살아야 하는 것이 아니라 수련자나 초심자가 본보기로 떠오르자 홀가분한 마음이 들었다. "노년에 '수련기'가 시작된다는 생각에 나는 완전히 사로잡혔다. 이 시간은 나아가야 할 새로운 삶에 앞서 연습 시간이 되어 줄 것이다."

그녀는 이어서 수련자의 호기심과 개방성으로 노년의 영역을 탐색할 수 있겠다는 생각에 '사로잡혔다'. 사람들은 새로운 힘을 방출하는 열정을 느끼고 '노년 수련기'의 넓은 시야를 예감하게 된다. 남겨 놓아야 하는 것의 중요성이나 아픔은 사라진다. 의식 속에 더 강렬하고 더 흥미로운 새것이 들어가면 그만큼 더 가볍고 자유롭게 많은 것을 쉽게 알아차리게 된다. "나는 자유롭다!" 놓아 버림으로써 새로운 자유가 열린다. 이 새로운 자유를 어떤 차원에서 펼치고자 하는지 분명히 하지 않으면 단지 놓아 버리는 것으로는 아무런 의미가 없다.

많은 이가 직업이나 가정의 의무가 없어졌을 때 노년의 새로운 자유를 소중히 여긴다. 이제 그들은 새로운 것을 감행하고 지금까지 제대로 하지 못한 것들을 할 수 있는 기회를 가진다. 가족과 손자,

여행과 친구들, 음악과 등산, 취미와 무보수의 명예직 그리고 많은 다른 것을 위해 시간을 보낸다. 많은 사람이 이 시간에 완전히 생기를 되찾고, 자신과 삶을 다시 한 번 새로운 측면에서 발견한다. 뿐만 아니라 새로운 방식으로 다른 이를 위해 있을 수 있음에 기뻐한다. 예를 들어, 교회나 사회의 명예직에서 혹은 적절한 기회에 책임을 맡는 것에서, 그리고 손자들과 놀아 주는 시간에서 등이다. 이제 새로운 것은 더 이상 직업적 부담이 아니라 자유롭고 의미 있는 활동의 기쁨을 품고 있다. 브레멘Bremen의 전 시장이었던 헨닝 세르프Henning Scherf는 이런 새로운 활기를 가볍게 표현했다. "우리는 우리 직업을 못에 걸어 두었지, 우리 삶을 걸어 둔 게 아니다."[72] 삶은 직업보다 귀하다. 이제 삶은 새로운 차원에서 계속 성장할 수 있다.

그러나 인생의 이 단계에서도 위험이 없는 것은 아니다. 오래된 습관에 빠질 수 있고, 여행, 취미와 온갖 종류의 오락들 그리고(혹은) 갖가지 봉사 활동과 새로운 만족을 주는 명예직으로 달력을 빼곡히 채울 수 있다. 60세에 정년퇴직을 한 분이 "공허에 빠지지 않기 위해 온갖 종류의 명예직에 힘을 쏟았다는 것을 은퇴 후 십 년이 지나서야 깨달았다"라고 내게 말했다. 사회복지 분야에 종사하면서 그가 함께하는 것을 온 세상이 기뻐했기 때문에 그는 이 사실을 전혀 의식하지 못했다. 그런데 처음으로 '성찰의 날'이라는 프로그램에서 실제로 '성찰하게 되었고', 그가 얼마나 자기 자신에게서 도망쳤었는지 알게 되어 놀랐다. 갑자기 자신의 삶의 의미가 새삼 더욱 분명해졌다. 자신 안에 큰 공허만 있는 건 아니었다. 그는 원래 영적인 것에 관심이 많았으며, 삶의 영성적 부분에서도 많은 것을 발견했었다. 그러므로 그는 공허를 두려워할 필요가 없다. 은퇴 후 왜 그렇게 많은 활동을 했는지 알게 되자 그는 외적인 일 몇 가지를 줄이고 서서히 다시 영적인, 그리고 영성적인 안테나를 세웠다. 이제 그는 달력을 치워 버리는 것이 더 편했다.

그가 곧바로 다른 극단으로 빠져 모든 활동을 당장 그만두지 않고, 한걸음씩 자신의 영적이고 영성적인 부분들을 새로 발견하고 또 확장시키려 한 것은 현명했다. 이는 '노년 수련기'에 적합하다. 이 수련기는 시간이 필요한 과정이다. 우리 수도원은 몇 해 전부터 수련기를 1년에서 2년으로 연장했다. 초심자들이 수도원의 일상에 잘 적응하고 좋은 수도자가 될 수 있도록 시간과 여유를 좀 더 주기 위해 교육 기간을 늘린 것이다. 그리고 우리 같은 노인 수사들은 더 이상 시간에 쫓기지 말아야 한다. 우리는 무엇이 다가오고 펼쳐질지, 무엇을 침착하게 놓아 버릴지 귀 기울여 듣기 위해 기꺼이 시간을 낼 수 있다.

언론인 클라우스 호프마이스터Klaus Hofmeister는 '멈춤'(Aufhören)에 관한 한 기고문에서 이 말의 '심오한 이중 의미'를 지적했다. "'주의한다'와 '멈춘다'는 말에는 무언가 또는 다른 사람의 말을 '듣는다'(hören)라는 뜻이 내포되어 있다. 멈출 수 있는 사람, 새로운 생각이 떠오르면 중단하고 수정하는 사람이 앞으로 나아갈 길의 방향을 바꿀 준비가 된 사람이다. 잘 멈추는 사람이 새로 시작할 수 있다."[73]

어떤 일이 일어날지 잘 듣는다면 좋은 방식으로 멈출 수 있다. 작별이 새로운 세상을 열어 준다는 것을 경험으로 알고 있는 마음에서만 "나는 자유롭다!"는 말이 나올 수 있다.

이러한 놓아 버림은 살아가면서 배워야 하는 것이다. 그렇지 않으면 노년에 큰 부담이 된다. 나이가 들수록 습관과 욕구와 반응들은 더 단단하게 굳어진다. 살면서 모든 것을 단단히 붙잡는 사람, 놓아 버리는 것을 어려워하는 사람은 노년에 새로운 것에 개방하는 것을 특히 어려워하고 잃는 것과 잃을지도 모른다는 두려움에 고통스러워할 것이다. 얼마 전부터 '습관을 버리기'라는 표현이 특히 중요하게 다가왔다. 이 표현을 접하게 된 건 조금 이례적이었는데, 바로 아프리카의 성년식과 통과의례에 관한 책에서 보았다. 이 책의 저자는 케냐의 성공회 주교다. 책에서 그는 아프리카 전통의 통과의례를 묘사하고, 이것을 오늘날의 사목에 유익하게 적용시켜 보려 했다. 우리에게 성년식은 단순히 사춘기의 청소년들을 성인으로 인정해 주는 의식으로 알려져 있고, 가장 널리 알려진 의식은 할례를 행하는 것이다. 실제로 이와 같은 통과의례는 출생에서부터 죽음에 이르기까지 온 생애를 구분 짓는다. 통과의례는 단지 의식만이 아니라 삶의 다음 단계를 올바르게 살 수 있도록 청소년들을 도와주는 가르침 그리고 훈련들과 결합되어 있다.[74]

지티가Githiga 주교는 인간이 체험하는 첫 전환기는 안전한 어머니 배 속에서 불안전한 외부 세계로 나오는 출생이라고 말한다. 그러나 이 전환을 전혀 의식하지 못한다. 처음으로 의식하여 체험하는 전환기는 '습관을 버릴 때'다. 아프리카에서는 전통적으로 아기에게 두세 살까지 젖을 먹인다. 그런 다음 대부분은 스스로 단단한 음식을 먹기 시작한다. 그러나 아기가 젖을 떼지 못하면 어머니는 젖가슴에 코담배를 발라 아기가 젖 먹는 습관을 버리게 한다. 이는 습관을 버리게 하는 조금 과격한 방법이며 틀림없이 다른 부드러운 방법도 있을 것이다. 그러나 이는 특정한 정신적 과정에 적용되는 모델로 제시하는 것이다.

아기가 습관을 버리면 전환기를 축하하는 의식을 한다. 지티가 주교는 두 가지 요소를 강조했다. 남자아이가 소년이 되면 아버지는 아들을 데리고 들로 나가서 아이에게 작은 활과 화살을 만들어 주고 활 쏘는 법을 가르쳐 준다. 여자아이가 소녀가 되면 어머니는 딸을 숲으로 데리고 가서 함께 땔감을 모은다. 그리고 어머니가 소녀에게 나뭇단을 등에 지고 집에 가게 한다. 새로운 인생 단계로 넘어가는 데에는 새로운 도전이 수반됨을 뜻한다. 소년은 훗날 사냥이나 전쟁 중에 부족을 지키기 위해 활 쏘는 법을 배워야 한다. 소녀도 마찬가지로 훗날 집안일을 책임지기 위해 어머니의 일을 도우며 배워야 한다. 여러 해가 걸리겠지만 첫걸음을 내디뎠고, 소년 소녀들은 서서히 성인이 되는 길을 준비하게 된다.[75]

성경에도 '젖을 떼는' 축제에 관한 이야기가 있다. "아기가 자라서 젖을 떼게 되었다. 이사악이 젖을 떼던 날 아브라함은 큰 잔치를 베풀었다"(창세 21,8). 성경 역사 초기에 이런 언급이 등장하는 것을 보면, 아이가 젖을 뗄 때 공개적으로 이루어지는 전환기 의식이 인류 역사 아주 초기부터 매우 광범위하게 행해졌다는 것을 암시하고 있다. 앞에서 묘사한 아프리카의 습관을 버리는 의식에서는 잔치를 베푼다는 확실한 언급은 없지만 거기에는 전환기 의식의 한 요소가 있다. 아이가 이제 제 힘으로 먹을 수 있고 성인이 되는 길에 중요한 걸음을 내디딘 것은 축하받아 마땅하다. 축제와 책임 있는 행동의 시작은 짝을 이룬다. 이 걸음은 매우 중요하다. 만약 아이가 자연스럽게 스스로 젖을 떼지 않는다면 어쩔 수 없이 과격한 방법이 동원된다. 이사악이 '젖을 떼게 되었다'라고 하는 것으로 보아 이사악에게도 이런 방법이 쓰였을 것이다.

이러한 젖을 떼는 과정은 후에 영성 서적에서도 볼 수 있다. 베네딕도는 『수도 규칙』에서 이 주제를 겸손과 연결하여 언급한다. "'내가 만일 겸손되이 생각하지 않고 내 영혼을 들어 올렸다면' 어떻게 하셨겠습니까? '엄마의 젖에서 떼어 낸 아기처럼 당신은 내 영혼을 그렇게 대해 주시리이다'"(7,4). 베네딕도는 여기에서 사람이 겸손하지 않고 다른 이보다 혹은 하느님보다 자신을 높이는 교만에 빠진다면 무슨 일이 생기는지 하느님께 묻는다. 그는 시편 131장 2절[76]을 인용하며 스스로 대답을 주고 있다. 하느님은 언제까지나 젖만 먹고 싶어 하는 아이를 돌보는 어머니처럼 교만한 사람을 다루신다. 그분은 교만한 자를 겸손과 본심으로 돌아가게 하기 위해 그가 내주고 싶어 하지 않는 것을 그에게서 가져가신다. 다시 말하자면, "어떤 이가 교만하게 굴면 그를 정신 차리게 하려고 삶은 가끔 그를 바닥으로 끌어내린다". 우리가 자발적으로 배우려고 하지 않으면 삶이 때로는 과격한 방법을 써서라도 배우게 한다. 삶에서 한 단계 성장하기 위해 자기 스스로 습관을 버리지 않는다면 습관이 '버려지게 될' 것이다.

이런 의미에서 신비가 십자가의 요한Johannes vom Kreuz(1542~1591)은 약간 다른 맥락에서 습관을 버리는 표상을 적용했다. 그는 『어두운 밤』에서 영적 여정에서 모든 것이 어둡고 더 이상 길이 보이지 않는 단계에 빠졌을 때 일어나는 문제들에 대해 설명한다. 십자가의 요한은 이 영혼의 상태를 설명하기 위해 버릇을 버리는 과정을 상세하게 묘사한다. "아이가 자랄수록 어머니는 다정한 사랑을 감추고 달콤한 젖에 쓴 약을 바르면서 그만큼 아이를 덜 돌본다. 어머니는 더 이상 아이를 품에 안지 않고 아이 혼자 두 발로 서게 한다. 아기의 습성을 버리고 중요한 것에, 보다 더 근본적인 것에 향하게 하기 위해서다."77 아이는 아기의 습성을 버리고 자기 발로 서야 한다. 아이는 삶으로 들어가는 새로운 걸음을 배워야 한다.

이어서 십자가의 요한은 하느님과 인간 사이에서도 때때로 이와 같은 일이 일어난다고 설명한다. 하느님은 인간을 더 심오한 경험으로 인도하고 싶을 때 인간이 좋아하는 걸 가져가신다. 예컨대 어떤 이는 지금까지 자신을 만족시킨 특정한 기도와 신앙의 형태로 살아왔다. 그는 부족함이 없이 잘 살 수 있었다. 이제 하느님이 그를 더 깊이 인도하기를 원하신다. 하느님이 더 심오한 경험을 준비하시기 위해 그에게 만족을 주었던 것들을 치워 버리신다. 때로는 이와 같은 영적 진보가 저절로 이루어지는 것 같지만, 때로는 버릇을 버리는 고통스러운 과정을 통해서만 성공할 수 있다.

사도 바오로 역시 이 주제를 다루었다. 코린토 1서에서 그는 코린토인들을 '영적인 사람'으로, 즉 성숙하고 어른다운 신앙을 가진 사람으로 대하며 이야기할 수 없다고 했다. "육적인 사람, 곧 그리스도 안에서는 어린아이와 같은 사람으로 대할 수밖에 없었습니다. 나는 여러분에게 젖만 먹였을 뿐 단단한 음식은 먹이지 않았습니다. 여러분이 그것을 받아들일 수 없었기 때문입니다"(1코린 3,1-3). 그는 깊은 가르침의 '단단한 빵 조각'이 아니라 젖만 먹을 수 있는 미숙한 어린아이에게 하듯이 말할 수밖에 없다고 한다. 바오로 사도는 다시 한 번 이 주제에 대해서 자신의 입장에서 말하고 있다. "내가 아이였을 때에는 아이처럼 말하고 아이처럼 생각하고 아이처럼 헤아렸습니다. 그러나 어른이 되어서는 아이 적의 것들을 그만두었습니다"(1코린 13,11). 바오로 사도는 '어린아이 같음'과 '아이 적의 것들'을 떼어 버림으로써 아이가 어른이 된다는 것을 알고 있었고 그는 이 과정을 코린토 신자들에게 알려 주고자 했다. 그뿐 아니라 그들은 젖으로 만족하기를 그만두고 내적으로 그리고 영적으로 어른이 되는 것을 준비해야 한다. 미국 대통령 버락 오바마Barack Obama가 2009년 취임 연설에서 바오로 사도의 이 말을 암시한 것은 흥미롭다. "우리는 젊은 국가입니다. 그러나 (성경 말씀처럼) 어린아이 같은 유치함을 모두 내려놓아야 할 시간이 왔습니다."

이처럼 '습관 버리기'는 오늘날에도 중요한 주제다. 버락 오바마가 그 말을 통해 구체적으로 밝히고 싶었던 것이 무엇인지, 미국 국민에게 무엇을 분명하게 말하려고 했는지는 그다지 중요하지 않다. 그러나 그의 발언은 버릇을 버리는 것과 성인이 되는 것이 다만 개인적인 주제가 아니라 사회적이고 정치적인 문제임을 암시하고 있다. 사회 역시 나쁜 버릇에 길들여질 수 있고, 의존하고, 성숙하지 못할 수 있다. 그러나 이런 내용은 이 책에서 더 깊이 다룰 문제가 아니다. 우리는 우리 자신에게 머물자.

'습관 버리기'는 우선 약간 동떨어진 주제처럼 보인다. 그래서 우리 피정에서는 여기서 인용한 텍스트들을 현재화하여 참석자들에게 자유로워지기 위해 어떤 습관을 버려야 하는지, 부정적인 습관과 행동 양식에 매여 있지는 않은지, 어쩌면 그들의 미래를 망칠 수 있는 중독에 빠져 있지는 않은지 질문한다. 약간 낯선 표현인 '습관 버리기'란 말 대신 '버릇을 고치다' 혹은 '중지하다'라는 말이 도움이 될 수 있다. 우리는 어쩌면 유년 시절부터 습관이 되어 버린 것을 이제 고치거나 고치려고 시도해 보아야 하고, 혹은 일단 중지해야 한다. 더구나 이 표현이 원래 의미하는 것처럼, '습관을 버리다' 또는 '버릇을 고치다'라는 말은 단순히 '나쁜' 습관만 뜻하는 것은 아니다. 과거에 도움이 되었거나 절대적으로 필요했지만 지금은 더 이상 나이에 어울리지 않는 것들 역시 중요하다. '어린아이 같음'과 '아이 적의 것들' 혹은 사춘기의 행동 방식은 성인에게는 어울리지 않는다.

피정에 참석했던 한 사람이 한참 후에 다시 나를 만나 말하기를 "피정에서 배운 '습관 버리기'를 아직도 열심히 하고 있습니다"라고 했다. 그러면서 예전의 행동과 요즘의 행동을 더 많이 꿰뚫어 보고 지금은 더 큰 자유로 들어가는 길에 있다고 말했다. '습관 버리기'라는 말과 이미지가 내면적으로 맞물리면 새로운 공간을 열어 주는 열쇠가 된다. '습관 버리기'가 지금까지 설령 낯선 것이었다 하더라도 일상적인 도전이 될 수 있다. 인터넷에 '습관 버리기'를 검색해 보면 정말 많은 정보가 올라온다. 갓난아이의 이유離乳와 관련된 것도 있지만 상당 부분 금연이나 금주에 관한 것이다. 따라서 이 주제는 다시금 우리 일상과 깊은 관련이 있다.

아프리카에서 첫 통과의례인 '유아기의 이유' — 혹은 습관 버리기 — 는 우리 삶을 동행하는 배경음악 같은 주제임을 암시한다. 이 주제가 삶의 전환기와 성장 과정에서 용기를 북돋워 주고, 미래의 자유로워지는 길을 제시할 것이다. 이 과정을 일찍 배우면 배울수록 그만큼 노년에 일과 사람을 더 쉽게 놓아 버릴 수 있다. 우리가 그것을 좋아하든 싫어하든 이러한 생의 단계는 우리에게 그렇게 하도록 강요할 것이기 때문이다. 자주 놓아 버리면서 "나는 자유롭다!"고 말할 수 있다면 그만큼 노년에 더 자유로울 수 있을 것이다.

이러한 경험과 연관해서 역시 널리 알려진 표현을 새로운 관점에서 볼 수 있다. 예를 들어 이런 표현들이다. "나는 그것이 습관이 되었다" 혹은 "고목古木을 옮겨 심지 말아야 한다". 노년기에는 젊을 때처럼 움직일 수 없다. 익숙하고 집처럼 느껴지는 환경에서 머물면 사람들은 행복하다고 느낄 수 있다. 그러나 문제는 친숙한 곳에서만 머물고 전혀 변하고 싶지 않다면 어디서부터 한계를 그어야 하는가 하는 것이다. 친숙함은 고향을 만들어 주지만,[78] 한편으로 전진을 막는 감옥이나 사슬이 될 수도 있다.

그러므로 노년에 우리는 놓아 버리기 위해 어디서 움직이고 마음을 열어야 하는지 물어보아야 한다. 우리 형제 수사들 중 고령이신 몇몇 수사님은 아직도 놀라울 정도로 잘 움직이신다. 어떤 이들은 잘하고 또 즐겨 하던 소임을 포기하고 — 그렇게 할 때가 되어 — 완전히 새로운 일을 맡아야 했다. 그들은 기쁘게 아주 당연하게 그 일을 했다. 어떤 이들은 고령에도 뮌스터슈바르작 수도원을 떠나 우리 수도원에 속한 작은 공동체로 갈 수 있게 해 달라고 청하기도 했다. 그것은 엄청난 전환이다. 왜 늙은 나무를 옮겨 심으려 하느냐고 비난에 찬 질문을 받을 때도 있었다. 그러나 당사자가 그렇게 하길 원했기 때문에 나는 그런 비난을 두려워할 필요가 없었다. 노년에도 움직일 수 있고 완전히 낯선 관계 속에서 다시 한 번 새로 시작할 수 있다는 것은 그를 자유롭게 한다. 이 또한 미래에 대한 두려움을 줄여 준다.

아브라함이 하느님의 부르심을 받고 고향을 떠났을 때 "그의 나이는 일흔다섯 살이었다"(창세 12,4). 실제로 상당히 늙은 노인이었다. 그는 우리에게 본보기가 된다. 베네딕도회 축일 전례에서 아브라함은 거듭 찬양받으며 본보기로 언급된다. 수도자로서 우리 대부분은 자신의 과거를 떠올리며 수도원 입회 때 고향과 떠나온 삶을 생각한다. 일흔다섯의 고령에 고향을 떠날 수 있었던 아브라함은 내적 자유를 유지하고 늙어서도 유연하며 노년의 날들에 습관이 된 것들과 작별하는 본보기가 된다. 그러므로 아브라함은 수도자들에게뿐 아니라 모든 나이 든 사람에게, 또한 노년에 완전히 새로운 시작을 감행하려고 준비하는 사람들에게 본보기가 된다.

14대 달라이 라마 텐진 갸초는 아브라함처럼 고령에 결정적인 결단을 내렸다. 그는 2011년에 티베트 망명정부의 정치적 지도자 자리를 젊은이에게 넘겨주고 정신적인 지도자로만 남기로 했다. 이는 수세기 동안 생각조차 할 수 없었던 일이었다. 그는 이렇게 말했다. "지금이 적기다. 이 세기가 낡은 전통을 바꿀 수 있는 적합한 때다. 달라이 라마가 강박감 때문에 그렇게 하거나 동의하지 않는데 그렇게 되는 것보다 지금처럼 자발적으로 그리고 기꺼이 하는 것이 훨씬 낫다."79 짐작하건대 그는 오랫동안 숙고했을 것이다. 그런 결정을 내리는 과정은 오래 걸리고 고통스러울 수 있다. 그러나 "적기"가 왔고 그는 "자발적으로 그리고 기꺼이" 행했다. 이 말에서 그가 얼마나 현명하고 지혜로운 웃음을 지었을지 상상할 수 있다. 큰 걸음을 내디딘 그의 내적 자유를 느낄 수 있다. 그는 "나는 자유롭다!"고 말할 수 있었을 것이다.

79세가 된 풀베르트 슈테펜스키Fulbert Steffensky는 이 점에 대해 매우 개인적이고도 예리한 논문을 썼다. 제목은 이러하다. 「뒤늦은 시기의 출발: 끊임없이 과거에 일어난 사건들을 생각하며 눈물 흘린다면 결코 두 발로 설 곳을 찾지 못할 것이다.」80

하지만 노년에 일어나는 변화가 항상 기쁘고 자유롭게 해 주는 것은 아니다. 사람들에게 묻지도 않고 잔인하게 변화를 요구하는 것에 대해 나는 깊이 생각하곤 한다. 개인의 자유의지로는 결코 선택하지 않았을 양로원이나 요양원에 갑자기 가게 되었을 때 같은 경우다. 전쟁이나 피난 혹은 자연재해로 인해 하룻밤에 모든 것을 잃어버리고 아무것도 없이 완전히 새로운 혹은 원치 않은 시작 앞에 서 있는 노인이나 병든 사람들을 가끔 상상해 본다. 이런 이야기는 현실이며 이런 일을 직접 겪은 사람들은 그렇게 드물지 않다. 수많은 사람이 이런 참담한 상황에 처해 있고, 그가 놓아 버리기를 원하는지 아닌지 아무도 묻지 않는다. 내가 이러한 상황에 처하게 되면 어떻게 느끼게 될지 모르겠다. 나는 어린 시절 세계대전 중에 겪은 이와 비슷한 상황들을 아직도 많이 기억하고 있다. 그리고 아프리카와 남아메리카에 갔을 때 매우 극심한 빈곤과 비참을 구체적으로 알게 되었다. 그러나 그런 절망적인 상황에 직접 처한다면 어떻게 느낄지 모르겠다. 하지만 이런 상황을 한 번쯤 생각해 보는 것은 도움이 된다. 놓아 버리는 일이 어렵게 느껴지거나 내가 갖고 싶은 것을 갖지 못할 때 내 기억 속의 수많은 사람이 내게 이렇게 말하는 것 같다. 놓아 버리는 것에서 느끼는 고통은 흔히 말하는 '팔자 좋은 소리'라는 것이다. 이런 말이 당면한 내 고통을 없애 주지는 않지만 나를 전혀 다른 관계 안에 서 있게 한다. 내 나이의 수많은 사람이 어떤 힘든 상황 속에서 살고 있는지 생각하면 놓아 버리기나 습관 버리기가 한층 쉬울 수도 있다.

그렇다고 해서 놓아 버림이 쉬워져야 한다는 건 아니다. 젖먹이가 젖을 떼야 할 때 울고 보채는 것처럼 놓아 버림은 고통스러울 수 있다. 인생의 첫 통과의례인 습관을 버리기는 대부분 세 단계로 일어난다. 놓아 버림과 분리의 단계, 소위 말하는 문턱 단계인 불안 단계, 마지막으로 새로운 상황에 안착하는 통합의 단계다.[81] 전환기는 우선 작별과 놓아 버림과 관계가 있다. 그런 다음 옛것은 더 이상 없고 새것은 아직 볼 수 없는 불안의 단계가 뒤따른다. 이 단계를 문턱 단계라고도 부른다. 이를 영어권 문학에서는 경계를 뜻하는 '리미날리티'liminality라고 하는데, 라틴어로 문턱을 뜻하는 '리멘'limen에서 온 것이다.[82] 비유적인 의미로 '두 단계 사이의 문턱에 앉아 있다'는 말은 그 안에 더 이상 없고 그 밖 새로운 것에도 아직 없다는 뜻이다. 그러니 우리 모두는 두 의자 사이에 앉아 있다고 말할 수도 있겠다.

그러나 이런 불안의 단계는 '변화의 단계'라고도 한다. 작별과 불안의 고통을 참고 받아들이면 새로운 것이 성장할 수 있을 만큼 내적으로 변화된다. 많은 인내와 각오가 필요하고 고통과 불안을 참아 내는 단계다. 이 단계를 처음부터 끝까지 겪어 내는 것은 앞으로를 위해 매우 중요하다. 우리는 옛 보금자리로 돌아가려는 유혹에 굴복해서도, 새로운 것에 빨리 적응하려 조급해해서도 안 된다.

참된 변화 과정에서는 수습 기간과 인내가 필요하다. 새로운 것으로 향하는 이 걸음은 낯설고 불안하다. 앞서 인용한 것처럼, 게르트루데 사르토리는 '노년 수련기'에 대해 말하면서 우리는 노년에 다양한 방식으로 또다시 수습생이 된다고 했다. 배우는 동안 우리는 스승이 아니다. 새로운 삶의 단계로 가는 훈련 과정에는 실패와 성공, 패배와 승리, 고통과 기쁨이 공존한다.

이러한 전환기는 참 고된 과정이다. 성공적으로 전환하느냐는 개인의 결정이나 좋은 의도에 달려 있는 것만은 아니기 때문이다. 지금까지의 삶의 습관이 몸에 배어 있고 뇌 속에 반응의 틀이 확고하게 자리 잡혀 있다. 유명한 뇌과학자 게랄트 휘터Gerald Hüther는 "많은 '신경 경로'(Nerbenbahnen)는 지속적으로 같은 태도를 되풀이하면 고속도로로 발전하는데 이것을 다시 평범한 들길로 만드는 데는 시간과 수고가 필요하다"라고 말한다.[83] 그렇지만 이 과정에서 망설임이나 불쾌함이 아니라 내적 열성으로 새로움을 향해 나아갈수록 그만큼 더 쉽게 전진할 수 있다. 열성은 오래된 반응의 틀을 빨리 분해하고 새로운 상황에 유용한 다른 틀을 구축하기 위해 뇌에 도움을 준다. 새로운 길에 대한 열성과 기쁨은 지금까지 해 온 것처럼 계속하는 것을 비난하지 않으면서 새로운 길에 접어들고 "우리 자신을 초월해서 자라게" 하는 가장 좋은 기본자세다.[84] 게르트루데 사르토리는 노년 수련기에 대해 말하면서, 노년 수련기라는 개념과 그녀가 도달해야 할 것에 "완전히 사로잡혔다"고 했다.[85] 이 '사로잡힘', 곧 열성이 그를 더 이상 노인에 집착하지 않게 하고 미래를 향한 문을 활짝 열어 준다.

초기 수도승들은 이미 이런 심리적 현상을 알고 있었다. 요한 카시아누스는 젊은 수도승들이 이교도적 교양과 교육의 표상과 가치들에서 벗어나고 수도승 생활방식에 적응하는 것이 어렵다고 했다. 카시아누스는 "젊은 수도승들이 '똑같은 부지런함과 열성', 즉 이교도적이고 속세의 문학을 탐닉했던 것과 같은 열성으로 성경과 교부들의 가르침에 접근한다면 더 쉽게 내적 재교육이 진행될 것"이라고 했다.86 열성과 내적 관심으로 어떤 일을 하면 할수록 그만큼 빨리 유용한 습관이 된다. 이는 수련기의 젊은 수도자들에게뿐 아니라 '노년 수련기'라는 전환기에 있는 우리같이 나이 많은 사람들에게도 해당된다. 물론 우리가 발전하고 싶은 참으로 매혹적인 목표를 품고 있어야 한다는 전제하에서 그렇다. 어떤 목표일 수 있는지는 앞 장章 "노년에도 계속 성장하기"에서 언급했고 앞으로도 거듭 새롭게 바라볼 것이다.

끝마치면서 놓아 버림이라는 주제가 불러일으키는 또 다른 측면에 대해 이야기해야겠다. 신약성경 교수 토마스 죄딩Thomas Söding은 재정 위기에 대한 사설에서 성경에 따라 몇 가지 생각을 제시했다. 많은 돈이 행복한 삶을 보증하는 것은 아니다. 그러나 "가난 역시 행복을 보증하지 않는다"는 것이다. 이어서 그는 "마지못해서 가난한 것이 아니고 자진해서 가난할 수 있는 사람은 행복하다"고 했다.87 가난할 수 있고, 소유한 것을 내어 줄 수 있는 것은 '부'를 다른 시각에서 보게 하고 경험하게 한다. 그럼으로써 자유가 생겨나고, 가난하게 되고, 놓아 버릴 수 있게 된다. "나는 자유롭다!" 이런 자유는 우리에게 모든 측면에서 가능해야 하는 것은 아니지만, 그에 대한 매혹적인 희망은 우리를 독려할 수 있다. 심리학자 잉그리트 리델Ingrid Riedel의 말을 덧붙일 수 있겠다. "이런 놓아 버림이 '해야만 하는 것'에서 '할 수 있는 것'으로 움직일 때 젊은이들이 부러워하는 노인의 덕행인 평정이 생기게 된다. 이런 평정의 기반 위에서 마침내 지혜가 성장한다."[88] 놓아 버림을 '해야만 하는 것'에서 '할 수 있는 것'으로 전환하는 것이 말처럼 쉽지는 않은 일이다.

연로한 이들을 공경하고, 연소한 이들을 사랑하라

노인 세대가 점점 더 많이 놓아 버려야 한다는 것이 결과적으로 그들이 혼자 있거나 자기만의 우주에서 살고 있음을 의미하는 것은 아니다. 그들은 다른 세대들과 함께 살고 있다. 이제 문제는 노인들이 어떻게 공동생활을 잘하고 함께 살아가면서 무엇이 노인의 특별한 역할일 수 있는가 하는 것이다.

베네딕도의 『수도 규칙』에서 시작해 보자. "연로한 이들을 공경하고, 연소한 이들을 사랑하라"(4,70-71)는 간결한 말이 있다. 여기서 연소한 이들과 연로한 이들 두 그룹이 서로 연관되어 있음이 분명하다. 모든 문화와 종교는 연로한 이들을 공경하고 그들에게 특별한 권위를 부여하는 것을 당연하게 여겼다. 그러나 베네딕도는 이에 덧붙여서 연소한 이들에게도 권위를 부여하면서 연로한 이들에게 그들을 사랑으로 대하라고 일깨우고 있다. 이는 베네딕도가 다른 맥락에서도 중요하게 다룬 상호 관계에 대한 문제다. 예를 들어,

식탁에서나 발 씻김이나 다른 경우에 상호 간의 봉사 원칙과 관련된 것이다.[89] 누구나 무언가를 요구할 수 있지만 다른 이들을 위해 해야 할 의무도 있다.

이러한 구절은 『수도 규칙』에서 두 번이나 언급된다. 63장 10절에서는 이렇게 말한다. "후배들은 자기 선배들을 존경할 것이며, 선배들은 자기 후배들을 사랑할 것이다." 규칙서를 끝마칠 즈음에 베네딕도가 앞에서 이 구절을 썼다는 것을 깜박했을까? 아니면 특별히 중요하다고 여겨 같은 내용을 되풀이한 것일까? 63장의 구절은 4장에서처럼 일반적인 원칙으로 표현된 것이 아니라 수도원 내의 서열 구조를 염두에 두고 쓴 것이다. 이 서열은 수도자들이 미사 때, 시편을 선창할 때 혹은 영성체할 때 그리고 일상의 여러 상황에서 나이대로 차례를 정하지 않고, 나이나 세속의 지위와는 전혀 상관없이 수도원 입회 순서를 따르는 것이다. 이는 오늘날에도 마찬가지다. 이를 입회 순서 또는 서원 순서에 따른 차례라고 한다.

『수도 규칙』 63장에서 베네딕도는 무엇보다 형제들이 예의를 지키면서 서로 사이좋게 지내야 한다고 말한다. 선배에게 특별한 존경을 표시하는 것은 마땅하다. 후배는 선배에게 먼저 인사하고, 그가 먼저 들어가게 하고, 그에게 앉을 자리를 내어 준다. 그러나 선배가 마치 특권의 지위에 있는 것과 같은 인상을 줄 수 있기 때문에 베네딕도는 "후배들은 자기 선배들을 존경할 것이며, 선배들은 자기 후배들을 사랑할 것이다"라는 말을 덧붙였다. 여기 쓰인 것처럼 선배 역시 후배의 권위를 존중해 주고 그들을 사랑으로 대해야 한다. 이런 상호 간의 존중은 또 다른 서열에서 다시 한 번 강조된다. "이름을 부를 때는 아무도 다른 사람의 이름만을 그냥 부르지 말고, 선배들은 자기 후배들을 '형제'라 부르고 후배들은 자기 선배들을 '논누스'라고 부를 것이니, 이 말은 '공경하올 아버지'라는 의미를 가진다." 선배들은 자기 후배들을 '형제'라고 불러야 한다. 후배들을 '아들'이나 '작은 이' 또는 그와 비슷한 이름으로 부르지 않고 '형제'라고 불렀다. 후배들은 선배들의 형제다. 정당한 구분과 더불어 수도 공동체 안에서 모든 이의 평등이 강조된다. 베네딕도 시대에 형제라는 칭호는 수도승들 사이에서만 쓰인 것이 아니라 그리스도인 공동체를 토대로 하는 세례 받은 모든 이를 형제와 자매로 부르며 존중한 칭호였다.[90]

    베네딕도는 '공동체의 차례'에 대한 설명을 사도 바오로의 로마서 12장 10절의 말씀으로 끝을 맺는다. "형제애로 서로 깊이 아끼고, 서로 존경하는 일에 먼저 나서십시오." 또다시 상호 간의 존경을 강조하고 있다. 선배의 특별한 권위에 대해 다루면서도 모든 형제가 함께 잘 지내야 한다는 것은 특정한 연령대를 우대하기 위함이 아니기 때문에 존경하는 일에 서로 먼저 나서야 한다는 것이다. 이런 존경은 다른 이들에게 특권을 바라거나 요구할 수 있는 것이 아니고 자신이 먼저 다른 이에게 선사해야 하는 것이다. 모든 연령대가 함께 잘 지내도록 서로 협력해야 한다. 이는 단순히 일반적인 존경과 예의범절에 관한 것이 아니라 공동생활과 공동체 건설에 관한 것이다.

베네딕도의 이런 말들이 좋게 들리기를 바란다. 선후배 관계가 그 당시에도 문제가 없었던 건 아니었나 보다. 베네딕도가 자신의 규칙서에서 이 원칙을 아무 이유 없이 두 번이나 언급하지는 않았을 것이다. 뒤이어서 보겠지만 수도원에도 세대 문제가 많이 있다. 이에 대해서는 수도원도 다른 교회 혹은 사회와 크게 다르지 않다.

초기 수도승생활에서는 나이 든 수도승이 수련자와 함께 지내며 수련자를 수도생활로 인도했다. 당시에는 이것이 일반적인 선후배 관계였다. 이집트 광야에서 수도승은 은수자로 혹은 느슨하게 조직된 은수자 집단에서 살았다. 거기서는 당시 서서히 자리 잡게 된 큰 수도원처럼 공동생활을 하지는 않았다. 광야에서 젊은 수련자는 연로한 수도승과 함께 살았으며, 이론적 가르침보다 그의 품행을 통해 더 많은 것을 배웠다. 어떤 이들은 가까운 곳이나 먼 곳에 있는 유명한 수도 교부를 알아내고는 가끔 그들을 찾아가 "저에게 한말씀 해 주십시오!"라며 조언을 청했다. 이런 영적 공동생활에서 현명한 지도력과 영적 부자父子 관계의 놀라운 능력이 발전했다. 이는 젊은이들과 초심자들에게 유익했다. 그들은 이런 노老수도승에게 배울 수 있는 것을 행복으로 여겼다.[91]

그럼에도 노인과 젊은이의 관계는 이미 암시한 바와 같이 단순한 일이 아니었다. 당시의 사회적 상황에 근거하여 볼 때 젊은이들은 순응하는 데 익숙했다. 그러나 노인들에 대해 알려진 바로는, 노인들은 젊은이들을 거칠게 대했고, 젊은이들의 문제를 거의 이해하지 못했다고 한다.[92] 여기서 수도승생활 초기에 세상에 널리 알려진

요한 카시아누스의 일화를 예로 들어 보는 것이 좋겠다. 약간 우습고 아이러니한 이야기다.

한 젊은 수사가 성적 유혹으로 인해 괴로움을 겪고 있었다. 그는 도움을 받으려고 신뢰하며 나이 많은 수도승을 찾아갔다. "그는 노수도승의 기도를 통해 고통에 위로를 얻고 찢긴 상처의 치료제를 찾을 것이라고 믿었다. 그러나 정반대의 일이 일어났다."[93] 노수도승은 그가 수도승이 되기에 합당치 않다고 책망하면서 은수처에서 당장 떠나라고 말했다. 젊은 수도승은 어쩔 수 없이 자포자기하여 광야를 떠나기로 결심했다. 가는 도중에 그는 유명한 압바 아폴론Apollon을 만났다. 젊은이가 아무 말도 하지 않았는데 압바는 그의 절망을 알아보았다. 압바는 젊은이 앞에서 땅에 엎드렸다. 그 반대가 일반적이었지만 분명히 압바는 이렇게 하여 젊은이에게 경외심과 존경심을 보여 주고, 그가 원로에 대한 신뢰를 회복할 수 있기를 바랐다. 잠시 망설인 뒤 젊은이는 압바에게 자신의 문제를 드러냈다. 아폴론은 그를 위로하고 우선 신뢰를 갖고 머물도록 용기를 북돋워 주었다. 핵심은 아폴론 자신이 매일 이러한 유혹을 당하고 있고 그것과 씨름해야 한다는 것을 젊은이에게 고백하는 것이었다.

그런 다음 아폴론은 노수도승에게 갔다. 아폴론은 그의 거처 가까이에 멈추어 서서 팔을 높이 쳐들고 노수도승이 젊은이의 마음을 헤아리도록 비슷한 유혹을 이 노수도승에게 보내 주시기를 하느님께 청했다. 실제로 악령이 노수도승 거처 앞에서 그의 몸과 영혼 안에서 욕정이 타오르도록 그를 향해 뜨거운 화살을 쏘고 있었다. 그러더니 노수도승이 갑자기 흥분해서 이리저리 뛰어다니고, 거처 안으로 들어갔다가 다시 밖으로 나오고, "마치 … 복수의 여신에게 쫓기듯이"[94] — 젊은이에게 하라고 했듯이 — 그 길로 달아나 버리려고 했다. 압바 아폴론이 그를 멈추게 하고는 엄한 말로 그에게 해명을 요구했다. 결국 아폴론은 하느님이 그에게 이 힘든 유혹에 떨어지는 것을 허락하셨다고 하며 그분이 개입하신 뜻을 설명했다. "당신이 노년에 다른 사람의 약함을 이해하도록 하기 위해서 그리고 경험을 통해 젊은이가 받을 수 있는 깊은 상처에까지 함께 내려가는 것을 가르치려고 한 것이었소."[95]

이 이야기가 어떻게 끝났는지는 알려져 있지 않다. 그것은 그리 중요하지 않다. 노인과 젊은이의 복합적인 관계를 묘사하려고 한 것이 분명하다. 즉, 젊은 형제에 대한 노인의 과격함과 현명함에 대해, 문제를 안고 있는 젊은이에 대한 노인의 멸시와 곤경에 처한 젊은 형제를 대하는 노인의 존중과 겸손에 대해 말하는 것이다. 그리고 마침내 한 노인이 다른 노인에게 영리하고도 재치 있게 훈계를 하는 것은 젊은이를 현명하고 조심스럽게 대해야 함을 노년에라도 배워야 한다는 뜻이다. 이 이야기가 광야에서 널리 알려진 것은 놀랄 일이 아니다. 유혹을 받는 노인을 희화하려고 언론이 조장한 스캔들 같은 것은 아니었다. 이는 모든 이를 위한, 특히 젊은이를 위한 가르침이었다. 요한 카시아누스가 특별히 강조한 것처럼 "결코 나이 많은 수도승 개개인의 무경험이나 또는 무관심"[96]이 곤경에 처한 젊은이들이 신뢰를 품고 노인들에게 다가오는 것을 막아서는 안 된다는 것이다. 이 이야기는 단지 광야의 수도승들에게만 적용되는 교훈이 아니다. 최근의 행동심리학자들도 이에 대해 연구하고 분석한 바 있다.[97]

두 노수도승이 서로 가르치고 배우는 이러한 과정과 유사한 것이 아프리카 문화에도 있다. 베네제 뷔조는 공식적인 장로회 외에 법적 기능은 없으나 "노인들이 서로 격려하고 조언하는"[98] 비공식적인 장로회가 있었다고 한다. 그것은 분명히 일종의 자아 발견 혹은 '자기 들여다보기' 같은 것이다. 이를 통해 노인들은 젊은이들에게 큰 짐이 되지 않기 위해 자신의 문제를 잘 다루는 법을 배우려고 애썼다.

아프리카 전통은 젊은이와 노인의 공동생활의 좋은 점과 나쁜 점을 이야기하고 있다. 이 문화에서 노인의 풍요로움은 무엇보다 지혜로운 금언에 표현되어 있는 생생한 가르침의 전통을 그들 스스로 체현한 데 있다. 이것은 모든 점에서 사막 교부들의 금언과 비교할 수 있다.[99] 토고의 베네딕도회 수사 보니파스 티길라는 "(4세기 이집트에서) 사람들이 삶에 도움이 되는 말씀을 듣고자 사막 교부들에게 몰려갔던 모습을 생생하게 상상할 수 있다"라고 했다. 그는 사람들이 왜 그렇게 현명한 노인의 말씀을 갈망하는지 이해할 수 있었다. 젊은 시절에 온 부족 사람들이 "달빛 아래서 노인 곁에 모여들었던 것"이 떠올랐다. 거기서 사람들은 노인의 지혜의 샘에서 흘러나오는 말씀의 참의미를 마시고, 그의 이야기와 수수께끼에서 노인의 삶의 역사와 그들 부족의 역사와 호흡했던 것이다.

이런 지혜와 삶의 경험에서부터 노인들은 "방종한 이를 본심으로 돌리기 위해, 또 분열된 사회를 이어 주기 위해"¹⁰⁰ 온갖 어려움 속에서 중개자가 된다. 그래서 종종 어려운 문제는 긴 토론이 아니라 "꼭 맞는 말이나 금언을 알고 있거나" "적절한 순간에 딱 맞는 이야기를 할 준비가 되어 있는" 노인이 설득하고 매듭을 풀어 줌으로써 해결될 수 있다.¹⁰¹ 지혜로운 이야기와 금언은 현명한 사람들이 주로 사용하는 치료제다. 베네딕도 역시 완강히 서로가 대치하는 상황에서는 아빠스나 원장이 아니라 "연로하고 지혜로운 형제를 보내 흔들리는 형제를 위로하게 하라"(『수도 규칙』 27,2-3)라고 했다.

가르치는 노인의 능력은 더 이상 배우지 않아도 된다는 것을 의미하지는 않는다. "귀는 절대로 배우는 데 늙지 않는다"는 아프리카 금언이 있다. 보니파스 티길라는 "많은 노인이 젊은이들에게서 배우고 또 새로운 것에 개방하고자 얼마나 애쓰는지" 자주 놀란다고 했다. "아주 젊은이와 아주 늙은이 사이에는 종종 비밀스러운 의사소통"¹⁰² 같은 것이 있다고 그는 덧붙인다. 흔히 손자와 조부모는 특별히 서로 잘 이해한다고 사람들은 말한다.

그래서 보니파스 티길라는 일반적으로 노인과 젊은이 사이에는 좋은 관계가 이루어지고 있다고 말한다. 권력을 유지하려 싸우고 외적인 것들을 붙들고 놓지 않으려고 하는 노인들은 젊은이들과 함께하기 어렵다. "부정적인 의미에서 늙었다는 것은 나이가 많다는 이유로 안간힘을 써서 우위를 점령하려고 하는 것이다. 실제로 그들은 단순히 자기 비난을 의식에서 떨쳐 버리기 위해 그에게 존경을 얻게 해 주었던 권위를 행사하지 않고 공동체에서 어떤 기준점을 만들려고 할 것이다."103 자신의 삶에서 발전하지 못했고 좋은 의미에서 노인이 되지 못했다면 젊은이들과 좋은 관계를 맺을 수 없다. 젊은이가 점차적으로 노인에게 권리를 인정하려 하지 않는 자리를 노인이 고집하기 때문이다.

그러나 티길라는 이런 노인들의 미성숙함의 근본적 원인이 좀 더 깊은 데 있다고 말한다. "나는 감히 확언한다. 마음 깊은 곳에서, 내적인 영적 삶에서 심연에 이르지 못한 이는 모든 사람이 자신을 존경하기를 바라면서 아직도 하찮은 기회만 찾아 헤맨다." 하느님 안에서, 종교적 삶에서 내적 고향과 중심을 발견한 사람은 젊은이들에게 자신의 외적 위치를 변호할 필요가 없다. 그리고 그는 말한다. "내가 수도원에 가서 찾으려고 애썼던 삶이 하느님으로 채워져 있다면, 충분히 존중받지 못한다고 한탄할 이유가 없다. '나는 주님의 눈에 귀중한 존재다. 그걸로 족하다.'"104 하느님과의 내적 평화에 도달한 연로한 수도자나 노인은 젊은이들과 권력 놀음에 휘말리지 않는다. 그는 내적 자유를 소유하고 있으며, 젊은이들과도 잘 지내고, 강요라고는 전혀 없이 그들이 원할 때 그리고 원하는 곳에서 자기 삶의 풍요로움에서 무엇인가를 전달한다.

이는 수도 전통과 아프리카 전통에서 나온 인상적인 증언이다. 하지만 이들은 대체로 폐쇄된 환경 안에서만 전승된다. 오늘날 전통적인 구조들은 점점 깨지고 있고, 매우 강력한 대중매체가 아프리카뿐 아니라 수도원의 젊은이들에게 헤아릴 수 없을 정도로 완전히 다른 영향을 미치고 있다. 그래서 전통의 지혜로운 가치들을 전달하는 것이 점점 더 어려워지고 있다. 바로 그렇기 때문에 이러한 전통적 상징들과 경험들을 존중하고, 이러한 형태들이 너무나 변해 버린 상황에서 상호 간의 영적 결실과 인간적 유익을 가져올 수 있는지 숙고하는 것이 중요하다. 그러나 여기서 우선적인 문제는 삶의 지혜를 어떻게 계속 전달할 수 있느냐가 아니라 노인들이 어떻게 '좋은 노인'이 되고 그들의 삶에서 성숙과 지혜를 어떻게 발전시킬 수 있는가 하는 것이다. 물론 넘쳐 나는 대중매체의 홍수 속에서 지혜가 아닌 완전히 다른 목소리들을 따라갈 위험이 있다. 우선 스스로 현대의 상황 속에서 성숙과 지혜를 얻기 위해 적합한 방법이 무엇인지 찾아야 한다. 가장 중요한 것은 노년의 성숙과 지혜에 대해 깊이 생각해 보는 것이다.

노인의 지혜에 대해 그리고 젊은 세대에 미치는 그들의 긍정적인 영향에 대해 충분히 숙고하는 것은 좋은 일이다. 그러나 오늘날 '노년'이란 주제에서 실로 중대한 문제들을 생각하지 않을 수 없다. 바로 — 적어도 우리 사회에서 — 연령 피라미드 모형이 점점 역逆 피라미드 모형으로 변하고 있다는 것이 인구통계학의 발전으로 밝혀지고 있다는 것이다. 게다가 우리 노인들이 젊은이들에게 부담이 되고, 특히 사회정치적 분야 그리고 환경 문제와 관련하여 우리가 그들의 미래를 힘들게 하는 짐이 된다는 것이 문제다. 다른 한편, 늙고 병들어 간호가 필요한데 자녀들이 멀리 떨어져 살고 있거나 돌봐 줄 사람이 아무도 없을까 봐 노인들은 큰 두려움을 가지고 있다.

이런 질문들에 대해서는 이미 많은 토론이 있었고 이에 대한 저술도 많기 때문에 여기서는 다루지 않겠다.

여기서는 다만 젊은 세대가 노인들을 향해 던지고 있는 아주 분명하게 표현된 질문을 덧붙이고자 한다. 최근 '로마 클럽'Club of Rome 대변인의 연구 논문을 소개하는 글에서 이런 말을 읽었다. "우리는 40년 안에 젊은 사람들한테서 혁명을 체험하게 될 것이다. 이것은 환경과 하나의 세계에 관한 것이다. 그리고 우리 손자들의 질문을 받게 될 것이다. '할아버지, 도대체 이해가 안 돼요! 할아버지 시대에는 문 앞에 자동차를 두 대씩이나 두고, 이런 낭비, 이런 소비, 그럼에도 거의 나은 생활을 하지 못했어요. 오직 소비하기 위해서! 무엇이 그때 할아버지 세대를 병들게 했나요?'"

이는 생태학적 관점에서 말하고 있지만, 노령화가 새로운 질문을 던지는 상황에서 사회적·정치적 관점에서 유사한 방식으로 바꾸어 말할 수도 있다. 이런 정치적·사회적 문제들에 대해 전문적으로 논의한 책은 많이 있으니 나는 다시 내가 속한 수도원의 상황에서 노년을 바라보고 싶다. 이 제안들이 수도원 밖 사회에도 분명히 적용될 것이라 믿는다.

최근 수도원 내부에서 나이 듦에 따른 문제에 관한 강연을 들었다. 그때 초빙된 외부 강사는 '우리 수도원이 세대 간 협약을 받아들인다'고 결정한다면 그것이 과연 무엇을 의미하는지 한번 숙고해 보라고 했다. 우리는 아직 공식적으로 이에 관해 토론을 한 적은 없지만 그때부터 나는 자주 이 질문에 마음을 빼앗겼다. 물론 강사가 말한 '세대 간 협약'이 사회정치적으로 양로 제도에 대한 상호 간의 의무를 뜻한 것은 아니었다. 그는 함께하는 미래를 잘 이루기 위한 각 세대의 분명한 책임을 말한 것이다. 우리 모두가 함께 각자 자기 방식으로 그리고 자기 자리에서 수도원 공동의 미래를 책임진다는 것은 무슨 말인가?

나는 아직도 이 안건을 의제에 올리고 싶은 생각이 있다. 1982년에 아빠스로 선출되었을 때 나는 마태오 복음 23장 8절의 말씀을 사목 표어로 삼았다. "너희는 모두 형제이다." 당시에는 우리 앞에 놓인 도전들을 우리가 함께 극복할 수 있다고 굳게 믿었다. 그리고 실제로 그렇게 증명되었다. 그러기 위해서는 단결과 모든 이의 형제적 지향이 필요하다. 모두가 모두를 친구로 삼거나 휴가를 같이 가지 않는다 하더라도 모두가 서로를 형제로 받아들여야 한다. 내 마음에 들지 않거나 호감이 가지 않더라도 나는 그를 형제로 받아들여야 한다. 우리 모두가 서로에게 좋은 감정만 지녀야 하는 것은 아니다. 그러나 우리는 어떤 의심도 없는 정직한 연대 의식을 지녀야 한다.[105] 그러면 우리는 생기가 넘치는 형제애적인 공동체일 수 있고 힘든 시기를 잘 극복해 나갈 수 있다.

우리 공동체의 미래를 생각해 볼 때 지금 약간 수정된 표현이 떠올랐다. "너희는 모두 형제이다. 여러 세대가 사는 집에서" 또는 "우리는 형제적 공동체다. 여러 세대가 함께 사는 수도원 안에서". 이것은 물론 전혀 새로운 것이 아니다. 나이 든 이와 젊은이가 형제처럼 친하게 지낼 수 있음은 늘 자명한 사실이다. 그러나 오늘날 세대 간 문제는 30년 전보다 더 많은 갈등을 유발할 소지가 있다. 그러므로 이런 표현은 30년 사이에 급격하게 진행된 연령 역逆 피라미드 현상을 형제적 공동체 이상 안에서 명확하게 숙고하고 구체적인 삶에 적응시키는 데 실제적인 도움이 될 수 있다. 민주주의의 성공과 유사하게, 다문화적 관점 혹은 그 의미가 더 커지고 있는 하나 된 세계의 미래만이 아니라 인구통계학적 변화의 충격적인 현상도 엄청난 사회적·정치적 결과를 초래한다. 단지 이 주제를 아는 것뿐 아니라 이를 고려하여 함께 숙고하여 계획을 세우고 실행해 나가는 것이 중요하다.

무엇이 미래를 위한 것인가? 이런 질문에 대한 답을 지금 당장 내놓을 수는 없다. 이 문제에 대해서는 빠른 결정이 불가능하고 또한 의미도 없다. 단순한 '해법'도 없다. 일단은 올바른 질문을 하고, 그들과 함께 살면서 깊이 생각하기 시작하고 현실을 주의 깊게 관찰하는 것으로 충분하다.

그러나 결정적인 것은 — 교회나 사회 전반에서와 같이 수도원에서도 — 미래에 대한 모든 질문이 오직 연대감과 강한 공동체 의식을 통해 극복될 수 있다는 확신이 점점 뿌리내리는 것이다. 이런 맥락에서 구약성경의 마지막 말씀, 즉 말라키 예언자의 말이 거듭 떠오른다. "주님의 크고 두려운 날이 오기 전에 내가 너희에게 엘리야 예언자를 보내리라. 그가 부모의 마음을 자녀에게 돌리고 자녀의 마음을 부모에게 돌리리라. 그래야 내가 와서 이 땅을 파멸로 내리치지 않으리라"(3,23-24). 부모와 자녀의 마음을, 늙은이와 젊은이의 마음을 다시 열게 하기 위해 위대한 예언자 엘리야가 올 것이다. 그리하여 그들은 서로에게, 아버지들이 아들들에게, 아들들이 아버지들에게 '마음으로부터' 돌리도록 배우게 될 것이다. 그렇게 하지 않으면 멸망할 것이다. 그것은 삶이냐 죽음이냐, 혹은 미래냐 파멸이냐의 문제다. 이 말씀 후에 예수의 복음이 담긴 신약성경이 시작된다. 이 복음에 바로 삶의 기초가 되는 상호 간의 사랑, 원수에까지 이르는 사랑에 대한 아주 새로운 절박함이 담겨 있다.

여기에 요엘서의 말씀을 덧붙일 수 있다. "그런 다음에 나는 모든 사람에게 내 영을 부어 주리라. 그리하여 너희 아들딸들은 예언을 하고 노인들은 꿈을 꾸며 젊은이들은 환시를 보리라"(3,1). 모든 이에게 하느님의 영이 넉넉히 부어질 것이다. 노인과 젊은이, 남자와 여자 사이에 차이가 없다. 그들 모두에게 예언자적 재능이 있으며, 미래에 대한 꿈과 환시들을 보게 될 것이다. 이제 중요한 것은, 어떤 꿈이 미래에 좋은지 찾아내기 위해 꿈과 환시에 대해 나누고 서로 경청하는 것이다. 젊은이와 늙은이 사이의 주제가 미래에 대한 거대한 환시나 예언자적 꿈에 대한 것이 아니라 '단지' 공동체 생활과 살아남기 위한 일상적인 도전에 관한 것일 수 있다. 꿈과 환시라는 이 두 예언적인 단어는 삶에 젊은이와 늙은이의 상호 관계가 얼마나 필요한지, 그들이 상호 간에 인정하고 받아들이기만 한다면 서로에게 얼마나 귀중한 자원을 이용할 수 있는지 상기시켜 주는 일종의 기본 토대 같은 역할을 한다. 이는 수도원뿐 아니라 교회나 사회에도 해당될 것이다.

마지막으로 또 하나의 비유가 있다. 지혜는 대개 노년과 연관된다. 그러나 전통적으로 지혜는 노년에 국한되지 않는다. 지혜를 소유한 젊은이도 있다. 베네딕도의 전기는 그에 대해 "어려서부터 원숙한 마음으로 처신했다"라고 한다.[106] 라틴어 '코르 세닐레'cor senile는 단순히 원숙한 마음을 뜻하는 것이 아니라 현명한 노인(senex)을 의미한다.[107] 이런 표현에는 고대부터 사용된 '푸에르 세넥스'puer senex에서 온 개념이 숨어 있다.[108] 이 말은, 그 뜻을 오해하지 않고 '애늙은이' 혹은 '애어른'이라 번역해야 할 것이다. '어른스럽다' 혹은 '조숙하다'라는 말도 그 깊은 의미를 드러내지 못한다. '푸에르 세넥스'는 아프리카에서 '늙은 어린이'의 부정적인 개념, 즉 앞에서 말한 바 있는[109] 좋지 않은 방식으로 늙고 지혜와 존엄성을 지니지 못한 노인의 반대 개념이다. 이 말은 본디 자기 나이보다 앞서 특별한 성숙에 도달한 젊은이에 대해 말하고 있다.

한 인간이 이렇듯 어린 나이에도 성숙에 이를 수 있음은 베네딕도의 『수도 규칙』에서도 볼 수 있다. 그는 어떤 중요한 일이 있을 때에는 '모든' 형제를 소집하라고 한다. 그 이유에 대해 "주님께서 때때로 더 좋은 의견을 젊은 사람에게 밝혀 주시기 때문이다"(3,3)라고 말하고 있다. 일상적인 일들은 아빠스가 장로들의 의견을 들어 처리하지만, 특별히 중요한 일이 있을 때는 주님께서 '때때로' 젊은이에게 옳은 것을 밝혀 주시기 때문에 젊은이들도 함께해야 한다. 이 중요한 일은 분명히 젊은이들의 미래와 관련된 일일 수 있기 때문이다. 그렇다고 주님께서 젊은이에게 '항상' 옳은 것을 알게 하신다는 말은 아니다. 노인에게도 마찬가지다. 우리는 어느 쪽에서 그리고 누구를 통해 지혜가 말해지는지 알기 위해 늘 열려 있고 민감해야 한다.

새 아빠스를 선출할 때는, 앞에서 언급했듯이 나이가 아니라 "비록 공동체의 차례에는 마지막 자리에 있더라도, 생활의 공덕과 지혜의 학식에 따라 선출되어야 한다"(『수도 규칙』 64,2). 필요한 지혜를 소유하고 있으며 실생활에서 모범이 되는 사람이 공동체 서열에서 마지막 사람일 수 있으나 그가 꼭 젊은이인 것은 아니다. 그는 나이 많은 사람일 수 있고 심지어 최고령자일 수도 있다. 어느 연령대든 그들만 지혜를 독점하고 있지 않다. 무엇이 공동의 미래로 향하는 길을 열어 주는 의견인지, 꿈인지, 환시인지 알기 위해 열심히 듣고 또 함께 듣는 것이 필요하다.

노인의 모태가 수태할 수 있는가

성경은 이 질문에 분명히 '할 수 있다'라고 대답할 것이다. 창세기 5장에는 아담부터 노아까지 성조들에 대한 기록이 있다. 그들은 모두 매우 오래 살았다. 예를 들면, 예렛은 162세에 에녹을 낳았고, "에녹을 낳은 다음, 예렛은 800년을 살면서 아들딸들을 낳았다"(창세 5,19). 노아의 아버지 라멕은 182세가 되었을 때 노아를 낳았고, 노아를 낳은 다음 라멕은 595년을 살면서 "아들들과 딸들을 낳았다".

그리고 "노아의 나이 500세 되었을 때, 노아는 셈과 함과 야펫을 낳았다"(창세 5,28-32 참조). 역사적 사실이 여기에 문서화되어 있다고 생각하지는 않는다. 아주 먼 옛날에는 비정상적인 장수와 노년의 출산 이야기를 통해 선조들의 중요성을 강조했다. 오래 사는 삶 그 자체가 풍요로운 삶이었다.

성경에는 늙은 나이에 자식을 낳았다는 이런 매우 도식적인 서술 외에도 이에 관한 상세한 이야기가 두 가지 있다. 우선 아브라함과 사라의 이야기다. 그들은 아이가 없었고 육체적으로 더 이상 자식을 낳을 가능성이 없었다. 하느님께서 99세가 된 아브라함에게 나타나셔서 그가 아버지가 될 것이라고 말씀하셨다. "아브라함은 얼굴을 땅에 대고 엎드려 웃으면서 마음속으로 생각하였다. '나이 백 살 된 자에게서 아이가 태어난다고? 그리고 아흔 살이 된 사라가 아이를 낳을 수 있단 말인가?'"(창세 17,17).

이런 예고에는 그저 웃을 수밖에 없다. 아브라함은 하느님의 순진성에 대해 웃은 것이다. 그런 다음 주님께서 마므레의 참나무들 곁에서 아브라함에게 나타나셨다. 하느님은 내년 이때에 그가 아버지가 될 것이라고 또다시 말씀하신다. 이어서 성경은 이렇게 전한다. "아브라함과 사라는 이미 나이 많은 노인들로서, 사라는 여인들에게 있는 일조차 그쳐 있었다"(창세 18,11). 생물학적으로는 불가능했다. 천막에서 이 말을 엿듣던 사라는 아브라함이 그랬던 것처럼 웃었다. "사라는 속으로 웃으면서 말하였다. '이렇게 늙어 버린 나에게 무슨 육정이 일어나랴? 내 주인도 이미 늙은 몸인데'"(창세 18,12).

하느님께서는 사라의 비밀스러운 웃음을 알아채고 말씀하셨다. "어찌하여 사라는 웃으면서, '내가 이미 늙었는데, 정말로 아이를 낳을 수 있으랴?' 하느냐? 너무 어려워 주님이 못 할 일이라도 있다는 말이냐"(창세 18,14).

이 이야기들은 좀 우습게 들린다. 그러나 하느님께서는 약속을 지키신다. "내가 내년 이맘때에 너에게 돌아올 터인데, 그때에는 사라에게 아들이 있을 것이다"(창세 18,14). 그러고는 그대로 이루어졌다. "아브라함에게서 아들 이사악이 태어났을 때, 그의 나이는 백 살이었다"(창세 21,5).

여기서 생물학적으로 사실 여부를 밝히는 것은 중요하지 않다. 자연법칙을 거스르는 이사악의 출생은 생물학이나 안정적인 후손 유지나 혈통 계승을 넘어서는 것을 암시하고 있다. 여기서는 영적이고 종교적인 풍요를 암시하고 있다. 성경적 의미에서 아브라함과 함께 특별한 방식으로 인간과 하느님의 역사가 새롭게 시작되고 그러므로 아브라함이 단지 이사악의 아버지가 아니라 모든 신앙인의 아버지임을 암시한다. 그렇기에 우리는 아브라함에게 거슬러 올라가는 신앙 계보에 속한 유다교, 그리스도교와 이슬람교를 아브라함의 종교라고 한다.

세례자 요한의 출생도 이와 비슷하다. 그의 부모 즈카르야와 엘리사벳은 늙었고 아이를 낳을 가능성이 없었다. 즈카르야가 주님의 성소에서 사제 직무를 수행할 때 가브리엘 천사가 나타나 아들의 탄생을 예고하자 그는 믿지 않고 물었다. "제가 그것을 어떻게 알 수 있겠습니까? 저는 늙은이고 제 아내도 나이가 많습니다"(루카 1,18). 그는 아브라함과 사라처럼 웃지는 않았지만 천사의 말을 믿지 않았다. 그는 하느님께서 불가능한 것을 하실 수 있음을 믿지 않았기 때문에 요한이 태어날 때까지 벙어리가 되어 말을 하지 못했다(루카 1,5-25 참조).

아브라함과 이사악이 그러했듯 세례자 요한 역시 시작에 서 있다. 그는 인간과 함께하는 하느님 역사가 새롭게 시작될 시기임을 알리고 있다.[110] 이러한 사건에서 말하고자 하는 것은 매우 나이 많은 부부가 아이를 가질 수 있다는 것이 아니다. 나이 많은 사람이 아이를 낳았다는 것은 구원의 역사에서 새 인간의 탄생을, 생물학적 차원을 초월하는 높은 수준에서의 탄생을 뜻하는 것이다. 이는 우리도 언제, 어떻게 고령에 생물학적 생식력을 뛰어넘는 새롭고 영적인 수태가 가능할 수 있을지 묻게 한다.

아프리카에서도 고령의 수태에 대해서 말한다. 이에 관해 베네제 뷔조는 이렇게 썼다. "나이 많은 사람이 생물학적으로 더 이상 생명을 줄 수 없게 되면 그들은 그들의 경험과 지혜를 통해 젊은이들이 생명을 잉태하거나 탄생시키게 함으로써 관여한다."[111]

이는 젊은이들의 성숙 과정에서 관여하는 노인의 정신적 생식력에 대한 것이다. 이러한 탄생 과정에서 경청과 노인의 귀는 큰 역할을 한다. "백발의 노인은 (여자의 생식기와 비슷한 기관인) 귀를 통해 말을 듣고, 그 말은 입에서 나오는 생명인 지혜로 변한다."[112]

지혜는 쉽게 소유할 수 있는 것이 아니라 듣고 경청하는 와중에 끊임없이 새롭게 잉태되고 탄생되어야 하는 것이다. 침묵하면서 말을 받아들이는 경청은 일종의 수태 또는 수정하는 것이다. 침묵 중에 지혜의 과정이 완성된다. 오늘날에도 마치 알을 품고 있듯이 마을 외딴 곳이나 나무 아래에 오랫동안 앉아서 침묵하고 있는 노인을 볼 수 있다. 그러다 그들이 입을 열면 "고약한 냄새를 풍기는 노인의 입"에서 마치 아프리카의 금언처럼 아주 실질적으로 표현하는 지혜로운 대답을 기대하게 된다.[113]

여기서 나이 많은 사람을 미화하는 건 아니다. 그는 실제로 늙었고, 어쩌면 입에서 냄새가 나거나 행색이 초라할 수도 있다. 그러나 그는 이런 상태에서도 수태할 수 있고 생식력을 소유할 수 있다.

영적 수태의 다른 형태는 책임을 넘겨주는 것이다. "자신의 지혜와 경험을 전해 주고자 하는 노인은 결코 권력을 추구하지 않는다. 아버지는 지혜를 토대로 한 자신의 조언에서 아들이 이익을 얻을 수 있도록 아들에게 모든 것을 넘겨줄 적절한 순간을 알아야 한다." 그러므로 이것은 권력 장악이 아니라 어떻게 고령에 새롭고도 다른 종류의 결실을 맺을 수 있는지에 대한 질문이다. 베네제 뷔조는 이에 대해서도 덧붙인다. "우리가 공적인 생활에서 물러나는 것은 사회적인 생활에 수동적이 된다거나 활동적으로 참여하지 않겠다는 것을 의미하지는 않는다. 우리는 다른 이들이 더 잘 이끌어 가도록 물러나는 것이다."[114] 전수傳授는 깊은 의미에서 생명을 낳고 전달하는 과정이다. 직위나 권위에서 떠나는 것은 결실을 맺는 활

동을 종료한다는 것이 아니라 생명을 전달하기 위해 새로운 차원을 열어 주는 것이다.[115]

우리 문화권에서도 노인의 수태에 관한 견해를 찾아볼 수 있다. 아빠스직에서 물러날 때 내게 한 친구가 마르셀 르고Marcel Légaut의 글을 보내 주었다. 이 글은 많은 것을 생각하게 했고 미래를 여는 열쇠와도 같았다. 1970년대에 마르셀 르고는 나에게 그리고 많은 이에게 희망의 표징이었다. 그는 단순히 '중도에 포기한 사람'이 아니었다. 오히려 그는 성공한 교수로서의 삶을 그만두고 농부가 되어 프랑스 알프스 아래 작은 마을에서 지내며 정신적·영적 신개척지를 발견하고 다른 세계를 보여 주었다. 말하자면 그는 지혜로운 노인이었다. 다음은 그의 글이다. "부성父性은 특정 시점부터 리더십의 권위나 경험이라는 이름으로 행사되지 말아야 한다. 그래야 모순 없이 그 유효성을 유지할 수 있다. 부성은 점진적으로 변해야 하고 요청받아야 한다. … 권위적인 부성은 요청에 응답하는 부성으로 대치되어야 한다. 응답하는 부성에는 사심이 없다. 이런 부성은 성숙한 사랑처럼 자기를 과시하지 않고 단순히 현존할 때 가장 효과적이다. 부성은 아버지의 존재에서만 그 현실성을 획득한다."[116]

요청에 응답하는 부성은 더 이상 투쟁하지 않고, 직위도 권력도 필요로 하지 않으며 요구하지도 않는다. 그는 요청을 받고 대답하고, 삶의 경험에서 모은 것을 나눌 준비가 되어 있다. 이런 사람들은 더 이상 자신을 드러낼 필요가 없다. 그러나 그들은 자신을 필요로

할 때면 거기에 있고 많은 것을 이루어 낼 수 있다.

이런 의미에서 심리학자 잉그리트 리델은 이렇게 설명한다. "동화 속의 지혜로운 노인은 더 이상 주인공과 같은 발전 과정을 겪지 않는다. 그들은 자신과 더불어, 자신을 위해서, 자신이 축적해 놓은 결실로 산다. 그러나 다른 이가 필요로 할 때는 자신의 삶의 경험에서 떼어 주고 전수해 줄 준비가 되어 있다."[117] 그것은 무관심이나 거절의 소극적인 태도가 아니라 평화를 찾은 충만한 삶이다. 그러나 이런 원천에 이르기를 원하는 사람은 언제라도 이 충만함에서 나누어 줄 준비를 하고 있다. "그들은 독서나 이야기, 뜨개질도 하지 않고 더 이상 아무것도 하지 않는 특히 80세 이상의 노인들이다. 그들은 벤치나 의자에 앉아 무릎 위에 손을 얹고서 바라보고 있다. 그저 거기에, 늘 거기에 있다."[118] 잉그리트 리델은 이런 맥락에서 "장미는 '왜'가 없다. 장미가 피기 때문에 장미가 피는 것이다"라고 한 신비가 안겔루스 질레지우스의 말을 인용한다. 그리고 이와 같은 삶은 "의미의 상징, 삶의 의미를 내포한 상징"일 수 있고 "이정표"라고 덧붙여 말하고 있다.[119]

노년의 수태는 높은 차원의 새 생명으로 증명된다. 혹은 노인이 도움과 의견을 부탁받았을 때 자신의 능력과 경험을 전달하고 조언할 준비가 되어 있는 것으로 증명된다. 혹은 노인은 '피기 때문에 피고', '살기 때문에 살기' 때문에 자기 자신과 평화롭게 산다. 그러면 그는 자기 식대로 살면서 '이정표'가 될 수 있다. 그러면 젊은이들은 그것을 보고 — 그들이 볼 눈을 가졌다면 — 삶의 깊고도 근원적인 의미를 예감할 수 있다. 이런 의미에서 보니파스 티길라 역시 아프리카에 있는 수도원의 삶과 관련해서 이같이 말한다. "주님의 일을 하고 싶었던 이들이 삶의 저녁에 이르러 우리에게 오면 '우리는 우리의 시간을 허비하지 않았다'는 것을 알 수 있다."[120]

이 마지막 조목은 앞서 인용한 대 바실리우스의 말[121]과 일치한다. 선배 수도승이 활기차고 건강한 동안에는 그들의 유용함과 활동력을 통해 젊은이들에게 모범이 될 수 있다. 그러나 그들이 허약하고 병들게 되면 "그들의 얼굴과 모든 움직임에서 그들이 하느님이 지켜보는 가운데 있고 주님의 현존 안에 있다는 확신이 빛나는" 방식으로 발전해야 한다.[122] 바실리우스는 덧붙여서, 노인이 젊은이들에게 유용한 존재가 되기 위해서는 "젊은 형제들을 격려하고, 근본적인 목표를 잃어버리지 않게 영향을 끼쳐야 한다"고 했다.

몇 해 전 불교 전통에서 경험한 것이 떠오른다. 한 스님과 나는 그분의 수도생활에 대해 이야기를 했다. 대화 중에 그는 "절에 노승이 많이 계시면 우리는 기뻐합니다" 하고 말했다. 내가 놀라면서 "젊은 스님이 많으면 더 기쁜 것 아닙니까?" 하고 말하니 그는 이렇게 설명했다. "노승들은 절 도처에 앉아 끊임없이 혼자서 명상하고 있습니다. 그들은 마치 온기를 내뿜고 사찰의 분위기를 형성하는 작은 난로와도 같습니다."

이런 수도승의 단순한 현존과 '자기 안에 있음'은 빛을 발하고 공동체를 풍요롭게 한다. 의식적으로 다른 이에게 모범이 되기 위해서가 아니라 그들이 그저 그들이기 때문에 그들이 된 것처럼, 그들은 저절로 다른 이를 위해 이정표가 된다. 그것은 의도가 아니라 결과며 열매다.

이 장章 서두에서 생물학적인 그리고 비생물학적인 수태에 관하여 말했다. 거기에 덧붙여 매우 고령까지 수태를 한 감동적인 예를 살펴보자. 지난 세기의 위대한 그리스도교 시인 게르트루트 폰 르 포르Gertrud von Le Fort에 대한 이야기다. 90세 때 그녀가 독일연방공화국 공로 훈장을 받았을 때 카를 추크마이어Carl Zuckmayer는 축사에서 이렇게 말했다. "나는 이 90세 부인을 사랑합니다. 내가 19세의 여인을 사랑했듯이 사랑합니다. 한 번도 결혼한 적이 없으나 모성적인 능력을 발산하는 이 여인은 가족을 세상에 낳고 양육했습니다."123 이는 어마어마한 말이다! 에리흐 롬메르스키르흐Erich Rommerskirch는 고령의 이 여성 시인을 "1971년 11월 1일, 시인이 사망했을 때 그녀의 삶이 얼마나 오랫동안 빛을 발했는지, 또 얼마나 어머니처럼 마지막까지 우리에게 최후의 존재에 대한 신뢰를 전해 주었는지 분명해졌다"124고 설명했다. '존재에 대한 신뢰'는 삶에 대한 신뢰다. 이런 방식으로 그녀는 고령에도 어머니처럼 자손을 많이 낳았다.

끝으로 노년에 수태하는 이야기를 하나 더 하겠다. 고령의 두 에스키모 여인에 관한 이 이야기는 실화다. 생존 위기에 처한 부족이 입을 덜기 위해 고령의 두 여인을 남겨 두고 떠나기로 결정했다. 두 여인은 거대한 얼음 광야에 둘만 있게 되었다는 것을 알자 경악

했다. 그들은 한참을 한탄하고 죽음에 내던져졌다는 사실에 슬퍼했다. 그러다 75세 노인이 80세 노인에게 말했다. "여기에 가만히 앉아 있다가는 죽을 것이 뻔해요. 그러니 나의 친구여, 우리가 죽어야 한다면 앉아서가 아니고 무엇이라도 하다가 죽읍시다."[125]

갑자기 이 고령의 여인들 내면에서 삶의 의지가 생겼다. 죽어야 한다면 "무엇이라도 하다가 죽는다"라는 것은 체념이나 운명론이 아니다. 비판적인 자기 성찰을 통해 이 두 여인에게 없던 에너지가 생겼다. 그들에게 힘이 있다고 하더라도 부족의 생존에 더 이상 기여할 수 없다는 것이 분명해졌다. 그뿐 아니라 그들은 음식이 너무 적다고 계속 투정했고, 전혀 그렇지 않았음에도 예전이 모든 면에서 훨씬 좋았다고 한탄했었다. "그렇게 여러 해를 보낸 다음, 이제 젊은이들은 우리가 무능한 사람임을 확신했고, 세상에서 더 이상 쓸모없는 사람임을 믿게 되었다."[126]

그것이 얼마나 젊은이들을 힘들게 했는지 그들은 깨달았고 그래서 사람들이 그들을 떼어 놓으려고 한 것을 더 이상 놀라워하지 않게 되었다. 이런 솔직한 자기 성찰은 그들을 희생자 역할에서 건져 내고 아직 수중에 있는 능력을 사용하게 한다. 그들은 예전에 배운 것들을 깊이 생각했고 이런 "옛 능력에 대한 자각"[127]이 갑자기 다시 일을 감행하게 했다. 그들은 모피와 모자의 실을 풀어 바느질을 하기 시작했고 자리를 잡아 낚시를 하고, 불에 고기를 말렸다. 어느덧 예비품까지 비축하게 되었다.

다음 해에 그들은 우연히 부족 사람 몇 명을 만나게 되었다. 그

때도 부족은 생존 위기에 처해 있었다. 늙은 두 여인은 비축해 두었던 것들을 부족에 내어 주었다. 그러나 그들은 부족에 다시 합류하지 않았다. "그들은 자유를 누렸기 때문이다. 그들의 말을 듣고서 부족 사람들은 그들에게 정중하게 경의를 표했다." 부족 사람들도 "결코 다시는 부족의 노인들을 버리지 않았다. 그들은 교훈을 얻었다. 아주 많은 나이에 진정 행복한 여인으로 죽기까지 계속 사랑하고 염려하는 것을 배운 두 사람에게서 얻은 교훈이었다."[128]

이 두 여인은 나이가 들면서 성숙해지는 것을 소홀히 했다. 그러나 생명이 위협받는 상황에 처하자 그들은 깨어나서 자신의 자원을 동원하고 놀라운 성숙에 이르렀다. 이는 그들을 버리려고 했던 부족에게도 도움이 된 놀라운 성숙이었다. 참된 깨어남은 결코 늦지 않다.

신앙은 노년에 더 깊어지는가

지금까지 노년의 삶에서 신앙생활이 얼마나 많은 도움을 주고, 또 필요한지 살펴보았다. 여기서 나는 나이 들어 감을 전제로 신앙과 기도에 대한 질문을 다시 분명하게 하려고 한다.

"나이가 들수록 믿음이 줄어들고 그만큼 굳어진다." 얼마 전부터 나는 이 문장에 골몰해 있다. 이 문장을 여러 사람에게서 자주 들었으나 이 말을 처음 한 사람이 누구인지는 아무도 모른다. 그것은 그리 중요하지 않다. 많은 사람이 그 말을 생각하고 있으며, 그 말에는 그들의 신앙 체험이 반영되어 있음이 분명하다. 내 나이쯤 되고 어느 정도 의식적으로 신앙생활을 하려고 노력하며 산 사람들은 아마 역동적이고 진지한 신앙의 역사를 겪으며 살았을 것이다. 나는 교황 비오 12세(1939~1958년 재임)의 모습을 생생하게 기억하고 있다. 어린 우리는 그분을 존경했고, 그분의 선종 후 누가 교회를 그처럼 분명하고 확고히 이끌어 갈 수 있을지 상상조차 할 수 없었다. 교황 프란치스코에 이르기까지 역대 교황들을 보면 그분들이 우리 신앙 의식과 교회 의식에 영향을 미치고, 변화를 일으키고, 또는 종종 혼란을 일으키는 그 강도와 영향력이 얼마나 달랐는지 분명히 알 수 있다.

나는 뷔르츠부르크 대학의 교의신학 강의를 아직도 생생히 기억하고 있다. 프리츠 호프만Fritz Hofmann 교수가 60세 생일을 맞이한 날, 그가 강의실에 들어오자 학생들은 축하의 박수를 쳤다. 교수는 이 기회에 그의 인생의 '비밀'을 이야기하기 시작했다.

그가 자신의 신학 연구에 대해 말하기 시작했을 때, 갑자기 그는 "나는 인정해야 합니다. 내가 예전에 '그것은 믿어야 할 교리(de fide)다'라고 말했던 많은 것, 그래서 굳게 의심 없이 믿었던 것들을 오늘 나는 '아니, 그것은 믿어야 할 교리(de fide)가 아니다'라고 말해야 합니다"라고 했다. 그가 이 문장을 말했을 때 무의식적으로 남동부 바이에른 사투리가 튀어나왔다. 우리는 무척 놀라서 박수갈채가 터져 나오기까지는 조금 시간이 걸렸다.

호프만 교수는 혁명가적인 사람이 아니었고 신중하게 검토하고 전통적으로 논증하는 신학자였기 때문에 우리는 놀랐다. 그러나 그는 매우 개방적이고 사목적으로 생각하는 사람이었고, 주교좌성당 학교와 교구의 평신도 교육 기관 책임자로서 수많은 사람에게 구체적인 삶에 적용될 신학을 전달했다. 그럼에도 이 말은 우리에게 잘 전달되지 않았다. 그때가 1962년, 제2차 바티칸 공의회가 시작되기 바로 전이었다. 당시에는 이 말의 과격함을 짐작하지 못했지만 이 말은 다가올 수십 년의 발전을 알리는 신호였다.

그해는 내가 대학 공부를 막 시작한 때였다. 나는 프리츠 호프만 교수가 전혀 특별한 것을 말하지 않았다는 사실을 금방 이해했다. 예전에는 민주주의, 인권, 양심의 자유, 성경의 역사적 해석 등과 같은 문제에 대해 교회는 비그리스도교적이라며 격렬하게 싸웠다. 그러나 그 학설들에 대해 교회가 얼마나 자주 입장을 바꾸었으며, 결국 그것들을 진리로 받아들이지 않았는가? 이러한 지난 백 년간의 학문적 발전이 호프만 교수에게 긍정적인 답을 가리켰다. 제2차 바티칸 공의회는 그 이상의 일련의 사태들을 더 염려했다.[129]

우리 세대와 지난 세대는 이런 발전들을 생생하게 체험했고 또 자주 고통스러운 상황을 겪었다. 그래서 확실하게 믿었던 많은 것이 붕괴되고, 도대체 무엇을 믿을 수 있는지 분명하지 않았다. 결국 소위 말하는 옛것과 새것이 오늘날까지 화해하지 못한 채 끝없이 싸우고 있다.

여하튼 이러한 발전은 신앙에 관한 것 역시 끊임없는 흐름 속에 있고 우리가 신학적 진실을 속단해서는 안 된다는 사실을 명확하게 보여 준다. 그렇다고 곧바로 불평하며 모든 것이 똑같이 옳고, 똑같이 틀렸다는 상대주의로 빠져서는 안 된다. 그러나 우리 세대의 많은 이가 매우 큰 소리로, 매우 자신 있게 선포된 진리의 맞은편에 있는 거대한 불신으로 빠져들었다. 그러므로 우리는 더 많은 것에 개방적이어야 하고 다른 신학적 사고나 경험의 지평을 깊이 탐색해야 한다. 그러나 이는 다만 지난 수십 년의 격렬한 충격들에 반응하는 가능성 중 하나일 뿐이다. 다른 이들은 ― 우리 세대도 ― 이러한 불안함 때문에 서로 다른 결론들을 내렸다. 그들은 끊임없이 새 출발을 해야 하는 것에 회의적이고 보수적인 태도와 옛것을 굳건히 지키는 것을 더 좋아한다. 극단적인 과거의 신앙과 극단적인 미래의 신앙 중간 어디쯤에 놓여 있는 셀 수 없이 많은 신학적 변종이 존재하는 이 주제에 대해서는 더 이상 상세하게 이야기하고 싶지 않다. 분명한 것은 이 모든 경향을 지난 수십 년 동안 우리 신앙의 큰 불안함에 대한 반향으로 이해하는 것이다. 그러므로 그러한 반향들은 각자 자기만의 방식으로 정당성을 드러내며 수용되고 있다. 이것들을 여기서 더 상세히 묘사하거나 판단할 필요는 없다.

우리가 여기서 다루어야 하는 문제는 좀 더 심층적인 것이다. "'보수'와 '진보'의 대립이 늙어 가는 우리 여정에 무슨 도움이 되는가?" 하는 문제다. 나에게는 이런 도식이 전혀 도움이 되지 않는다. 어떤 방향이 더 적합하겠는가?

그것이 더 '진보적이냐' 혹은 '보수적이냐' 하는 신학적 올바름을 다루는 것이라면 정말로 필요한 것은 아무것도 없다고 나는 생각한다. 그것들은 단어와 개념 그리고 설명 수준에만 머물며 핵심 자체는 건드리지 않는다. 핵심은 이해할 수 없는 하느님의 신비다.

신앙은 근본적으로 무엇에 관한 이야기를 하고 있는가? 쿠르트 마르티Kurt Marti는 그의 책에서 간결한 질문을 던진다. "무엇을 믿는가? 무엇에 믿음을 두고 있는가? 원초적인 질문은 '누구를 믿는가, 즉 신뢰하는가?'이다."[130] 우리가 믿고 그리고 우리의 삶을 맡기고 싶은 분은 근본적으로 누구인가? 결국 중요한 것은 우리가 그분에 대해서 모든 것을 말할 수 있는 것이 아니라 어떻게 우리가 하느님을 만날 수 있고, 어떻게 그분이 나를, 어떻게 내가 그분을 만날 수 있느냐 하는 것이다. 하느님에 관해 말하는 것이 아니라 그분의 실존을 경험하는 것이 중요하다.

칼 라너Karl Rahner는 그의 80세 생일을 맞아 "하느님의 이해할 수 없음"에 대해 강의했는데 아주 인상 깊은 증언이었다. 그는 자신과 동기 신학자들이 신학적 원칙, 예컨대 1215년 제4차 라테라노 공의회에서 내린 정의를 — 라너의 견해로는 — 거의 주의하지 않았다고 회상했다. 이 원칙은 신학적 설명이 필요하고 또한 정당하다고 말한다. 그러나 하느님의 실재와 그분의 활동을 묘사하는 신학적 설명은 동시에 부적절하다는 것을 항상 신중하게 고려해야 한다. 모든 설명은 타당하지 않은 것으로 어떤 식으로든 다시 취소되어야 한다. "이런 기이하고도 찬반양론의 어마어마한 미결의 문제에 대해서"[131] 우리는 하느님에 관해 잘못되고 진실하지 못한 방식으로 말하지 않기 위해 유보적인 태도를 취해야 한다. 그래서 하느님에 대한 말과 설명과 그분의 활동보다 더 중요한 것은 인간에게 실존적인 통로, 하느님의 신비로 가는 경험적 통로를 여는 것이다.

그는 비슷한 맥락에서 말할 수 없는 히느님의 신비 속으로 들어가는 실존적인 이끄심을 '신비학'Mystagogie이라고 했다. 그리고 그는 "우리 시대에 그리스도교적 환경은 점점 붕괴되고 개인의 신앙을 지지해 주지 못한다. 우리는 단순한 신앙적 지식의 피안에서 개인적인 깊은 신앙 체험을 꼭 해야 할 필요가 있다"라고 덧붙였다. 그렇기에 미래의 그리스도인은 "무엇을 '경험'한 사람 혹은 더 이상 그가 아닌 '신비가'여야 한다".132

우리가 노년에 아직도 믿고 있다면 우리가 '무엇을 경험'했기 때문이다. 구체적인 신앙의 진리들에 대한 예전의 많은 확신을 잃었겠지만 우리가 하느님을 신뢰하고 우리를 그분께 맡길 수 있었던 경험이 쿠르트 마르티가 표현한 것처럼 우리를 지탱하고 그 경험은 누구도 빼앗아 갈 수 없다. 이런 의미에서 내가 앞에서 인용한 말을 이해할 수 있다. "나이가 들수록 믿음이 줄어들고 그만큼 굳어진다." 그래서 남아 있는 것은 줄어든 것이 아니라 내 안에 확고하게 자리 잡아 기본이 된 것이다. 중요한 것은 믿었던 것의 양이 아니라 경험한 깊이, 곧 질이다.

그러므로 노년에는 신학적 토론에 빠지는 것이 중요하지 않다. 오히려 믿음과 삶이 이리저리 흔들리는 가운데 실제적 도움을 보여 주는 것에 조용히 머무르는 일이 더 중요하다. 그것에 대해 현명하게 토론을 할 수 있을 정도로 분명하게 보이지는 않겠지만 신비로서 예감할 수 있을 것이다. 우리는 앞을 못 보는 사람처럼 그 신비의 더욱 깊은 곳으로 들어가게 된다. 쿠르트 마르티는 이렇게 짧은 문장으로 표현했다. "이제, 모든 것이 밝은 빛으로 그 치부가 드러나면 하느님의 숨어 계심이 위로해 준다."[133] 숨어 계시고 이해할 수 없는 하느님 앞에서의 침묵은 '위로가 되며', 경건한 말이나 현명한 신학적 고찰보다 우리가 더 잘 살 수 있도록 위안을 준다. 칼 라너는 이렇게 덧붙인다. 하느님에 대한 모든 지식과 진술에는 늘 "침묵하시는 하느님의 불가해함이 빠져 있다".[134] 노년에는 토론이 아니라 침묵이 어울린다.

나는 여전히 신중한 신학자들의 책을 즐겨 읽는다. 그러나 성당의 고요 속에서, 수도원 침방에서, 밤의 고요 속에서, 자연 속에서 침묵하며 하느님의 불가해함에 귀 기울이기를 훨씬 더 갈망한다. 우리의 삶과 세상에서 해결하지 못한 많은 질문을 생각한다면 이해할 수 없는 하느님 앞에서 침묵하는 것이야말로 지금 가장 중요한 기도일 것이다. 어쩌면 우리는 살면서 설명하고 해결하기 위해 욥처럼 하느님과 투쟁하고 많이 고심했다. 언젠가 ─ 아마 그때는 무척 늦었을 것이다 ─ 욥처럼 먼지와 잿더미(욥 42,6 참조)에 앉아 침묵하며 숨을 돌리기 위해 투쟁과 권리를 포기할 때가 올 것이다.[135]

우리가 살면서 제때에 이런 침묵을 습득한다면 무엇보다도 아프거나 생각과 정신을 집중하기 쉽지 않을 때 큰 도움이 될 수 있다. 그러면 그저 침묵하면서 하느님의 현존 안에 있거나 안겨 있는 것으로 충분하다. 많은 말보다 더 나을 것이다. 그것은 더 이상 말이 필요 없는 우리를 내어 드렸다는 표현이다.

　초기 단계에서도 많은 도움이 될 수 있다. 우리 신앙이 서서히 단순해지고, 결정적인 몇 가지에 집중하는 것을 느끼자마자, 기도가 단순해지는 중요한 경험을 할 것이다. 몇 마디로 충분하다. 기도를 '짧게 하기 위해서'가 아니라 근본적인 내용을 지닌 중요한 말들에 집중하기 위해서다. 「주님의 기도」, 시편 구절, '예수님' 혹은 '아버지', 이런 말 하나를 늘 품고 다닐 수 있고, 거듭해서 반복할 수 있고, 내면에서 울리게 할 수 있다. 전통적으로 우리는 이를 '반추'라고 한다. 말을 자주 되풀이할수록 말이 살과 피 속으로 스며들고 내면에서부터 우리에게 각인된다.[136]

　이와 같은 짧은 기도는 도움이 될 뿐 아니라 예전보다 '더 많이' 기도하게 한다. 이런 기도는 공식적인 기도 시간에 국한되지 않고 일상에서, 낮이든 밤이든 우리와 동행하기 때문이다. 이 기도는 삶에서 늘 큰 도움이 된다. 특히 노년에 집중력과 읽기 능력이 감퇴할 때 큰 축복이 된다. 기도를 더 이상 '올바로' 할 수 없다고 한탄하는 수도자들을 만나기도 한다. 그들이 말하는 것은 익숙해진 기도와 '몰두하는' 기도를 뜻한다. 그들은 제때에 기도를 단순화하고 심화하는 것을 놓치고 말았음이 분명하다. 그렇게 하지 않으면 기도가 영혼에 큰 부담이 될 수 있다. 매우 나이 많은 한 베네딕도회 수녀님은 이와는 정반대의 경험을 했다. 수녀님은 하루를 온전히 자유로이, 다시 말해서 하루를 온전히 기도에 바칠 수 있었다. 저녁에 한 젊은 수녀님이 그분에게 기도를 잘하셨냐고 묻자 "아, 나는 '영광이 성부와 성자와 성령께'밖에 할 수 없었어요"라고 대답했다.[137]

그것뿐이었다. 하루를 온전히 기도로 채우기 위해서는 그것으로 충분했다. 그것은 그의 신앙 전체를 요약한 것과 같다. 이해할 수 없는 하느님의 현존 안에 머물기 위해서는 많은 말이 필요하지 않다. 이제 앞에서 인용한 말을 약간 바꿀 수 있다. "나이가 들수록 기도를 더 적게 한다. 그러나 더 깊이 기도한다." 단순하고 지속적인 기도는 침묵의 내적 자세로 더 깊이 우리를 인도한다.

침묵은 하느님의 신비를 예감하는 데만 몰두하게 하는 것이 아니다. 침묵의 기도는 영혼 안에 확고히 자리 잡은 상처들을 건드릴 수 있고 깊은 침묵을 통해 영혼 표면에 가닿을 수 있다. 과거의 아픔과 상처를 다루는 것에 대해서는 이미 앞에서 상세하게 다루었다.[138] 그럼에도 침묵과 관련해서 다시 한 번 더 말하려고 한다. 더 깊은 침묵의 길을 가고자 하는 사람은 이 주제와 관련하여 다시 한 번 새롭고 심도 있는 경험을 할 수 있을 것이다. 토머스 키팅Thomas Keating은 상처를 치유하는 침묵의 길에 대해 아주 심도 있게 다루었다. 때로 이러한 문제들은 전문적인 심리요법의 도움을 필요로 하지만, 하느님의 현존 안에서 점점 더 깊은 침묵에 익숙해지고 그분 현존의 치유하는 힘을 받아들이면 많은 것이 내적으로 해결될 수 있다.[139] 여기서 세세한 방법을 설명하는 것은 범위를 벗어난 일일 것이다. 이에 관한 서적을 추천하는 것으로 만족해야겠다.[140]

나는 이 질문을 다시 한 번 하고 싶다. '노년에 신앙이 더 깊어지는 가?' 예전에는 시간이 더 많고 죽음이 가까이 다가오면 실제로 더 경건해지고 멀리했던 많은 것이 다시 신앙으로 되돌아올 것이라고 생각했다. 오늘날에는 더 이상 간단하지 않은 일이다. 노년이라는 기간은 현시점에서 죽음이 아직 멀리 있고, 긴 노년의 날들을 가득 채울 수 있는 흥미로운 것들이 많아서 신앙과 기도가 쉽게 눈에 들어오지 않는다. 그럼에도 노년에 다시 예전의 신앙에 접근할 수 있는 길을 찾고 있는 이들, 혹은 ― 몇몇 사람이 내게 개인적으로 말한 것처럼 ― 다시 '교회로 돌아오는' 이들도 있다.

노년에 새롭게 신앙의 길에 들어서고 싶다고 해도 그것은 매우 힘든 과정일 수 있다. 유명한 언론인 스벤 쿤트제Sven Kuntze는 한 인터뷰에서 이에 대해 아주 솔직하고도 신중하게 말했다. 이는 그 혼자만의 경험이 아니므로 그의 경험을 자세히 살펴보는 것은 의미가 있다. 그는 가톨릭 가정에서 성장했다. "그러나 언제부터인가 나는 신앙을 잃어버렸다. 화창한 날 지하철 안에 두고 내리고서는 결코 아쉬워하지 않는 우산 같다."141 신앙은 쉽게 사라졌고, 그에게 아무 것도 부족하지 않았다. 신앙에 대한 새로운 관심이 다시 생기기 시작한 것은「노인 되어 보기」라는 텔레비전 다큐멘터리를 제작하기 위해서 3개월 동안 쾰른의 한 양로원에서 지냈을 때였다. 그곳 성당에서 그는 내적 평화로 가득 차 기도하고 있는 노인들을 보았다. 그리고 한 신앙심 깊은 할머니가 평화로이 죽음을 맞이하는 것을 보았다. 그분은 "죽음을 아주 평화로이 바라보면서 '이제 나는 하늘나라로 갑니다'라고 말했다". 그는 그런 모습에 대해 이렇게 평했다. "그들은 올바로 믿었다. 그래서 나는 화가 났다. 그리고 생각했다, 나도 이런 믿음을 갖고 싶다고."142

아무도 그에게 회심을 권하지 않았고, 그 자신도 하느님과 죽음에 대해 특별히 생각해 본 적이 없었다. 그러나 최후의 순간까지 아무런 강요 없이 자연스럽게 받아들이는 믿음을 지닌 노인들과의 구체적인 경험은 그의 마음 아주 깊은 곳을 움직였다. 그래서 그는 찾기 시작했다. 그는 서로 다른 신앙적 환경, 즉 수도자에게서, 이슬람교도들에게서, 불교도들에게서, 교황 방문 기간 동안 청소년들에게서 찾아보았다. 그러나 어디에서도 그러한 깊은 감동을 느끼지 못했다. 동시에 지름길에서는 그런 깊은 경험을 할 수 없다는 것이 분명해졌다. "깊은 믿음은 그 효과가 드러나기 오래전부터 간직하고 있지 않으면 안 된다. 그것은 노년에 죽음의 공포에 맞서 간단하게 먹을 수 있는 진정제가 아니다."143

이 책 첫 장에서 "나이 들어 감을 제때에 알아차리기"에 대해 이야기했다. 신앙에 자신을 개방하기 위해서도 제때 시작해야 한다. 이 과정 역시 시간과 성숙이 필요하기 때문이다.

스벤 쿤트제는 그러나 아직 포기하지 않았다. 하느님을 어디에선가 찾아야만 하는 것이 아니라 "나 자신 안에서 … 찾아야 한다는 것이 분명해졌다. 나는 14일 동안 브란덴부르크를 지나 옛 순례의 길을 홀로 걸었다."144 그것은 돌파구가 아니었다. 그는 "창조주를 만나지 못했다". 그러나 자연과의 일치는 그를 감동시켰고 그의 내적 호기심을 계속 깨어 있게 했다. "새해에 또다시 떠나고 싶다. 다음에는 긴 순례 여행을 할 것이다."145

그는 길을 열어 놓았다. 그는 혼자가 아니다. 산티아고 순례 길 혹은 다른 순례 길들은 오늘날 믿는 이들, 믿지 않는 이들 그리고 자신이 이해하지 못하는 갈망을 마음속에 품고 있는 수많은 사람을 끌어들이고 있다. 몇 주 혹은 수개월 동안 순례하는 것은 분명 사람들의 마음속에 새로운 깊이를 열어 주고, 남은 생을 위해 많은 것을 발견하는 시간이 될 것이다. 그리스도교에서, 불교에서, 힌두교에서 수백 년 동안 방랑 수도승들의 삶은 분명히 오늘날의 구도자에게 좋은 영적 길을 제시할 것이다. '걷는 것'이 오늘날 다시 영적 훈련으로 발견된 것은 놀라운 일이 아니다.146 매일 몇 시간씩 걸은 헨리 데이비드 소로Henry David Thoreau에게 걷는 것은 항상 영적 차원이었다. 걷는 것은 완전히 거룩한 곳으로 들어갈 때까지 항상 그곳을 향하는 것이다.147

스벤 쿤트제의 인터뷰 중에서 한 가지를 더 언급해야겠다. 신앙은 이천 년 동안 사람들을 지탱해 준 토대였고, 사람들에게 신앙은 도움과 충만함을 의미했기에 오늘날에도 사람들이 신앙을 동경한다고 그는 두 번이나 말했다. 그는 쾰른 양로원의 노인 개개인에게서만 이 신앙을 경험한 것이 아니라 이 신앙이 엄청나게 긴 역사를 지니고 있음을 아주 새롭게 의식했다. 역사의 증거는 그에게 깊은 인상을 주었다. 이 위대한 전통에 그는 다시 동참하고 싶어졌다. 우리가 새로운 것에만 매료되지 않고 여러 세대에 걸쳐 수천 년 동안 확증된 옛것 혹은 매우 오래된 것을 새로운 시선으로 바라보는 것도 어쩌면 나이 들어 지닐 수 있는 긍정적인 관점일 것이다.

스벤 쿤트제는 스스로를 "당황하여 조언을 구하는 사람"이라고 말한다. 그는 계속 찾고 있다. 내가 그의 인터뷰를 다시 한 번 깊이 생각하면서 읽었을 때 수학자이자 철학자인 블레즈 파스칼 Blaise Pascal(1662년 사망)이 들었다는 예수님의 말씀이 생각났다. "위로하여라, 네가 나를 찾아 헤매지 않았더라면 너는 나를 찾아내지 않았을 것이다."[148] 어쩌면 그는 자신이 의식하고 있는 것보다 더 많이 찾았다는 생각이 들었다. 그가 감동을 받았기 때문에 갈망이 생겨났다. 이러한 갈망은 역시 노년의 여정에 좋은 원동력이 될 수 있고, 우리가 포기하고 가만히 앉아 있는 것보다는 훨씬 낫다.

제일 중요한 것은 건강이다!?

건강은 참으로, 특히 노년에 최고의 자산이다. 그러나 건강이 지금 우리 삶을 좌우하는 가장 소중하고 중요한 것인가? 생일을 맞이한 고령의 사람에게 하느님의 축복을 빌고, 풍요롭고 여전히 좋은 것을 많이 경험하기를 바란다는 등의 말을 한다면 그는 우리를 나무라며 이렇게 말할지도 모른다. "건강이 최고지!"

누군가의 건강을 기원하는 것은 물론 중요하다. 그래서 '건강이 참으로 가장 소중한 것인가'라는 질문도 당연한 것이다.[149] 지금까지 우리는 노년에 실존적으로 중요한 완전히 다른 주제들이 아직도 많이 있다는 것을 살펴보았다. 건강만을 지표로 삼고 노년에도 여전히 건강이 좋으면 — 이는 참 다행이다 — 아직 젊었다고 하는 사람이 있다. 그들은 어쩌면 노년기로 가는 여정에서 중요한 것일 수 있는 다른 주제들을 아주 늦을 때까지 미루어 놓고는 슬기롭게 잘 대비하고 있다고 자신을 속일 수 있다.

많은 이가 노년에 일찍 병들었고, 또 많은 이가 벌써부터 노인성 질환을 염려한다. 그들은 만성병, 치매, 남의 도움 없이 거동할 수 없게 되거나 간병을 받아야 하는 병에 걸릴까 봐 공포에 떨고 있다. 나는 이에 대한 전문 지식이 전혀 없기 때문에 이 주제에 대해 말하기가 조심스럽고 의도적으로 이 책 끝머리에서 이 주제에 대해 다룬다. 일흔다섯의 나이에 나는 아직도 놀랄 만큼 건강하고, 특별한 병이나 만성병도 없다. 젊었을 때도 큰 병을 앓은 적이 거의 없다. 오랜 기간 아파 본 경험이 있는 사람만이 병에 대해서 어떻게 느끼는지 말할 수 있을 것이다. 그러므로 그들이 병을 대하는 모습은 어떻게 노년에 병과 장애를 좋은 방식으로 다룰 수 있는지 생각해 보게 한다.

자기를 비판하는 데 아주 성공한 좋은 책을 쓴 요르크 징크Jörg Zink에서부터 시작해 보자. 그는 자신의 책에서 '66세의 젊은이'라고 썼다. 이 책 제목은 『나는 기꺼이 늙는다』*Ich werde gerne alt*이다. 23년 후 그는 당시의 생각들을 근거로 『시간의 침묵: 늙어 감에 대한 사유』라는 책을 썼다.[150] 여기서 그는 이전 책 출간 후의 경험들을 다시 깊이 생각하고 새롭게 느낀 것을 표현했다. 그는 우선 노년의 아름다움에 대한 긴 구절을 인용했다. 그러나 노년의 어려움들과 밀려드는 고독에 대해서도 말했다. 그러고서 설명을 덧붙였다. "정말 철부지 아이의 표현 같다. 그때는 많은 것이 약간은 낭만적으로 보였다. … 그러고 나서 나는 그 책에 그렇게 아름답게 묘사한 것처럼 집 앞에 있는 의자에 앉아 있지 않았다. 그 후 22년 동안 쉴 새 없이 계속 일을 했다. 내가 '정말' 전혀 늙지 않은 것처럼 일할 수 있었다."[151] 그사이에 그는 뇌졸중과 심근경색을 앓았고 여러 번 혈관 수술을 받아야 했다. 분명하게 생각하고 말하는 것이 무척 힘들었고, 아주 서서히 회복했다.

그는 이제 이러한 상황을 어떻게 극복해야 하는지를 가장 먼저 생각했다. 그의 대답에는 겁쟁이도 영웅도 없었다. 비겁함으로는 생의 단계를 참으로 극복할 수 없다. 노년기도 마찬가지다. "불안에 떨고 있는 것은 결코 삶에 도움이 되지 않는다. 어떤 식으로든 도전을 받아들여야 한다." 물론 노년에 노력의 결과는 아주 미약하고 우리가 쏟은 힘은 보잘것없는 성공으로 소모되곤 한다. 그러므로 영웅처럼 되고자 하는 것은 아무 소용이 없다. 노년은 "늙는다는 것을 거슬러 승리할 수 있다고 믿는 사람들을 위한 것이 아니다. … 늙는 것에 승리하기를 바라는 사람은 결국 살아남기 위해서 약을 먹는 겁쟁이일 뿐 자기 뜻대로 아무것도 할 수 없다".[152]

이 말은 아주 냉정하게 들린다. 그러나 이는 요르크 징크의 특징이기도 하다. 그는 유머로 용기를 북돋워 준다. 겉보기에 호감을 주는 사람들은 "겁쟁이와 영웅 사이 어디에선가, 어쩌면 영웅에 더 가깝게 산다. 그래서 이 지점에서 우리 자신을 보고 싶다. … 한번은 용감하게, 한번은 낙담한 채로". 그는 스물두 살의 한 여성을 예로 들어 이야기를 했다. "어떻게 지내냐는 질문에 그녀는 '잘 있습니다. 더 이상 발로 걸어 다니지 못하지만 엉덩이로 한 계단씩 올라가고 또 내려오면서 층계들을 극복합니다'라고 대답했다."153

이런 맥락에서 요르크 징크가 인용한 철학자이며 신학자인 쇠렌 키르케고르Søren Kierkegaard의 말이 들어맞는다. "완전한 사람이 되는 것이 최고다. 이제 내게 티눈이 생겼다. 그것이 벌써 나를 목표에 조금 가까이 데려가고 있다."154

요르크 징크의 두 책을 읽어 보기를 권한다. 그는 '젊은 66세' 때부터 노년에 대해 숙고했고, 그의 경험과 통찰은 삶을 위협하는 건강의 위기를 새롭게 보게 한다. 그는 실존적인 위기를 겪은 후 인간다움과 신앙의 새로운 깊이를 알아낸 사람이다. 인생에서 무엇이 삶을 위협하는 질병이고, 무엇이 인간의 성숙에 영향을 끼칠 수 있는지 여기서 분명해진다.

요르크 징크보다 한 살 많은 개신교 목사 저술가인 쿠르트 마르티는 '노년에 대한 금언들'에서 인간 실존에 대한 '거룩한 무상함'을 통찰하고 그에 대한 책을 펴냈다. 그는 사랑하는 아내를 잃은 고통스러운 경험과 노년에 대한 금언들을 말한 다음 그의 신체적 건강 상태에 대해서 말한다. 노년의 건강 문제는 정신적인 주제를 뒷전으로 밀쳐 버리는 것처럼 보인다. "노년에는 영적으로 된다? 결코 아니다. 몸으로 하는 일, 무엇보다 쇠약해짐으로 인해 불쾌한 일들이 급증한다."

그는 이 과정을 유머러스하게 이런 말로 묘사한다. "나사를 돌리면 풀린다. 정신도 비실비실 흔들거린다." 노년에 육체의 쇠약함에 끊임없이 집착할 경우 그는 결국 어떤 본질을 놓쳐 버리고 있다고 느낀다. 그는 빈정거리며 깨닫게 된다. "노인 산업이 호황을 맞고 있다. 나도 그들의 자원이다."[155] 별것 아닌 육체적 변화도 마음에 고통을 불러일으킬 수 있다. "부정적인 깨달음: 나는 더 이상 휘파람을 불 수 없다."[156] 더 이상 휘파람을 불 수 없고, 어쩌면 더 이상 노래도 부를 수 없고, 삶의 기쁨도 줄어든다.

이 말을 하고서 그는 예수님께 꼬치꼬치 물어본다. "예수님이 아흔 살이 되었다면, 그 나자렛 사람의 생각과 가르침은 어떤 방향으로 변했을까? 소용없는 질문이라는 것을 안다."[157] 고령의 예수님이 지금 노년에 도움이 될 것들을 말씀해 주셨을까? 이런 질문들이 별 의미가 없다는 것을 마르티는 알고 있었다. 삶과 신앙의 어려운 문제를 쉽게 해결하지 못한다는 것을 이미 알고 있기 때문이다. 그러고서 그는 체스터턴G.K. Chesterton의 말을 인용한다. "하느님의 수수께끼는 인간의 해결책보다 더 만족스럽다."[158] 이해할 수 없는 하느님에 대해 고심하는 것은 빠른 응답보다 낫다. "쉽게 믿음에 빠지는 것은 맹신으로 오도할 수 있기"[159] 때문이다.

쿠르트 마르티는 그의 신체적 허약함을 분명하게 말하는 데 꺼리지 않았고, 이해할 수 없는 하느님께로 이르는 대답을 찾으려고 하느님과 씨름하는 것도 두려워하지 않았다.[160] 그럼에도 때때로 행복한 확신이 반짝 빛났다. "오, 기적이여! 하느님이 원하신 무상함 때문에 여기저기서 영원한 순간이 거룩하게 인사한다."[161] 이 세상의 무상함이 힘겹고 부담스럽기도 하지만, 거기서 — 아주 드물긴 하지만 — 영원 또는 불멸이 빛난다.

30년도 훨씬 전에 내가 한 체험은 질병과 장애를 다루는 방식에 대해 많은 생각을 하게 했다. 그때 나는 한 베네딕도 수녀회에서 피정 지도를 하고 있었다. 이 수녀회는 특이하게도 병든 여성을 회원으로 받아들이고 있었다. 참으로 영적 여정을 가고자 원한다면 병이 있는 사람도 공동체에 받아들였다. 그곳에서 나는 인상적인 한 수녀님을 알게 되었다. 그분은 온몸이 마비되었고 머리만 조금 움직일 수 있었는데 입으로 아름다운 이콘을 그렸다. 그분은 언제나 부드러운 미소를 띠고 있었다. 이콘의 세계가 분명히 질병이나 장애보다 더 큰 감동을 주었다.

그때 아픈 우리 형제가 생각이 나서 혹시 병자들을 위한 좋은 기도서나 영성 서적을 소개해 달라고 수녀님들에게 물어보았다. 수녀님들은 조금 놀란 눈으로 나를 바라보면서 처음에는 내가 무엇을 청하는지 전혀 이해하지 못했다. 결국 그들은 특별한 영성 서적을 가지고 있지 않다고 말했다. 그들은 인간이 처한 곤경과 구원에 대한 성경과 전례 본문들을 끊임없이 묵상했다. 성찬례에서 언제나 죽음과 부활의 신비가 그들 가운데 현존하고 있었다. 그것이 병자들을 돕는 데 족했다. 나는 놀랐고 부끄럽기도 했다. 이 수녀님에게는 병이 그냥 삶의 일부였고 삶의 다른 문제들과 똑같이 겪어 내면서 극복되기를 원했다. 수녀님은 병이 원래 있어서는 안 될 특별한 것이 아니라 삶의 당연한 일부로 이해했다. 병이 일상에 속하게 될 때 병은 노년의 여정에 도움이 되는 관점에서 이해된다.

이는 몇 년 전에 돌아가신 노수사의 말을 떠올리게 한다. 그는 우리 수도원의 지혜로운 노인 중 한 분이었다. 그는 대부분의 삶을 문지기로 지냈으며 늘 여러 사람을 만났다. 동료 수사들이 때때로 그에게 이런저런 병이나 아픔을 하소연하면 그는 미소를 지으면서 "틀림없이 나이와 관계가 있을 거예요"라고 말했다. 그 말은 새로울 것이 없었다. 그러나 이 말은 하소연한 사람을 깨우쳐 주고 웃음 짓게 했다. 이런 어려움들은 이제 그냥 삶의 일부가 된다는 것이 그에게는 분명했던 것 같다. 이런 인식만으로도 부담이 줄어들고 받아들일 준비를 하게 한다. 내가 여기저기서 더 이상 예전처럼 하지 못한다는 것을 깨달을 때 가끔 "그래, 지금은 이렇구나!" 하고 스스로에게 말한다. 그것은 사실이다. 그것을 알아차리는 것은 별 의미가 없다. 그렇기에 지금 다만 내가 어떻게 태연하게 그리고 창조적으로 사는 것을 배우는가 하는 것만이 중요하다.

나는 다른 작은 사건 하나를 이와 비슷하게 이해했다. 길을 걷다가 중년의 한 부인을 보았는데 그녀는 휠체어에 앉아서 주차장으로 가고 있었다. 부인은 자동차 문을 열고서 올라타려고 했다. 나는 그녀가 혼자 할 수 없을 것 같아서 다가가 도움을 주려고 했다. 그녀는 환한 미소를 지으며 "아니요, 감사합니다. 저는 완전히 자동적입니다!"라고 말했다. 혼자서도 자동차를 탈 수 있도록 휠체어에 장치가 부착되어 있었다. 나는 몹시 놀랐고, 무엇보다 그녀 얼굴의 미소를 보고 놀랐다. 이미 여러 해 전에 있었던 일이지만 나는 아직도 생생하게 기억하고 있다. 이 부인 역시 "그래, 지금은 이렇구나!" 하고 말하며 자신감 있게 기쁘게 살았을 것이다.

자신의 운명을 극복하는 이러한 이야기를 여러 해 동안 아프리카에서 선교사로 있었던 한 동료 수사가 내게 말한 적이 있다. 그는 그곳 사람들이 고통과 불행에 반응하는 방법을 의아하게 생각했다. 그러면서 그는 사고를 당해서 한쪽 다리를 잃은 젊은 부인에 대해 이야기했다. 그녀는 "다른 한쪽 다리는 다치지 않아서 지팡이나 의족으로 걸을 수 있는 것에 하느님께 대단히 감사한다"고 그에게 말했다. 다른 부인은 가뭄으로 보통 때보다 옥수수를 절반밖에 수확하지 못했는데, 가뭄에도 옥수수 일곱 자루를 수확하게 해 주신 하느님께 무척 감사해했다고 한다. 이런 이야기가 약간 어리석게 들릴 수도 있지만 그것이 현명한 태도라고 생각할 수도 있다. 한탄하는 대신, 한탄으로 에너지를 소비하고 삶의 기쁨을 망치는 대신 이 부인들은 지금 무엇이 있는지 그리고 무엇이 가능한지 보았다. 그들은 그것으로 생활했고 극한의 상황들을 극복하기 위해 온 힘을 다했다.

베네딕도회 전통은 병에 대한 다양한 경험을 전해 준다. 다양한 사목 분야에서 활발히 활동하던 미국인 성공회 여사제 메리 얼Mary Earle은 어느 날 갑자기 아프더니 몇 달 동안 몸져누워 있었고 아주 천천히 회복했다. 그녀는 여러 해 전부터 베네딕도 규칙의 가치를 높이 평가하고 있었기에 거기서 자신의 힘든 상황을 극복하기 위한 유익한 자극을 얻기로 결심했다. 하지만 그녀는 "병든 형제들에 대한" 장이 아니라 몸과 관계가 있는 구절들을 찾아보기 시작했다. 음식에 관한 규정부터 시작했다. 규칙적인 식사 시간, 검소하고 건강하게 먹는 것 등이다. 꼭 필요하다면 엄격한 식이요법을 지켜야 했다. 그녀는 순종에 대한 장도 깊이 고찰했다. 그러나 그녀는 현재 자신의 몸과 욕구, 한계에 철저하게 순종한다는 측면에서 이해했다. 이는 그녀가 말했듯이, 자신을 위해 새로운 규칙을 찾고자 한 것이었다.

결정적인 출발점은 그녀에게 지금 무엇이 필요한가를 듣는 능력이었다. 그녀는 듣는 것을 새로 배워야 했다.[162] 그녀는 자신이 병을 앓고 아주 천천히 회복되는 시간을 "대학에서 외국어 집중 과정 강의를 듣는 것"과 비교했다. "병을 가지고 사는 것"은 그녀에게 "활동력, 기동성, 인내에 대한 수업이었다. … 병을 가지고 사는 것은 새로운 삶의 질서를 찾기 위한 집중 과정과도 같았다". "병은 정말 중요하고, 가치가 있고 참으로 근본적인 것을 위해 시간을 내는 것"이라고 설명한다.[163] 그녀는 자신의 책 첫 페이지에 "혼란에 적합한 의미를 주라"[164]라는 명언을 썼다. 여기서 영성은 숭고한 정신적 원칙에서 시작하는 것이 아니라 자기 발 앞에 놓여 있는 혼돈 또는 자기 발 앞에 내팽개쳐진 혼돈에서 시작하는 것이다. 그것을 움켜잡고 하느님의 도움을 창조적으로 다루는 것이 바로 해결책이다![165]

철학자 게르트 아헨바흐Gerd Achenbach는 철학적 전통과 연결하여 단념에 대해 말한다. 이 말은 일반적으로 말하는 부정적인 의미의 단순한 포기를 뜻하는 것이 아니다. "자신의 바람에 사로잡혀 있는" 사람의 긍정적인 태도를 뜻한다. 그리고 "여하튼 그렇게 바라는 대로 잘 될 것"이라고 생각하는 것이다. 그렇게 살기 위해서 그는 오히려 현실을 받아들인다. "불평불만을 그치고, … 다정스러운 쾌활함은 받아들이는 사람의 얼굴을 환하게 한다." 또한 아헨바흐는 아르투르 쇼펜하우어의 말을 인용하여 이렇게 말한다. "우리가 끝내 단념하지 못하고, 마음을 고쳐먹지 않고서 늘 슬퍼하면서 불평불만만 늘어놓는다면 우리는 하늘과 땅을 동시에 잃어버리고 시시한 감상주의에 빠질 뿐이다."[166] 계속 나아가기 위해 용감하게 그만두는 매우 활동적인 단념이다.

이런 태도는 '조용한' 형태에도 있다. 한 지인이 노년에 통증과 장애를 안고 살았는데 또다시 위험한 수술을 앞두고 있었다. 그는 내게 말했다. "내게 주어진 것이 무엇이든 과제로 받아들이려고 합니다. 저는 가끔 울어요. 그래도 사람들의 사랑을 많이 받고 있어요." 그가 내게 전화로 이 말을 했을 때 나는 곧장 이 문장을 받아 적었다. 깊은 감동을 받았다. 이 사람은 전통적인 의미에서 신앙인은 아니었다. 그는 실망해서 교회를 떠났고 다시는 돌아오지 않을 것이다. 하지만 그는 우직하게 찾는 사람이었고 영혼의 놀랄 만한 깊이로 들어선 사람이었다. 울 수 있는 용기 또한 있는 남자였다. 그러나 그는 좌절하지 않고 앞으로 나아가고 거기서 최선을 찾아냈다. 그뿐 아니라 다른 사람들에게서 느끼는 사랑에 감사하면서 살았다. 또한 다른 사람들과 잘 사귀고, 자신과 전혀 다른 사람들과도 잘 사귀는 좋은 감각을 지녔다.

나이 들면서 발견하는 작은 아픔들을 유머로 태연하게 받아들이는 법을 배우는 것은 어쩌면 후에 올 더 큰 일을 대비하는 데 확실히 도움이 된다. 페터 한트케Peter Handke의 소설에서 이에 대한 예를 찾아볼 수 있다. 그는 이름을 밝히지는 않았지만 신비스러운 영웅을 언급했다. 그는 텍스트 중간 괄호 안에 이렇게 덧붙였다. "(영웅의 이름: 영광스럽게 잊어버렸음)"[167]

그는 이런 잊어버림에 대해 조롱하는 것처럼 보인다. 잊어버림은 때로 축복일 수 있고 떳떳하게 ― 또한 영광스럽게 ― 어떤 것을 잊어버릴 수 있다는 인식을 보여 주고 있는 듯하다. 나는 이름이 곧바로 떠오르지 않는다. 대개 내면의 컴퓨터가 검색을 하고 조금 후에 이름을 내뱉는다. 그러고 나서는 곧바로 "이제 생각이 나네"라고 말해 버린다. 그러면 한순간에 긴장이 풀리고, 힘든 상황에 대한 훈련이 되는 것 같다.

긴장을 풀려고 하는 간단한 말로 극복할 수 없는 어려운 상황들이 분명히 올 수 있다. 특히 우리가 적절한 방법으로 노쇠의 전형적인 현상들을 받아들이지 못할 때 복잡해진다. 예컨대 우리가 일과 책임을 내려놓거나 운전을 더 이상 하지 말아야 할 때를 알아차리지 못할 때, 그리고 일상에까지 그런 일이 일어날 때, 정확히 말하자면 전과 달리 몸에서 풍기는 냄새나 옷을 잘 챙겨 입지 못한다는 것을 알아차리지 못할 때 더 큰 일이 시작될 수 있다. 주위 사람들은 오래전에 알아차렸고 그 때문에 기분이 언짢았지만 아무도 그것을 나에게 말하지 않는다. 그리고 누가 그것을 나에게 말한다면 나는 어떻게 반응할까?

몇 해 전 우리 공동체에서는 사전의료지시서(환자가 자발적으로 의사 표현을 할 수 있는 상태에서 작성하는 의료 유언장)와 환자 스스로 의사 결정을 할 수 없는 경우 권한 위임에 대해 오랫동안 토론했다. 우리는 삶의 특수한 상황에 대한 좋은 해결책을 찾으려 했다. 일상의 많은 것이 원활하게 진행되지 않고 주위 사람들은 힘들어지기 시작하는데 법률상 후견인이 필요한 시점 이전 과정에서 어떻게 해야 하는지 의논하는 과정에서 이 질문이 생겨났다.

우리는 '형제애적 전권'으로 하자는 생각을 하게 되었다. 그래서 신뢰할 수 있는 형제를 지명하여 자신에게 주의를 줄 수 있는 권한을 주기로 했다. 옷차림이 점점 흐트러지거나 침방 정리를 게을리하거나 점점 더 방해되는 행동을 하고, 특정한 일이나 활동을 멈추어야 하면 지명받은 사람이 그에게 주의를 주는 것이다. 일을 '결국' 후배에게 넘겨주고, 더는 차를 운전하지 말고, 더 이상 강론을 하지 않는 것이 좋고 혹은 공적으로 미사를 드리지 말아야 하는 것 등을 그에게 환기시켜 주기로 했다.

각자 스스로 구체적인 항목을 정할 수 있었다. 나 또한 내가 혼자 할 수 없을 때 힘든 상황을 극복하도록 내가 지명한 형제가 ― 혹은 몇 명이 함께 — 도와주기를 바란다고 적었다. 그것을 적을 때 아직은 정신이 완벽히 온전했기 때문에 약간 이상한 느낌이 들었다. 그러나 과도기를 힘겹게 보내는 형제를 많이 보았다. 그러니 나에게 그런 일이 없으란 법이 어디 있는가? 게다가 이런 상황이 정말로 닥치면 내가 어떻게 반응할지 나도 모르겠다. 그러므로 나는 '형제애적 전권'으로 유연하고 내게 필요한 것을 정직하게 직언할 수 있는 형제를 지명했다.

한 가지는 현명하게 계획하는 것이었다. 실제로 노인에게 — 물론 나에게도 — 심각한 상황이 닥치면 어떻게 처신할지 확신할 수 없다. 어쨌든 이렇게 말할 수 있다. "수도원에서 우리 노인들의 평균 수명이 길어질수록 이는 더욱 중요해질 것이다." "노인의 권리가 고집"[168]에 있다고 할지라도, 다음 세대들에게 우리와 함께 사는 것이 힘들지 않도록 쓸데없이 거칠고 괴팍하게 행동해서는 안 된다. 여러 양상을 보이는 치매처럼 아무리 노력해도 피할 수 없는 것이 너무 많다.

치매는 늙어 가는 사람들에게 공포의 대상이다. 치매에 걸린 가족이 있으면 가족 모두 힘든 시간을 보낸다. 치매의 형태가 너무 다양해서 노인들은 늘 치매에 대해 자세한 설명을 듣고 나머지 가족들의 의식에도 박히게 된다. 그래서 사람들에게 공포와 불안을 일으킨다.

치매에 걸린 사람들이 보이는 양상이 매우 다양하다는 것을 우리는 알고 있다. 그래서 우리는 새로운 방식으로 이 병을 바라보기 시작했다. 간병인과 가족들은 환자의 아주 새로운 인격과 내면을 발견하게 된다. 예컨대 망각이 나쁜 것만은 아니라 "더 자주 좋은 기분을 느끼게 한다". "환자들이 영원한 지금 안에서 자신이 계속해서 건강함을 느끼기 때문이다."[169] 미래에 대한 공포가 사라지듯이 과거의 고통들도 사라질 수 있다. 모든 치매 환자가 그런 것은 아니다. 그러나 치매를 바라보는 이러한 시각을 인정하는 것은 중요하다. 이러한 경험들에 대한 놀라운 보고가 많이 있다.[170]

특히 치매에 걸린 아내나 남편과 사는 부부, 치매에 걸린 부모와 함께 사는 가족들의 자세한 경험을 들어 보면 매우 인상적이다. 여기서는 잉게 옌스Inge Jens의 이야기를 하고 싶다. 그녀는 한 책에서 그의 남편 발터 옌스Walter Jens와 신학자 한스 큉Hans Küng의 토론을 부록에 덧붙였다. 토론 주제 중 하나는 심한 치매에 걸린 사람에게 '인간적인' 죽음을 맞이하도록 도와주고 의도적으로 죽음을 앞당길 수 있는지에 관한 것이었다. 잉게 옌스는 남편과 의견이 같았다. 그 후 그가 심한 치매에 걸렸을 때, 이때에도 그녀는 그와 함께 살면서 남편이 고통과 절망의 시기만 겪어 내고 있는 것이 아니라 그 시기에 기쁨과 인간적인 품위도 있음을 확인했다. 그러므로 그녀는 적어도 현 상황에서 남편이 더 살기를 바랐다.

그녀가 자신의 상황에 대해 진솔하게 표현한 부분을 여기에 옮겨 본다. "이 순간 남편이 인간적인 죽음, 다시 말해서 그를 그 자신에게서 소외시키지 않는 죽음을 맞도록 도와주는 것이 중요한 과제가 아니다. 모든 제약과 공포, 그렇다. 모든 자아 상실에 대한 반항,

절망과 기쁨, 굴욕과 인정을 간직한 인간적인 품위를 삶이라고 부르게 하는 것이다. 나는 '누구에게 일임한다'(anheimstellen)라는 옛 독일어를 새롭게 사용하여, 다른 누구에게가 아닌 '내가 일임한다'고 말할 수 있고 그러기를 원한다. 지금 이 순간에 다른 가능성은 보이지 않는다."[171] 이 부인의 내적 투쟁이 느껴진다. 또한 남편의 품위와 존엄성을 존중하고 있음이 느껴진다. 이런 삶이 인간의 품위를 잃게 하는데도 그녀는 이런 끔찍한 병이 인생의 다양한 측면 중 하나임을 발견했다.

치매에 걸린 부모와의 경험에 대해서도 이야기해 보자. 다비트 지베킹David Sieveking은 '어머니가 기억을 잃고 나는 부모님을 새로이 발견했다'라는 부제가 달린 『나를 잊지 마세요』*Vergiss mein nicht*라는 책을 썼다. 그는 어머니가 기억을 잃어 가는 것을 지켜보았고 동시에 아버지를 완전히 다른 방식으로 발견했다. 지베킹은 병이 진행되는 과정을 촬영해 다큐멘터리 영화로 만들었고 이어서 책도 출간했다. 또한 어머니를 전심으로 돌본 자신의 역할과 아버지의 역할에 대해서도 언급한다. 지베킹은 치매가 심해져 가는 아내에 대한 걱정이 아버지에게 과중한 부담이 되고 있다는 걸 알아차리고는 아버지를 돕기 위해 부모님 집으로 들어왔다. 직장도 그만두기로 했다. 그래서 더 이상 영화도 찍을 수 없었다.

그러나 그는 현 상황에서 어머니와 아버지와 함께 다큐멘터리 영화를 만들어야겠다는 생각을 했다. 그가 아픈 어머니 곁에 머무르는 것을 희생이라고 말할 수 있겠지만 그런 가운데서 그는 자신의 삶을 새로 발견하고 기대하지 않았던 경험들을 하게 되었다. 아버지에게도 이런 삶의 방식과, 영화를 함께 만드는 것은 아주 집중적인 과정이었다. 아버지는 이 기간 동안 다시금 그의 삶의 정점과 나락, 아내와의 관계를 심도 있게 생각해 보았다. 두 사람은 아픈 어머니(아내)와 동행하고 있음을 의식하면서 자신의 삶을 완전히 새롭게 접하게 되었다.

아르노 가이거Arno Geiger도 자신이 쓴 책에서 치매에 걸린 아버지에 대해 이와 비슷하게 이야기하고 있다. 『유배 생활을 하고 있는 늙은 왕』이란 제목이 이미 상반된 감정이 양립하는 경험을 암시하고 있다. 아버지는 더 이상 제정신이 아니고, 낯설고, 자기 세계 속에 있는 것 같았지만, 그의 삶은 여전히 특별한 존엄성으로 빛나고 있었다. 망각과 혼란 속에서도 아버지는 의미심장하거나 깊은 뜻이 담긴 유머러스한 문장으로 말했다. "아빠, 안녕하세요?" "내가 잘 있다고 해야겠지. 하지만 내가 그것을 판단할 수 있는 능력이 없으니깐 따옴표를 사용해서 그렇게 말해야지." "시간이 지나가는 것에 대해 아버지는 어떻게 생각하세요?" "시간이 지나가는 것? 시간이 빨리 가거나 천천히 가거나 하는 것은 나에게 아무 상관이 없어. 나는 이 일들에 그리 까다롭지 않거든."[172] 자기 나이를 어떻게 느끼는지 물어보았을 때는 이렇게 대답했다. "나는 아주 젊지 않고, 아주 나이 많은 사람 혹은 노인이라고 느끼지. 사람들이 어떻게 느끼든 나에겐 아무 상관 없어."[173] 아들은 깜짝 놀라면서 이렇게 메모했다. "종종 그는 아무것도 알지 못하는 것처럼, 그리고 모든 것을 이해하고 있는 것처럼 보인다."¹⁷⁴ 혼란의 틈에서 베일에 가려진 지혜가 간간이 드러난다.

아르노 가이거는 아버지와의 친밀한 관계를 통해 자신이 많이 변했다고 거듭 말했다. "우리 사이에는 세상을 향해 나를 계속 열게 하는 어떤 것이 있었다. 말하자면 통상적으로 알츠하이머병이 관계를 훼손시킨다고 안 좋게 말하지만 그와는 반대로 때로는 관계를 연결시키기도 한다."¹⁷⁵ 그는 책 마지막 부분에서 신중하게 말한다. "내가 이 글을 쓰는 지금 내 나이는 거의 정확하게 아버지 나이의 반이다. 여기까지 오는 데 긴 시간이 걸렸다. 우리가 사람이 되도록 우리를 다그쳤던 기본적인 것들을 이해하는 데 오랜 시간이 걸렸다."¹⁷⁶ 아버지의 병과 함께한 여정은 자기 자신의 여정을 깊이 이해하게 했고 아버지의 삶을 새롭고 깊은 시선으로 바라보게 했다.

젊고 아름답고 건강한 사람만이 살 가치가 있고 사랑스러운 것은 아니다. 삶은 젊음과 건강보다 더 귀중하다. 치매도 다른 병들처럼 삶에 속한다. 삶이 아닌 것이 아니라 삶의 다른 형태일 뿐이다. 병의 이러한 측면을 받아들이면, 병이 고유한 깨달음을 줄 수 있고 특별한 개방성을 지니고 있음을 알 수 있다. 아르노 가이거에게는 아버지 삶의 이러한 개방성이 마지막까지 중요했다. 그는 책 마지막에 아버지가 돌아가시기 전에 이 책을 끝마치기 바랐다고 썼다. "나는 아버지가 돌아가신 후에 아버지 이야기를 하고 싶지 않았다. 나는 살아 있는 사람에 대해 쓰고 싶었다. 나는 아버지가 모든 사람처럼 열려 있는 운명을 가질 자격이 있다고 여겼다."¹⁷⁷

여기서 언급한 내용들과 가르침들은 대단히 고무적이다. 틀림없이 병자들을 견딜 수 없게 하는 고통과 병과 치매로 인해 희망조차 보이지 않는 상황이 많을 것이다. 무엇보다 지금까지의 삶을 통해 자신의 문제들을 비판적으로 깊게 생각해 본 적이 없거나 숙고할 수 있는 정신적 혹은 종교적 기반이 없다면 많은 이가 그 자리에서 무너지고 말 것이다. 이런 상황들은 이 책의 범위를 넘어서는 것으로 상세하게 말할 수 없는 것들이다. 이런 상황에 대해 구체적인 권고를 주고자 하는 것은 너무 흔해 빠진 충고가 될 것이다. 이러한 순간에 고통받는 사람에게는 같이 있어 주고 동행해 주고 고통을 나누어 줄 수 있는 사람이 필요하다. 그와 함께 고통을 견뎌 내고 결국 벗어날 수 있는 방법을 찾을 수 있을 것이다. 결정적인 것은 그가 고통에 너무 빠져 있지 않고 계속해서 도움을 고대하며 기다리는 것이다. 때로는 어떤 사람과의 짧은 만남에서 혹은 책에서 한 문장을 읽는 가운데 계속 갈 수 있는 작은 문이 갑자기 '찰까닥' 열린다. 흔한 충고는 아무 도움이 되지 않는다. 그러나 자기만의 탐색과 자기만의 동경은 마음을 열게 하는 유용한 신호다. 이 책 역시 다른 신호를 듣게 하는 은밀한 제안일 수 있다. 이미 삶의 긴 시간 동안 주의 깊게 살지 않았고 그런 다음 고령에 혹은 중병을 앓고 있을 때 그동안 생각하지 못했던 새로운 시작을 한 사람을 나는 많이 보았다. 새로운 것을 배우기에 늦은 시기는 없다.

다비트 지베킹은 책 뒤표지에 "이 이야기는 죽음과의 관계를 제쳐 놓지 않는다. 바로 그 때문에 충만한 삶이다"라고 했다. 죽음은 삶에 속한다. 죽음을 제쳐 놓거나 외면하는 것은 온전한 삶이 아니다. 죽음에 대해서는 다음 장에서 말할 것이다.

죽음을 날마다 눈앞에 두라

결코 죽지 않을 것처럼 살고 있는 사람이 많은 것 같다. 그들은 죽음에 대한 생각을 절대로 떠올리지 않고, 어쩌면 의식적으로 삶에서 죽음을 밀어낸다. 그들은 삶에 대해서만 관심이 있고, 죽음에 대해서는 아무것도 알고 싶어 하지 않는다. 영적·철학적 전통들에서는 이와 반대로 죽음이 삶 때문에라도 중요한 역할을 한다. 베네딕도는 『수도 규칙』 4장 47절에서 "죽음을 날마다 눈앞에 두라"라고 간단명료하게 표현하고 있다. 수도자는 언제 죽음이 닥칠지 알지 못하기 때문에 항상 죽음을 눈앞에 두고 그에 걸맞게 살아야 한다.

베네딕도는 수도자들에게 죽음의 공포를 심어 주려고 이런 말을 한 것이 아니다. 바로 앞 구절에서 "모든 영적 욕망을 가지고 영원한 생명을 갈망하라"라고 역시 간단명료하게 말하고 있다. 수도자는 영원한 생명을 갈망하고, 죽음은 그 전에 통과해야 하는 문이라는 것을 안다. 베네딕도는 이 문, 이 넘어감이 항상 열려 있고 이승의 삶이 갑자기 끝날 수 있다는 것을 기억하게 해 주고 싶었다.

그러므로 이어지는 48절에서는 "자신의 일상 행위를 매순간 조심하라"라고 말하고 있다. 삶이 한순간에 끝날 수 있기 때문에 수도자는 깨어 있고 되는 대로 무심히 살아서는 안 된다. 49절에서 "어느 곳에서나 하느님께서 자신을 지켜보고 계심을 확실히 알고 있어라" 하고 덧붙여 말한 것처럼 수도자는 항상 하느님의 면전에서, 그분의 현존 안에서 살아야 한다. 하느님의 현존과 가까이 있거나 현존하고 있을지도 모를 죽음은 깨어 있는 삶에 기초가 된다.

수도승의 아버지인 은수자 안토니우스(355/6년 사망)는 죽기 직전에 형제들에게 "마치 오늘이 마지막 날인 듯 사시오. 여러분 자신에게 주의하시오!"[178]라고 했다. 죽음을 아는 것과 영적으로 깨어 있음은 짝을 이루며 수도생활 처음부터 각인된다.[179] 예수님은 이미 복음서 여러 구절에서 '항상 깨어 있어라' 하고 거듭 호소하셨다(참조: 루카 12,35-40; 21,36 등).

옛 수도승들은 당대의 훌륭한 철학적 전통과도 교류했다. 이 사실은 지금까지 그렇게 주목을 받지 못했다. '죽음을 날마다 눈앞에 두고 깨어 있음'은 본디 그리스도교 이전 그리스철학으로 거슬러 올라간다. 이것은 사변적 학설이 아니라 '인간이 어떻게 하면 잘 살 수 있는가'라는 실제 삶에 대한 질문을 다루었다. 삶은 유한하고, 오늘 끝날 수 있기 때문에 깨어 살고 마지막 날인 것처럼 매일을 기회로 삼아야 한다는 것이다. 죽음에 대한 생각은 공포를 불러일으키거나 죽음에 집착하게 하는 것이 아니라, 사람들에게 삶의 유한성을 거듭 일깨우고 매일 잘 살게 하려고 이끈다.

피에르 아도Pierre Hadot는 고대 이교 철학과 수도생활의 공통점들, 특히 스토아철학과의 공통점을 뚜렷하게 부각시켰다. 깨어 있는 삶과 죽음을 늘 상기하는 주제에 대한 고대 철학의 문헌들과 수도생활을 연결시켰다.[180] 철학자 에픽테토스Epiktetos(140년경 사망)는 베네딕도의 말과 거의 똑같이 "날마다 죽음을 눈앞에 두고, 절대로 나쁜 생각을 하지 말고, 지나치게 탐내지 마라"라고 했다.[181] 로마 황제이자 스토아 철학자인 마르쿠스 아우렐리우스Marcus Aurelius(180년 사망)는 이런 말을 남겼다. "바로 지금 삶을 떠날 수 있다는 가능성을 생각하면서 모든 것을 행하고, 말하고, 생각한다." 그리고 신플라톤주의자 포르피리오스Porphyrios(305년경 사망)는 "모든 행위에서, 모든 일에서, 모든 말에서 하느님이 감독자로서, 파수꾼으로서 지켜보고 계신다!"라고 말하면서 하느님의 현존을 덧붙였다.

몇 가지만 예로 들긴 했지만, 고대 철학자들과 수도승들이 죽음이 언제 닥칠지 모르고, 하느님의 현존 안에 살고 있다는 것을 당연하게 받아들였다는 것을 알기에는 충분하다고 생각한다. 죽음은 항상 삶의 일부였고 삶에 속했다. 그리고 죽음에 대한 생각은 사람들이 살아가고, 잘 살도록 도와주었다. 고대부터 중세까지, 부분적으로 근대까지 소위 '죽는 방법'(ars moriendi)이 발전했는데 이는 단순히 임종 과정에만 집중한 것이 아니라 전全 삶의 형성에 오랫동안 큰 영향을 미쳤다.[182] 우리가 "제때에 나이 들어 감을 알아차리고"[183] 그에 걸맞게 살아야 하는 것과 마찬가지로 전통적으로도 늘 죽음을 제때에 바라보고 걸맞게 사는 것이 중요했다.[184]

현대에는 전반적으로 죽음이 사람들의 삶과 의식에서부터 밀려나고 있다. 최근에는 죽음이 더욱 중요한 논제가 되고 있다. 무엇보다 현대의 생활 태도와 의학의 발전으로 인해 노년 기간과 죽음이 연장되고 있기 때문이다. 이는 예컨대 능동적인 혹은 수동적인 안락사에 대한 격렬한 논쟁으로 이어졌다. 이런 복합적인 윤리 문제를 여기서는 깊이 다루지 않을 것이다.[185] 현대의 호스피스 활동과 말기 환자의 고통 완화 치료는 바로 위중한 병의 마지막 단계에서 삶을 영위할 수 있는 여지를 열어 두고자 하는 것이다. 이에 대한 전문 서적 역시 충분하기 때문에 여기서 상세히 다루지는 않겠다.[186] 대신 나는 더 개인적인 경험과 전통 그리고 문헌의 증언에 집중하고 싶다. 이 이야기들은 임종 과정의 다양한 측면을 제시하고 삶의 마지막 단계를 새롭게 보게 해 줄 것이다.

수도원에서는 일찍부터 죽음을 상기하게 된다. 종신서원을 하기 전에 수도자는 그 시점에 소유하고 있는 모든 것에 대한 처리 권한을 누군가에게 완전히 맡긴다는 유언장 형식의 문서를 써서 문서고에 보관해 두어야 한다. 그때 나는 스물다섯 살이었다. 나에게는 나눠 줄 것이 그리 많지 않았으나 내가 유언장을 써야 한다는 사실에 대단히 마음이 동요했다. 많은 사람이 유언장을 쓰고 싶어 하지 않거나 가능한 한 멀리 미루는 이유는 죽음을 상기하는 것이 그리 달갑지 않기 때문이다.

우리 수도원처럼 큰 공동체에서는 자주 죽음을 보게 된다. 대부분은 병원이 아니라 수도원 양호동에 머물다가 그곳에서 죽기를 원한다. 수도자가 선종하면 시신을 참사 회의실에 모신다. 관은 젊은

청원자가 수련자로 받아들여 주기를 청하는 바로 그 자리에 있다. 수도자들은 관을 둘러선다. 저녁 식사 후 우리는 모두 침묵하면서 열려 있는 관 주위를 둘러싸고 30분 정도 앉아 있는다. 각자는 다시 한 번 고요 속에서 죽은 형제를 바라본다. 그때 마음속에서 죽은 이의 삶과 자신의 삶의 장면들이 스쳐 지나간다. 예전에는 밤낮으로 교대하면서 우리 형제를 지키기도 했다. 이는 각자의 마음속에서 무엇인가가 움직이는 강렬한 경험이다. 나는 50년 이상 수도생활을 하면서 수없이 많은 형제의 죽음을 보았고 그들을 묻었다. 결코 그 일은 '익숙해질' 수가 없다. 매번 새롭고 나와 아무런 상관 없는 일 같지 않다. 무엇이 내 마음을 그렇게 움직이는지 전혀 알지 못하겠다. 그것은 죽음보다는 삶과 더 관계가 있는 것 같다. 다시 말하자면, 그것은 죽음의 힘에 관한 것이기보다 삶의 힘에 관한 것이다.

30분 정도 침묵한 후 끝기도의 시편을 노래하고, 성당 입구에 있는 시체 안치실로 뚜껑을 닫지 않은 채로 관을 옮긴다. 수도자들이 그 뒤를 줄지어 따른다. 이때 이사야서의 찬미가 51장 11절을 노래한다. "주님께서 구해 내신 이들이 돌아오리이다. 환호 소리와 함께 시온으로 들어서리이다. 끝없는 즐거움이 그들의 머리 위에 넘치고 기쁨과 즐거움이 그들과 함께하여 슬픔과 탄식이 사라지리이다." 나는 때론 기쁜 마음으로 노래할 수 있고, 때론 이별이 특히 고통스럽게 느껴지고, 그 죽음이 너무 이를 때는 마음이 아프기도 했다. 그럼에도 이 노래는 옳다. 삶이 더 강하다. 거듭되는 죽음에 대한 깊은 체험은 우리 공동체에 축복이며 영향을 미친다고 나는 확신한다. 호스피스 병동에서 자원봉사를 하는 분들도 이와 비슷한 이야기를 한다. 임종하는 이들과의 경험이 그들 삶에 큰 영향을 끼치며 죽음과 삶을 바라보는 관점을 다양하게 해 준다고 한다.

조금 색다른 경험도 했다. 나는 직책상 자주 해외에 가야 했다. 떠나기 전날 저녁에 내가 다시 집으로 돌아오지 못할 것 같다는 생각이 강하게 든 적이 몇 번 있다. 치안이 좋지 않거나, 폭동이나 폭력 사태가 일어날 수 있는 나라에 가야 할 때, 그 외에도 위험에 빠질 수 있는 가능성이 충분히 있는 여행 때 그랬다. 그러나 이유 없이 그런 생각이 강하게 떠오를 때도 있었다. 그러면 나는 짧은 작별 편지를 써서 서랍 안에 넣어 두었다. 내가 집에 돌아오지 못하게 된다면 누군가 편지를 보게 될 것이다. 편지는 늘 매우 짧았다. 나는 손으로 크게 썼다. 내가 집에 돌아오지 못한다면 나는 모두에게 이렇게 말하고 싶었다. "저는 아주 잘 있고 평화롭습니다. 모두에게 하느님의 축복을 빕니다."

알다시피 나는 늘 무사히 집으로 돌아왔다. 그래서 편지는 항상 '헛되이' 쓴 것이었다. 그럼에도 그것은 헛되지 않았다. 그것은 나를 안심시켰다. 나는 아무것도 정리하지 않았는데 '유언장을 작성했다'. 이 작별 편지에 대해서 나는 한 번도 말한 적이 없다. 아무도 불안하게 하고 싶지 않았기 때문에 여행을 떠나기 전에 떠오른 생각을 아무에게도 말하지 않았다. 그것은 나 스스로 해결해야 할 일이었다. 나는 슬픔이나 공포도 느끼지 않았다. 어쩌면 돌아오지 못하리라는 생각과 감정을 받아들이는 것이 좋았다. 그것은 공포나 슬픔도 없는 일종의 죽는 연습이 아니라 자유와 순종의 경험과도 같은 것이었다. 돌아와 서랍에서 편지를 꺼내 휴지통에 버릴 때 이런 자유로움을 또 한 번 체험했다. 짐작건대 우리는 삶의 여정에서 우리가 의식하는 것보다 더 자주 작별한다. 살면서 이러한 작별의 상황들을 언제 체험했는지, 혹은 언제 심연 가장 가까이 서 있었는지 한번 생각해 보는 것은 유익하다. 이는 죽음에, 이별에 친숙해지는 기회가 된다. 또한 이 죽음과 이별은 매우 가까이 있고 일상에서 인식하는 것보다 더 친숙하다는 것을 확인하게 된다.

쾰른의 라더베르크Raderberg에 있는 베네딕도 수녀회는 마지막 생의 단계에서 그리고 일찍부터 죽음에 대해서 깊이 묵상하는 방법에 대해 창조적인 형식을 발전시켰다. 그들은 여러 해 전에 병과 죽음을 대하는 방법을 숙고했고 몇 가지 새로운 규정을 정했다. 모든 수녀들은 자신에게 중요한 것과 그들이 중병에 걸리거나 죽음이 임박했을 때 무엇을 원하는지 혹은 원하지 않는지, 어떤 기도나 구절, 음악이 자신에게 중요한지, 혼자 있고 싶은지 아니면 사람들과 계속 만나고 싶은지 정했다. 최종적으로는 자신의 장례식에서 불리길 바라는 구절과 노래도 결정했다. 그런 다음 이런 바람을 적은 문서를 특정한 장소에 보관해 두었다.

　이런 것이 단지 형식적으로 보일 수도 있다. 그러나 이 이야기를 듣자마자 나는 매혹되었다. 그것은 어떤 구절이나 그림, 노래가 내게 중요한지, 무엇이 마지막 곤경에서 — 혹은 저세상으로 넘어 간다는 기대 속에서 — 나를 지탱하고 위로하는지 미리 생각할 수 있다는 것을 의미했다. 나는 삶의 마지막 단계로 가고 있는 이 여정에서 벌써부터 중요한 구절과 그림과 함께하고 있다. 우리 공동체에서는 아직 이런 가능성에 대해 논의하지 않았다. 어쩌면 우리도 그렇게 할 것이다. 어떻든 이 아이디어는 내게 영감을 주었다. 이따금씩 내가 무엇을 바라게 될지 생각해 본다. 내 삶 전반에 걸쳐 중요했던 몇 가지일 것이다.

죽음을 외면하지 않고 마지막 단계를 준비해 놓는 것은 중요하다. 그러나 마지막 단계가 실제로 어떻게 오고, 우리가 어떻게 맞이하게 될지는 그 전에는 모른다. 죽음과 관련하여 수도 전통을 살펴보면, 옛 수도승들은 평화로이, 깨어 있는 의식 속에서 눈을 감았다.[187] 첫 수도승이며 은수자인 위대한 안토니우스부터 그랬다. 죽음의 순간에 그는 형제들에게 몇 가지 권고를 해 주었다. 그러고는 형제들을 포옹하고는 "마치 자기에게 오는 영혼들을 본 듯이 그는 그들의 현존으로 인해 기쁨으로 가득 차 — 그는 빛나는 얼굴을 하고 누워 있었다 — 숨을 거두고 자기 사부들 곁으로 갔다."[188]

사부 베네딕도는 심지어 전례적인 방식으로 죽었다고 전해진다. 그는 마지막 순간이 다가오고 있음을 알아차리고 자신을 성당으로 데려가 달라고 하고는 거기서 성체와 성혈을 영했다. 그런 다음 "제자들 손에 의지한 채 하늘을 향해 손을 들고 기도하는 가운데 마지막 숨을 내쉬었다."[189]

이는 너무나 이상적인 모습 같다. 정말 그랬을 수도 있다. 아니면 위대한 사람이 인상적인 방식으로 죽기를 바랬던 사람들의 기대일 수 있다. 어쨌든 이 위대한 두 인물처럼 모든 이가 아주 평화로이 혹은 전례적으로 강건하게 죽기를 원하고 그럴 수 있다고 말하는 것은 잘못이다. 우리는 죽음의 형식을 선택할 수 없다. 이것은 늘 상반된 감정을 일으키는 주제다.

92세 나이로 몇 년 전에 선종한 수녀 작가 질랴 발터Silja Walter의 마지막 일기장은 나를 사로잡았다. 발터 수녀는 원장 수녀의 조언에 따라 죽기 전 몇 주 동안 매일 병실에서 몇 가지 메모를 남겼다. 이 훌륭한 노老수녀가 삶의 마지막 순간에도 얼마나 많은 것에 관심을 가지고 몰두했는지 보면 정말 놀랍다. 그중에서도 깊은 영적 체험에 대한 꾸밈없는 기록들이 가장 훌륭했는데, 그 체험에는 그녀의 고통과 허약함이 드러나 있었다. "고통스럽다. 이에 대해서는 쓸 수가 없다. 그것은 피조물을 관통하는 하느님의 불에서 온다."190 내면에서부터 정화하는 하느님의 불인 고통! "우리에게는 오직 하느님의 위로, 고통과 하느님의 현존을 바라봄밖에 없다. … 고통과 무無에서 하느님을 바라봄."191 이러한 말들은 내면에 고요히 여운을 남긴다.

며칠 후 수녀는 이렇게 썼다 "매일 아침 고통과 정신적 혼란을 통해 그분께 — 바로 전에 수녀는 하늘에 대해서 썼다 — 더 가까이 간다. 깨어 있을 때는 점심 식사 전에 벌써 두렵다. 고통아, 잠잠해져라. 매 순간 견뎌 내야 한다." 그리고 수녀는 이 일기장에서 여러 번 인용한 적이 있는 교황 요한 23세의 말을 연결시켰다. "내가 당신 앞에 있고, 그것으로 족합니다."192 질랴 발터가 죽기 5주 전에 기록한 마지막 문장은 그녀다웠다. 원장 수녀에게 한 말이다. "수녀님의 노고에 감사합니다. 지금 춤추는 것은 당신에게도 나에게도 어려운 일입니다."193 그녀의 삶에서 춤과 글을 쓰는 것은 중요한 역할을 했다. 춤은 그녀가 하느님을 체험하는 중요한 요소였다. 이 순간부터는 더 이상 할 수 없다. 아니면 고통과 약함으로 인해, 그녀에게 중요했던 내적 자세를 유지하기가 이제는 힘들고 어렵다는 뜻일까? 그러나 춤에 대한 기억은 그녀 안에 분명히 동경으로 그리고 정신적 현실로 깨어 있다. 그녀는 괴로워하는 동시에 사랑한다. 그녀의 정신적인 삶의 깊이가 고통을 앗아 가진 못하지만 위대한 결합 안에서, 깊은 경험 안에서 고통이 조금 줄어든다.

칼 라너는 한 걸음 더 나아간다. 노년의 의미와 상태에 대한 깊은 성찰 끝에 그는 이렇게 단언한다. "신체적 고통과 영혼의 혼란스러움과 우울은 우리를 전복시킬 수 있다." 그 속에서 우리는 더 이상 우리 삶을 제어할 수 없다. 고통과 정신적 혼란은 우리가 그전에 구상한 노년의 삶의 모습을 무너뜨릴 수 있다. "우리는 우아한 노년과 '아름다운' 죽음을 위해 기도할 수 있다. 그러나 노년과 죽음이 실제로 어떤 모습으로 다가올지는 하느님만 아신다. 노년의 과제는 우리에게 다가오는 이런 미지의 노년기와 죽음의 상황을 제때 받아들이고 아는 것이다. 우리가 의지할 데 없는 패자라면 모든 것이 은총일 수 있다."194

이 위대한 철학자는 망설임 없이 정신적 혼란 또한 운명으로 고찰했다. 그는 공황 상태에 빠지지 않고 정신적 혼란을 '제때'에 운명론인 수동적 태도가 아니라 의식적인 순종, 내적 동의로 받아들였다. 의지할 데 없는 패자가 하느님의 손안에서 완전히 승리하게 되는 것은 그의 신앙적 지평에서는 오히려 은총일 수 있다. "의지할 데 없는 패자"란 표현은 라이너 마리아 릴케Reiner Maria Rilke의 시 「바라보는 사람」Der Scahende을 연상케 한다.

> 승리는 그를 초대하지 않는다.
> 그의 성장은 더욱 위대한 자에게 늘
> 비참한 패자가 되는 것이다.

스스로 패자가 되는 것, 최후의 가장 비참한 패자가 되는 것에서 성장이 일어난다. 위대한 자가 모든 것을 좌우하기 때문이다.

여기서는 평범한 생각과 논증들이 끝난다. 중요한 것은 '제때'에 성취될 마지막 놓아 버림에 대해 예감하는 것이다. 극도의 고통스러운 죽음이나 정신적 혼란을 실제로 겪게 될 때 어떻게 느낄지는 새로운 질문이다. 그러나 그 전에 충분히 생각해 보는 것은 어쨌든 중요한 일이다.

칼 라너는 실제로는 이러한 운명을 겪지 않았다. 심한 신체적·정신적 고통을 겪으며 생을 마감해야 했던 사람에 대해 이야기해 보

자. 미국의 트라피스트회 요셉 수도원 아빠스 토머스 키팅이 역시 트라피스트회 성령 수도원 아빠스를 지낸 바실 페닝턴Basil Pennington 의 장례미사에서 한 강론을 인용하고자 한다.[195] 토머스 키팅과 바실 페닝턴은 몇몇 남녀 수도자들과 함께 그리스도교 전통에 기초한 '향심 기도'(Centering Prayer)를 개발했다.

바실 페닝턴은 큰 교통사고를 당했고, 두 달 이상 병상에 누워 고통스럽게 지내다 선종했다. 그 시간 동안 그는 깊은 절망에 빠져 있었다. 그는 대단히 활동적이었고, 재주가 많았으며 달변가였다. 이제 그는 침대에서 꼼짝도 못하고 누워 있어야 했고 말도 거의 할 수 없었다. 그리고 영혼도 어두워졌다. 토머스 키팅은 장례미사의 감동적인 강론에서 이런 상황과 그들이 함께한 관상의 길의 배경도 설명했다. 그 외에도 그는 바실의 상황이 영적 길을 가고 있는 모든 이에게 깊은 역설을 드러내고 있으며, 그의 마지막 날들이 우리에게 이렇게 말하고 있는 듯하다고 했다. "당신이 귀하게 여기고 사랑한 모든 것, 그것이 당신의 일이든 재능이든 열망이든 모든 것을 놓아 버려야 한다."

많은 사람이 두 달 동안 병실에 누워 있는 이 시간이 바실에게 연옥과 같았을 거라고 하지만 키팅은 이 시간이 그에게 지옥과 같았을 거라고 한다. "이 사고로 인해 그의 몸과 마음은 회복이 불가능할 정도로 산산이 부서졌다." 그는 사도신경의 '예수님이 저승에 (내려)가시어'라는 문장을 가리키면서 이 아래로 내려감은 인간의 상황을 상징한다고 했다. 내려감은 "정신적 질병 같은 끔찍한 시련,

억압, 가난, 폭력, 그리고 이와 관련된 모든 공포"를 상징한다. 예수님과 함께 '지옥'을 통과해 이 길을 가는 것은 그분과 함께 부활로 가는 것을 의미하기도 한다. 토머스 키팅은 바실이 죽기 직전에 "온전히 하느님의 뜻과 예수님과 성모님의 사랑에 나를 맡긴다"고 하면서 이 길로 갈 마음의 준비가 되었음을 표현했다고 한다. 혹독한 통증과 정신적 어둠에도 그는 이 내맡김을 예수님과 함께 "지옥을 통해" 부활로 가는 길을 준비하는 것이라고 정의할 수 있었다.

그런 다음 키팅은 페닝턴의 지도력에 대한 뜻밖의 견해를 덧붙였다. 고통을 통한 이러한 길은 "섬기는 리더십, 무기력에서 벗어나게 하는 능력의 한 형태일 것이다". "나는 이것이 지금 혹은 미래에 가장 효과적인 리더십의 형태일 것이라고 본다. 사람들은 자만, 오만불손, 권력 그리고 특히 폭력성을 충분히 지니고 있다."

이는 극단적인 표현이다. 이 표현들은 이 두 수도자의 대단히 활동적이고 창조적인 삶과 그들의 깊은 신앙과 기도 생활을 배경으로만 이해할 수 있다.[196] 그것은 결국 외적이고 열성적인 행위가 아니라 놓아 버림이다. 칼 라너의 말대로 우리는 "패자가 되는 경험"에서부터 은총과 성장에 대해 말할 수 있다. 은총과 성장은 우리의 긴 여정을 넘어서는 명확한 과제이기 때문에 패자가 되는 것은 활동적이고 창조적인 삶과 리더십의 반대말이 아니다. 그것은 한없이 깊은 약함과 무력함이 성장의 새로운 형태가 될 수 있음을 말한다. 이와 같은 상황이 두려울 수도 있다. 그러나 그 상황이 품고 있는 희망이 함께 올 수 있다는 것을 알고 묵상해 보아야 한다.

삶의 마지막을 힘들게 하는 것이 건강상의 문제만은 아니다. 평화롭게 죽음을 맞지 못하게 하는 과거의 짐도 있다. 이에 대해서 영국 웨스트민스터 추기경이었던 베네딕도회 바실 흄 Basil Hume이 전하는 희망이 가득 담긴 이야기가 있다. 한 장례미사에서 사제가 "우리를 기다리고 있는 심판에 대해 이야기해 보겠습니다"라고 했다. 심판과 지옥에 대한 말이 나올 거라 생각한 참례자들은 두려움과 당혹감이 들었을 것이다. 그러나 사제는 "심판은 자비롭고, 함께 괴로워하시는 하느님께 내가 아직 한 번도 이야기할 수 없었던 내 인생을 속삭이는 것입니다"라고 말을 이어 갔다. 자신의 삶에 관한 모든 것을 말해도 된다. 그분은 큰 귀와 넓은 마음으로 듣고 계신다. 바실 흄은 이에 대하여 설명한다. "우리가 자비롭고 연민 가득한 하느님의 현존 안에 있다는 생각에 얼마나 힘이 솟아나는가! 하느님은 내가 나 자신에 대해 아는 것보다, 다른 모든 이가 나에 대해 아는 것보다 훨씬 더 잘 아시고 나를 완전히 아신다. 내 안의 혼란 속에서, 또 여러 곳에서 뒤죽박죽된 인생을 중심으로 이끌어 가고, 거기에 의미를 주는 유일한 분이시다."[197]

이는 놀라운 생각이다. 나는 비난받지 않을 것이다. 내 역사를, 나의 역사 전부를 이야기할 수 있다. 나는 어떤 것도 빠뜨려선 안 되고, 모든 것을 있었던 그대로 두면 된다. 그리고 거기에는 이 모든 혼란 속에서 의미를 부여하고, 중심을 찾아 주고, 어떤 삶인지 눈앞에 훤히 밝혀 주시는 하느님이 계신다. 이는 우리 인생에서 일어나는 모든 문제를 풀어야만 하는 것은 아니라는 희망의 표징이다. 이는 자극제며 희망이다. 결국 우리가 우리 삶을 스스로 이야기하고 해명해야 하는 것이 아니라 숨기거나 강요받지 않고 모든 비난을 그분의 손안에, 따뜻한 마음에 맡길 수 있음을 상징한다.

이와 관련해 한 사람이 생각난다. 멋진 전성기를 보냈으나 고통스러운 비난을 떨쳐 낼 수 없었던 한 사람과 대화를 나눈 적이 있다. 그는 작별하면서 내게 "인생은 지우개가 없이 그린 그림과도 같다"라는 글이 포장지에 쓰여 있는 지우개를 하나 주었다. 그는 화해한 사람처럼 환하게 웃었다. 나 자신을 위해서, 또한 그를 생각하면서 그 지우개를 아직도 책상 위에 두고 있다. 결정적인 것은 우리가 아무것도 지울 필요가 없고, 부끄러워하며 숨기지 말아야 한다는 것이 아니다. 그것을 이해하고, 그것을 해석할 수 있고, 마침내 그것을 당신의 빛으로 환히 비추시는 분께 맡길 수 있는 것이다.

삶 전체에 대해 화해한다는 이러한 관점은 '죽다'(das Zeitliche segnen – 단어 그대로 '이 세상을 축복하다'라는 뜻이 있다 – 역자 주)라는 표현에서도 나타난다. 이 말은 '죽다'라는 의미로 사용되는 관용구지만 성경에서 전승된 종교적 전통에 배경을 두고 있다. 창세기 49장에서는 성조 야곱이 죽기 전에 열두 아들을 불러 한 사람씩 축복한 이야기를 전하고 있다.

케냐에 있는 부족은 노인이 임종 전에 침상에 둘러선 자녀들과 손자들에게 축복을 주는 것이 관례라고 한 아프리카 수사가 이야기했다. 그 행위는 자녀들과의 화해, 그들의 미래에 축복을 기원하는 표징이다. 자기 자신의 삶과 화해하는 표징이기도 하다. 몸짓으로 "이제는 모든 것이 좋다!"고 말한다. 이런 삶의 축복은 다음 세대들에게 계속 전해진다. 삶을 긍정하는 이런 예식은 자기 자신과 화해했음을 표시하는 동시에, 후손들을 위한 축복의 표현이기 때문에 우리 시대에도 되살리는 것은 의미가 있다고 생각한다.198

죽음과 관련하여 아직도 생각해 볼 것이 많지만 이쯤에서 마치려고 한다. 이를테면 '삶의 마지막 시기가 다가오고 있으며 이 시기를 긍정적으로 살 수 있는 다양한 가능성들은 무엇일까?' 하는 것 등이 남아 있다. 다행히 많은 책이 죽음을 긍적적인 관점에서 새롭게 이해하고 있다. 또한 거기에서는 새로운 전망을 열어 주고 죽음과, 죽음과의 관계를 자유롭게 해 주는 자극들을 만날 수 있다.199

맺음말

새로워지면 성장한다

노년의 삶의 단계에 관해, 그것과 관련된 문제들과 가능성들에 관해 이야기해 보았다. 그러면서 과거 역시 바라보아야 한다는 것을 제시했다. 노년기를 의미 있고 풍요롭게 보내기 위해서는 삶 전체를 바라보는 것이 필요하다. 얼마 전 한 학회에서 인구통계학적 변화, 고령화가 미래에 미치는 영향, 고령화에 따른 대책에 대한 질문이 제기되었다. '고령화사회'라는 주제에 고정시키는 것은 특별히 의미가 없고, '수명이 길어진다'라는 주제가 더 중요해졌다.[200]

우리는 지난 어느 세대보다 오래 살고 있다. 그래서 우리 스스로 더 장기적인 계획을 세워야 한다. 개인적으로 혹은 사회가 하는 결정들은 수십 년 후에도 개인에게 영향을 준다. 개인적인 영역에서와 마찬가지로 정치·사회 분야에서도 빨리 성공하고 어떻게 하면 먼저 기회를 잡느냐만 살피게 되면 장기간에 큰 영향을 미치는 결정들은 배제된다.[201]

    사회적·정치적 문제들만 중요한 것이 아니다. 개인의 생애도 중요하다. 노년에 다시 한 번 완전히 새로워지는 삶 전체가 중요하다. 내가 살아왔던 인생과 여전히 끝나지 않은 '긴 수명'이 중요한 것이다. 그래서 우리는 우리 역사를 최종적으로 끝맺기 전에, 모든 기쁨과 비난을 숨김없이 영원한 분의 귀에 대고 이야기하기 전에, "지우개 없이 그린 삶의 그림"을 끝마치기 전에 다시 한 번 전체를 바라보아야 한다.

나이 드는 과정에서 우리는 참으로 성장했는가? 우리의 삶이 전반적으로 성장하는 과정이었는가? 출생부터 죽음을 의미하는 삶에 대해 부정적이고 약간 비관적인 견해가 있다. 생물학적으로, 헤아릴 수 없이 많은 몸의 세포들은 서서히 죽어 가고, 성취하거나 이루어 놓은 많은 것을 끊임없이 버리게 하고 혹은 그에게서 앗아 간다. 삶은 지속적인 작별이다.

    그 말은 맞다. 그러나 그것은 주방향이 그렇다는 것뿐이다. 다른 방향에서 삶을 성장 과정으로 보아야 한다. 생물학적으로 몸의 세포들은 변화된 상황에 맞게 끊임없이 새로워진다. 처음에는 전혀 예기치 못했던 많은 것이 삶의 과정에서 능력과 경험, 성공으로 발전할 수 있다. 특히 많은 것이 사라지기 때문에 우리는 새로운 길을 가고, 새로운 것을 감행하고 발견하도록 자주 강요당했다. 원래 우리는 죽음과 성장, 놓아 버림과 새로워짐의 과정을 거듭 체험한다. 오랜 것이 죽었기 때문에 새로운 것이 자랄 수 있다. 그것은 삶의 마지막 단계에 대한 우리의 희망이기도 하다.

여러 해 전부터 사도 바오로의 말씀을 자주 되새긴다. "우리의 외적 인간은 쇠퇴해 가더라도 우리의 내적 인간은 나날이 새로워집니다"(2코린 4,16). 많은 이가 기력이 소모되고 힘을 잃는다. 그럼에도 내면에서 새로운 힘, 새로운 생명이 솟아난다. '쇠퇴하는 과정에서 성장하다!' 교부 아우구스티누스(430년 사망)는 바오로의 이 말을 시편 131장 1절을 주해할 때 인용한다. 그는 "항상 새로운 사람이 되어 늙음이 살금살금 다가오지 못하게 하라"고 한다. 우리가 단순히 성장하고 발전해야 한다는 것이 아니다. "사도는 이 성장에 대해서 '우리의 외적 인간이 쇠퇴해 가더라도 우리의 내적 인간은 나날이 새로워진다'고 정확하게 말한다. 우리가 진보한다는 것은 젊은이에서 어른이 되는 것이 아니라 새로움 자체가 성장해야 하는 것이다."[202] 내면에서부터, 내적인 사람에게서 솟아나는 새로움이 지속적인 과정에서 점점 더 발전해야 한다.

한스 게오르크 비더만Hans Georg Wiedemann 신부는 편안하고 명상적이며 신앙적인 방식으로 노년을 숙고하는 책에서 "영혼은 노화 방지(Anti-Aging)가 필요 없다"라고 했다. 머리말에서 그는 마이스터 엑카르트의 말을 인용했다. "알라, 나의 영혼은 창조되었을 때처럼 젊다. 아직도 여전히 젊다. 그리고 너희는 알라, 영혼이 오늘보다 내일 더 젊다고 하더라도 나를 이상하게 생각하지 마라." 그는 자기 자신에 대해서 이렇게 말한다. "나이가 들고 몸은 늙었으나 나의 영혼은 늙지 않았다. 영혼은 아직도 늘 젊은 남자의 동경과 꿈을 품고 있다. 내 영혼은 늙지 않았고, 앞으로도 전혀 늙지 않을 것 같다." 그러고서 그는 젊은 시절부터 그를 불안하게 한 이 동경에 대해 계속해서 숙고한다. "우리의 모든 동경은 결국 하느님에 대한 동경이다. 내재하는 이 동경은 세상 안에서는 충족되지 않는다." "자비하신 하느님, 나의 동경 뒤에 숨어 계시고, 내 영혼을 젊게 보전하시는 당신께 감사합니다."203

여기서 말하는 젊은 시절과 젊음 유지는 나이를 숨기고 외모를 젊게 보이려고 하는 것과는 전혀 다른 것이다. 새로워짐, 젊음, 젊음 유지는 바로 다른 많은 것이 떨어져 나가 더욱 분명하게 느낄 수 있는 노년의 원천에서 공급되는 것이다. 요르크 징크는 새로운 관점을 제시한다. "우리 삶의 한계를 거슬러 우리 안의 어떤 새로운 것이, 어떤 위대하고 놀라운 것이 시작되려 한다. 그것은 마치 네 안에서 성장하고 싶어 하는 어린아이와 같다. 쇠퇴를 넘어서, 끝을 넘어서 머무르는 것이 삶이다. 영혼 안에서의 새로운 시작, 복음이 말하는 새사람이다."204 여기서 원래 나타내고자 하는 것은 없어지지 않는 삶, 이미 이 세상에서 드러났고 경험할 수 있는 영원이다.

옛 수도승들도 이런 경험에 대해 이야기하고 있다. 요한 카시아누스도 이에 대해 여러 번 말했다. 내면의 길에서 많이 진보했다면

한 인간이 마음의 순결에 이르고, 마음을 어둡게 하고 더럽힌 것이 정화되었다면 그다음에는 영원한 행복을 미리 맛보는 깊은 하느님 체험이 시작된다. 그는 루카 복음 17장 21절과 연결하여 "하느님의 나라는 이미 우리 안에" 있고, 그 하늘나라는 우리의 최종적인 목적지라고 말한다.205 마음 안에서 일어나는 하느님 현존의 관상적인 체험은 이미 저세상을 경험해 보는 가교 같은 것이다.

'긴 수명'과 삶에 대한 문제를 다룰 때는, 죽음 저편에 있는 영역이 삶과 분리된 세계가 아니라 현세의 많은 것과 밀접하게 연관되어 있고 높은 차원에서 일치를 이루고 있음을 분명히 알아야 한다. 그곳에는 시간이 없다. 그곳은 여기 삶에서도 경험할 수 있는 영원한 지금이다. 이런 맥락에서 데이비드 스타인들라스트는 철학적·신비적 전통들과 관련하여 "'지금'을 영원과 시간의 교차 지점"이라 말한다. "영원이란 길고 긴 시간이 아니다. 아우구스티누스가 정의하는 것처럼 영원은 '바로 지금이다'(Nunc stans). 지나가지 않는 지금이다. 이 지금은 우리에게 모든 순간 선물로 주어진다."206 물론 우리가 참으로 우리로 머물고, 피상적인 것을 좇지 않을 때만 그렇다. 그러면 저세상의 시간이 이 세상에 들어와 드러날 것이다.

 그러므로 앞서 언급한 질랴 발터 수녀는 바로 이 '지금'에 사로잡힌 것 같다. 50쪽도 안 되는 그녀의 일기장에는 '지금'이라는 말이 서른세 번이나 나온다.207 어떤 때는 실제로 최후를 부서뜨리려는 듯이 이 지금이 큰 절박함으로 쌓인다. 그녀는 영원한 삶에 대한 신앙의 영광에 대해서 그리고 "골고타가 있고, 부활이 있고, 성령강림이 있고, 지금 그리고 지금 그리고 지금, 언제나 지금 그리고 지금이 있다"[208]고 말한다. 그리하여 '새로운 창조'가 된다.

　새로운 창조의 시작, 최종적인 새로움은 골고타, 부활과 성령강림이 오로지 지금 하나가 될 때 일어난다. 그리스도교의 모든 신비는 오직 이 새로운 창조의 신비를 말한다. "보라, 내가 모든 것을 새롭게 만든다!"(묵시 21,5). 지금의 이 삶은 질랴 발터에게 가교 혹은 도약판이 되었던 것처럼 삶의 마지막 단계에서 더 중요해진다. '지금'에 서 있기 위해서는 삶의 모든 단계가 중요하다.[209] 그러나 결정적인 말, 경우에 따라서는 모든 관상적인 경험의 길에서 결정적인 경험 또한 매우 중요하다.[210]

　유명한 소설 『카라마조프가의 형제들』에서 인상적인 구절이 떠오른다. 도스토옙스키는 소설의 등장인물 스타레츠 소시마의 입을 빌려 이렇게 말한다. "나는 매일 해가 떠오르는 것을 축복한다. … 그러나 나는 일몰을 더 사랑할 준비를 하고 있다. … 내 삶이 곧 끝날 것임을 알고 있고 듣고 있다. 그러나 남아 있는 날마다 지상의 삶이 새롭고, 무한하고, 알 수 없는, 그러나 가까이 다가와 있는 다음의 삶과 연결되어 있음을 느낀다. 그 가까움이 내 영혼을 기쁨으로 전율케 하고, 정신을 비추고, 마음에 행복한 눈물을 흘리게 한다."

　알 수 없는 저세상의 삶이 벌써 다가오고 있다. 가까이 다가올수록 영혼을 감동시켜 빛을 비추고 기쁨과 행복으로 눈물을 흘리게 한다. 일몰은 비애를 느끼게 하고 의기소침하게 할 수도 있지만 전혀 새로운, 전혀 다른 것으로 넘어감, 마음을 기쁨으로 전율케 하는 변화를 상징한다.

다른 세상으로 눈을 돌려 보는 것은 케냐에 있는 키쿠유Kikuyu 부족의 전통에서도 볼 수 있다. 나이 든 사람이 자신의 삶이 끝나가고 있음을 깨달으면 그들은 '사망' 혹은 '죽음' 같은 단어를 사용하지 않고 다른 긍정적인 말로 표현한다. 다른 이의 죽음에 그들은 "그는 자기 조상들에게로 갔다, 그는 지금 평안히 쉬고 있다, 그는 전능하신 분으로부터 부름을 받았다, 비가 결코 그치지 않는 곳에 있다" 등으로 말한다. 특히 비는 비옥함을 뜻하므로 마지막 문장은 풍요로움을 상징한다. 죽음에 대해서 '끝난다'와 같은 부정적인 표현을 피한다. 그들은 언어에서부터 '저쪽을' 또는 '저쪽에서' 오는 것을 바라본다.[211]

나이로비에 있을 때 신문에서 "삶의 축제"라는 제목의 부고장을 자주 보았다. 아직도 기억하고 있는 부고장이 있다. 창이 넓은 모자를 쓴 90세쯤 되는 부인이 즐거운 표정으로 미소 짓고 있는 사진도 있었다. 그 부인에게는 많은 손자와 증손자가 있다고 쓰여 있었다. 그 모든 것은 강한 현세적인 생명력의 표현이었으며 동시에 저 세상에서 기다리고 있는 축제에 대한 즐거움의 표현이기도 했다.

수도 교부 안티오키아의 이사악Isaac Antiochenus(460년경 사망)은 의인은 노년에도 열매를 맺는다고 하는 시편 92장 15절과 연결하여 수도승들이 어떻게 노년에도 피어날 수 있는지 설명하고 있다. "늙어서도 그는 새롭게 다시 피어날 수 있다. 그가 시편의 노래에서 다시 젊어진다는 것에 동화되기 때문이다. 그리고 그는 성령의 신비를 듣기 때문에 강하고 우아해진다."212 성가를 부를 때 노래하는 이가 다시 '회춘'에 동화된다는 것은 아름다운 표현이다. 이는 저세상의 새로움, 저세상으로 넘어가 그곳에 존재하는 새로운 창조를 뜻한다.

모든 것이 깊이 묵상하게 하고, 새로운 세상을 알리고, 다가올 것을 맛보게 하는 말과 표징이다. 그럼에도 여전히 고통과, 화해할 수 없는 분열과 함께 살아가고 있는 것 또한 사실이다. 둘 다 맞다. 둘 다 현재다. 한 번은 이런 식으로, 한 번은 또 다른 방식으로 나타난다.

요한 카시아누스는 갑자기 올 수 있는 관상기도의 천상적 기쁨에 대해, "그러나 알 수 없는 이유로 갑자기 매우 강한 공포와 설명할 수 없는 슬픔으로 다시 의기소침해진다"라고 묘사했다. 그러면 "우리의 탄식과 노력에도 불구하고 정신이 — 하느님을 향해 있는 — 예전의 목표로 되돌아갈 수 없어서 수도승은 방 안에 거의 머물지 못하고, 거룩한 독서와 기도도 더 이상 기쁨이 되지 않는다."213 카시아누스는 수도승이 기도 안에서 진보할수록 더욱더 큰 혼란과 슬픔의 격렬한 단계를 겪어 내야 한다고 덧붙여 말했다. 이는 영적 여정에 속하고 위대한 인간의 내적 정화 과정에 속한다.

바오로 사도는 카시아누스처럼 기도에만 한정하지 않고, 우리 삶에서 상반된 가치를 동시에 함유한 상황들을 묘사하고 의미를 부여할 수 있는 표상을 제시한다. "우리는 살아 있으면서도 늘 예수님

때문에 죽음에 넘겨집니다. 우리의 죽을 육신에서 예수님의 생명도 드러나게 하려는 것입니다"(2코린 4,11). 이 구절은 많은 것을 말하고 있다. 내게 이 구절은 우리 관계에서, 내 삶의 많은 상황에서 의미가 있다. 육체적인 이 현세의 삶에서 우리는 많은 상처와 아픔을 우리 몸에 짊어지고 산다. 생명을 위협하는 사고도 있을 수 있다. 많은 것을 우리는 항상 혹은 아주 오랫동안 풀지 않은 채 지고 다닌다. 그럼에도, 우리가 살아온 긴 삶을 바라보면 분명히 감사한 마음이 들 것이다. 이 육체적인 현세의 삶에서 많은 신적 생명을 볼 수 있었고, 많은 것이 파괴되지 않고, 매우 아름답고 새로워질 수 있었다. 심지어 우리가 많은 것을 어떻게 무사히 극복했는지 볼 수 있을 것이다. 우리 육신은 삶의 정점과 나락, 기쁨과 고통이 새겨진 삶의 역사의 기록이자 상징이다. 그러므로 우리의 온 삶이 예수님의 삶, 그분의 고통과 그분의 불멸의 삶과 점차적으로 하나가 된다는 것을 안다.

바오로 사도는 몇 구절 뒤에 우리가 비록 쇠퇴해 가더라도 "나 날이 새로워질" 수 있다고 전한다. 우리가 이런 상반된 가치를 지닌 상황들을 다루는 데 도움이 될 수 있는 구절이 이어진다. "우리가 지금 겪는 일시적이고 가벼운 환난이 그지없이 크고 영원한 영광을 우리에게 마련해 줍니다. 보이는 것이 아니라 보이지 않는 것을 우리가 바라보기 때문입니다. 보이는 것은 잠시뿐이지만 보이지 않는 것은 영원합니다"(2코린 4,17-18). 보이는 것과 피상적인 것을 응시하지 마라! 부정적인 것에 집착하지 말고 사물 이면에 숨은 것을 깊이 들여다볼 수 있어야 한다. 나이가 들수록 어떤 것이 떠나고 남기는

것, 보이는 것 이면의 의미를 보는 법을 배워야 한다

이 모든 것이 순수하게 영적인 공간 안에서만 이루어지는 것은 아니다. 삶의 구체적인 현실에서 신앙의 역사와 같은 방법으로 이루어진다. 그리고 우리가 이 책에서 살펴본 모든 것은 구체적인 삶에서 영향을 미치고 '육화'될 수 있을 때만 가치가 있다.

수도 공동체 역사서 머리말에 쓰인 감명 깊은 문장을 여기에 덧붙이고 싶다. 개인의 삶의 역사와 신앙의 역사, 노년의 삶에도 어울리는 글이다.

"그리스도교 신앙은 분명하게 이해된 가르침과 정갈한 전례만으로, 윤리와 율법만으로, 기도와 성령만으로 이어지지 않는다. 그리스도교 신앙은 가지 않은 길, 낡은 신발, 잃어버린 것들, 바라봄과 만남으로도 이어진다. 그러나 무엇보다 그리스도교 신앙은 역사, 바로 복음 선포의 역사를 통해 이어진다. 그리스도교 신앙은 함께 체험한 것에서, 함께 견뎌 낸 것에서, 또한 고요한 고독에서 이어진다. 그리스도교 신앙은 믿음과 희망으로, 새로운 샘이 솟아나는 절망으로, 기대하지 않은 새 출발 그리고 그런 것을 기억하면서 이어진다."214

우리 삶을 해석하고 삶에 넓은 지평을 열어 주려는 모든 훌륭한 말, 비유, 목표는 우리 삶은 항상 "부분적"(1코린 13,9)이고, 우리는 오직 길을 가고 있음을 드러낸다. 그러나 그 길이 결국 어디로 인도하는지 우리는 알기 때문에 그것만으로도 충분하다. 이 모든 성찰에 잘 어울리는 마르틴 루터Martin Luther의 말로 끝을 맺는다.

삶은 경건함이 아니라 경건해지는 것이다.
건강이 아니라 건강해지는 것이고,
있는 것이 아니라 되어 가는 것이며,
안정이 아니라 훈련이다.
우리는 아직 우리가 아니라 우리가 되어 가고 있다.
그것은 아직 행하지 않았거나 이루어지지 않았지만
진행 중이고 움직이고 있다.
끝이 아니고 길이다.
모든 것이 아직 타오르거나 빛나지 않지만
모든 것이 정화되고 있는 중이다.

부록

아빠스 퇴임 후 프랑크푸르트 방송국 종교 담당 기자 클라우스 호프마이스터와의 인터뷰

물러남과 나아감

피델리스 신부님, 신부님은 23년 이상 뮌스터슈바르작 수도원의 아빠스로 계셨는데 2006년 4월 24일 퇴임하셨습니다. 그것은 수도원 규칙에 따른 퇴임이었습니까? 아니면 신부님이 선택하신 것이었습니까?

아빠스 임기는 '한정되어 있지' 않습니다. 우리 수도 규칙에 그렇게 되어 있습니다. 예전에는 가능한 한 죽을 때까지 '평생' 아빠스 직을 수행해야 했습니다. 그러나 그것은 후에 '한정되지 않은 시간'이란 문안으로 바뀌었습니다. 다시 말하면, 언제가 물러나기 좋은 때인지 스스로 결정할 수 있고 또 결정해야 한다는 것입니다.

신부님은 물러날 시간이 되었다는 것을 어떻게 아셨습니까? 외적 동기가 있었습니까? 아니면 완전히 내면에서 진행된 것이었습니까?

그 결정은 저 자신과 우리 공동체의 관점에서 하게 된 것이었습니다. 점점 피곤하고, 체력이 떨어지고, 무엇보다 긴장감이 떨어지고 끊임없이 활동해야 하는 것이 점점 힘들게 느껴졌습니다. 이렇게 큰 공동체의 장상은 체력이 좋아야 하는데 23년이 지나면 지치고 힘이 다 빠질 수 있지요. 그것이 한 가지 이유였습니다. 또 다른 이유는 어떤 방식이든 리더십은 일방적입니다. 저도 그랬습니다. 그러니 다른 스타일이 공동체에 들어오기 위해서는 언젠가 물러나야 한다고 생각했습니다. 그리고 또 다른 이유는 젊은 세대가 성장했다는 것을 의식했습니다. 수도원 안에서 이미 다음 세대의 수사들이 대부분의 직책을 맡고 있고, 그들 모두가 책임감 있게 일하고 있습니다. 이것이 이 세대에게 책임을 완전히 넘겨줄 시간이 되었음을 깨닫게 해 주었습니다.

앞서 말씀하신 것처럼 신부님은 23년 동안 아빠스로 계셨습니다. 신부님의 전임 아빠스는 얼마 동안 재임하셨습니까?

저는 수도원이 재건된 이래 네 번째 아빠스였습니다. 모두 22년 혹은 23년 동안 재임하셨습니다. 그분들은 재임 중에 건강이 많이 좋지 않아서 사람들은 시간이 되었다는 것을 알아차릴 수 있었습니다. 그러나 저는 아직 건강한 편이어서 건강이 문제가 될지는 확실하지 않았습니다. 여기에는 분명한 차이가 있지요.

그래서 퇴임을 발표했을 때 사람들이 의아하게 생각했겠군요.

네, 사람들은 "당신은 아직 할 수 있습니다. 당신은 아직 건강해 보입니다"라고 거듭 말했습니다. 그러나 저에게는 '내가 어떻게 보이는지 혹은 내가 아직도 내 일을 어떻게든 할 수 있는지'가 중요한 것이 아니었습니다. 앞에서 이미 그것에 대한 저의 기준을 설명했습니다. 결정적인 질문은 '언제 이 직책을 내려놓는 것이 내게 의미 있으며 공동체의 미래를 위해 중요한가?' 하는 것이었습니다. 아프리카 전통에는 부족의 족장은 적절한 때에 책임을 평화롭게 젊은 이에게 넘겨줘야 한다는 규정이 있습니다. 그렇지 않으면 부족이나 종족의 삶에 해가 될 수 있기 때문입니다. 어떤 대가를 치르더라도 직위에 머무르는 것이나 지도자의 명예가 중요한 것이 아닙니다. 공동체의 번영이 중요한 것이지요. 물러나는 것도 공동체에 봉사하는 지도자가 져야 할 책임의 일부입니다.

우리는 신부님이 그런 결정을 하시게 된 기준에 대해 이야기하고 있습니다. 그러면 '나는 어떤 일을 성취했다, 어떤 일이 완성되었다'는 느낌도 있었나요?

전혀 없었습니다. 우리처럼 큰 공동체에는 늘 건축 공사가 있고, 끝나지 않거나 극복할 수 없는 주제, 미결인 채로 있는 문제가 있습니다. 이런 일들이 마무리되지 않았고 5년 후에도 아마 그럴 겁니다. 그러나 나 없이도 진행될 추진력이 있다고 느꼈습니다. 그것이 나에게 결정적인 것이었습니다.

아빠스가 되신 지 25주년이 그리 멀지 않았었는데, 그때가 더 좋은 시점이 아니었을까요?

생각해 본 적은 있지만 그건 다만 외적인 기준일 뿐이라고 생각했습니다. 선출될 때 재임 기간이 정해져 있었던 것은 아니었기 때문에 저 자신이 한계를 찾고 퇴임 시기를 정해야 합니다. 이는 재임 기간에 대한 역동적인 합의이지요. 그래서 저를 위해서 그리고 공동체를 위해서, 좋은 때가 언제인지 내면에서부터 느끼고 올바른 시점을 찾아야 한다고 생각했습니다. 저는 그렇게 했고, 또 잘되었다고 생각합니다.

'물러남'이란 주제에 대한 논쟁은 그러니까 신부님 자신과 공동체의 상황에 늘 깨어 있음이 요구되는 내면의 과정이었군요. 명확해지기까지 얼마나 걸렸습니까?

벌써 몇 해 전부터 체력이 떨어지고 신체적·정신적 한계에 이르렀음을 자주 느꼈습니다. 퇴임하기 약 2년 전에 공동체 회의 시간에 제가 두서너 해 뒤에 퇴임할 것이라고 간단히 청하며 말했습니다. 그러면서 나는 앞에서 언급한 세 가지 기준을 말했지요. 나는 아주 분명하게 말했으나 많은 이가 그 말을 잊어버렸거나 귀담아듣지 않았습니다. 그래서 제가 실제로 퇴임을 공언하자 그들은 대단히 놀랐습니다. 그러나 그들은 곧 제가 한 말을 기억해 냈습니다. 그리고 내가 제때에 미리 알렸다는 것이 기뻤습니다.

아빠스는 영적인 직분입니다. 아빠스라는 말은 그리스어에서 온 말인데, 곧 공동체의 아버지라는 뜻이지요. 그렇다면 영적 아버지라는 아빠스직을 그만둘 수 있습니까? 육적 아버지는 살아 있는 동안 자녀들에게 아버지입니다.

교회법상 영적 직분은 끝이 있고 후임자가 정해진다는 규정이 있습니다. 아빠스에게도, 교황에게도 그렇습니다. 육적 아버지도 마찬가지지요. 서서히 책임을 내려놓고 자녀들을 놓아야 합니다. 아버지가 영원히 그들을 책임질 수 없습니다. 그는 다른 방식으로 아버지가 되는 것을 서서히 배워야 합니다. 내가 퇴임했을 때 친구가 마르셀 르고의 글을 보냈습니다. 르고는 성공한 교수로서의 삶을 포기하고 농부가 되어 프랑스 알프스 산에서 살았습니다. 그는 많은 사람의 영적 스승이 되고 길잡이가 되는 제2의 삶을 살기로 결심했습니다. "부성은 점진적으로 변해야 하고 요청받아야 한다"고 했습니다. 이 글은 제가 느낀 것을 표현하고 있었습니다. 몇몇 동료 수사에게 그것을 말했을 때 그들은 제가 없으면 아쉬울 것이라고 했습니다. 그래서 저는 그들이 원한다면 기꺼이 공동체에 머물러 있겠다고 했지요. 그러면 저는 저의 작은 능력과 경험을 전할 수 있을 것이라고 했습니다. 그러나 공동체와 후임자가 그것을 원해야만 합니다. 그 외에도 그것은 — 우리는 영적 아버지의 신분에 대해서 말하고 있지요 — 결정하고 조직하는 일에 관한 것만이 아닙니다. 이 직무는 강한 정신적 특징을 지니고 있습니다. 즉, 기도하고, 묵상하고, 강복하는 것이 그 직무에 결정적인 역할을 합니다. 그것은 보이지 않습니다. 그러니 후계자와 경쟁을 하지 않습니다. 우리는 예전의 직무를 근거로 요구하지 않고 매우 의식적이고 긍정적으로 공동체에 있을 수 있습니다.

아빠스 재임 기간이 정해져 있지 않은 것에 대해 원칙적으로 신부님은 어떻게 생각하십니까? 신부님의 선교 베네딕도회 연합회에서는 선출직인 아빠스의 재임 기간을 12년으로 한정 지을 가능성이 있습니까? 물론 누군가 선출되기 전에 3분의 2이상의 찬성을 얻어야 결정되겠지요. 우선적 선택 사항은 예전과 같이 한정되지 않은 재임 기간에 대한 선출이겠지요. 그것이 의미가 있다고 생각하십니까?

저는 아빠스의 재임 기간이 한정되지 않은 것에 대해 늘 찬성했습니다. 저의 경우를 되돌아보아도 그렇고요. 제 후임자를 선출할 때 혹시 그분이 12년이라는 재임 기간을 정해 두고 선출될 것인가 하는 것은 전혀 중요하지 않습니다. 분명 공동체도 그렇게 경험한 것 같습니다. 재임 기간을 정하지 않는 것이 공동체에 가장 좋고 지금까지 우리 경험을 보아서도 가장 적합합니다.

신부님이 보시기에 12년이라는 재임 기간이 아빠스가 무엇을 하기에 충분한 시간 이라고 생각하십니까, 아니면 짧다고 생각하십니까?

일반적으로는 12년 동안 아주 많은 일을 할 수 있습니다. 그러나 저의 경험만을 기준으로 대답하고 싶습니다. 저는 마태오 복음 23장 8절의 "너희는 모두 형제다"를 사목 표어로 정했습니다. 저의 근본 관심사는 형제적 공동체의 발전이었습니다. 우리는 대체로 권위적인 전통 안에서 살아왔습니다. 교회, 사회의 여러 곳에서 그랬지요. 아직도 부분적으로 그렇고요. 우리가 함께 힘을 합하고 공동으로 책임을 질 때만 미래가 있다는 것이 저에게 분명했습니다. 제 사목 표어가 바로 제가 표현하려고 한 것입니다. 그러나 서로 함께 하는 새로운 방식으로 이렇게 큰 공동체를 이끌어 가는 데는 시간이 필요합니다. 공동체는 서로서로 대화하고 비판적인 대화를 이끌어 가거나 지치고 힘든 결정 과정을 받아들이는 데 열려 있는 경험이 많지 않았습니다. 그 외에도 영적 주제와 경험에 대한 개인적인 방법에 대해 서로 교환하고 능력을 어떻게 발전시킬 수 있는가 하는 문제도 중요했습니다. 그것이 영적 공동체 안에서 당연한 것은 아니지만 수도원의 영적 건강을 위해서는 결정적인 것입니다.

이 모든 것을 위해 우리는 인내하면서 더 나은 대화 문화를 연습하고 좋은 구조를 찾아야 했습니다. 대단히 느리고 힘든 과정이었습니다. 모든 것은 성장하는 데 시간이 필요하고, 실패에서도 새로운 길을 찾아 앞으로 나아가게 하는 용기와 인내가 필요합니다.

아빠스라는 직책을 목표를 설정하고 실현시키는 기업의 사장으로 생각해서는 안 되겠습니다. 분명히 많은 것을 조직하는 자리인 듯합니다.

예를 들자면, '나는 그것을 원한다, 그것을 하고 싶다 혹은 성취하고 싶다'고 말하면서 그에 수반된 특별한 '행정 프로그램'이나 그와 비슷한 것이 제게는 없습니다. 방법적인 단초가 있다고 할 수 있지요. 저의 바람은 우리 공동체가 어떤 특정한 방식, 바로 형제적인 공동체로 발전하는 것이었습니다. 거기에는 구체적인 계획이 중요하지 않습니다. 현안들을 어떻게 가능한 한 제대로, 가능한 한 공동으로 처리하느냐가 중요한 문제입니다. 우리가 활발하게 의견을 교환하면 새로운 계획은 저절로 생깁니다. 그 계획들은 아빠스가 규정한 것이 아니라 공동체에서 성장한 것이고, 공동체가 그 계획과 자신들을 동일시하게 됩니다. 그러나 앞서 말한 대로 이런 함께함을 쉽사리 결정하거나 지시할 수는 없습니다. 이는 여러 해를 거치면서 성장해야 하고 개인의 내면에 각인되어야 합니다. 그래야 이 기본적인 자세가 지속적으로 공동체를 형성해 나갈 수 있습니다.

신부님의 리더십에서는 '지속적인 영향을 미치게 이끄는 것'이 중요해 보입니다. 아빠스로서는 이 말을 어떻게 이해하셨습니까?

리더십 혹은 업무와 공동체를 함께 이끌어 가는 것은 긴 시간을 투자하는 것을 의미합니다. 저는 책임자가 어려운 상황에 있을 때 "소임이 끝나는 2년 정도는 때울 수 있다" 혹은 공동체 사이에서 "그의 소임이 곧 끝난다"라고 소곤거리는 말을 종종 들었습니다. 그런 말을 들으면 늘 기분이 좋지 않습니다. 함께 더 잘해 보려는 노력을 포기하고 단순히 시간이 해결해 주기를 기다리는 것입니다. 저는 다릅니다. 저도 때로는 일이 잘못 진행되고, 방해받는다는 느낌이 들었습니다. 혹은 나 스스로와 우리 모두가 어떻게 헤쳐 나가야 할지 알지 못했습니다. 아빠스 임기가 정해져 있고 그러고는 끝이 났더라면 저는 아주 기뻐했을 것입니다. 그러나 저는 그냥 뒤로 물러날 수 없고, 앞으로도 오랫동안 아빠스직을 수행해야 한다는 것을 정확하게 알았습니다. 저는 해결책을 찾아야 했습니다. 이 문제 때문에 병이 나고 싶지 않았고 공동체 역시 피해를 입어서는 안 된다고 스스로에게 말했습니다. 그래서 잘 헤쳐 나가기 위해 내가 무엇을 배워야 하는지 숙고했습니다. 이런 순간마다 저는 내적·외적으로 새로운 원천과 자원들을 찾았고, 그럼으로써 점점 풍요로워졌습니다.

    이는 공동체나 나와 문제가 있는 개인에게도 똑같이 적용되는 것입니다. 그들은 내가 오랫동안 이 자리에 있을 거라는 사실을 고려해야 했고 따라서 나와 함께 일을 해 나가야 했습니다. 여러 해 동안 새로운 것을 배우고, 서로가 서로를 방해하는 것이 아니라 모두의 미래를 위해 창조적인 길을 찾기 위해 다 함께 도왔습니다. 서로의, 공동체의 성장을 위한 도전을 받아들인다면 긴 재임 기간은 공동체를 풍성하게 하고 강화하는 데 도움이 될 수 있습니다. 우리의 경우 개인과 공동체 모두에게 그러했다고 저는 믿습니다.

그러니 퇴임은 직무에서 도피하는 것이 아니지요. 베네딕도 16세 교황이 퇴임하셨을 때 이러한 경향에 대해 비판적인 의견들도 있었습니다. '그리스도 역시 십자가에서 내려오지 않으셨으므로 교황은 물러날 수 없다'라고 하는 소리를 들었습니다. 신부님은 이 의견에 어떻게 생각하십니까?

저는 교황께서 충분히 십자가를 지셨다고 생각합니다. 저의 재임 기간을 생각하면 퇴임 또한 쉬운 일이 결코 아닙니다. 그러나 그것은 '어렵다 혹은 어렵지 않다'가 아니라 무엇이 공동체를 위해 좋은 것인가의 문제입니다. 그래서 교황께서도 "저는 나이가 많고 이젠 힘이 없습니다. 제가 계속 교황의 자리에 있다면 교회에 좋지 않습니다"라고 반박했습니다. 그분은 개인적인 동기가 아닌 교회와 함께 반박했습니다.

신부님께서는 2006년 4월 24일에 퇴임하셨습니다. 신부님은 어떻게 퇴임을 실행에 옮기셨습니까? 그런 방식으로 명확하게 드러내고자 하신 것은 무엇이었습니까?

공동체에 일찍 퇴임을 알린 것만이 아니라 그 일로 인해 저에게 있을 일들까지도 미리 설명을 했습니다. 이같이 말할 수 있겠습니다. 제가 완전히 아빠스직에 몰두했었던 것처럼 물러남이 아주 중요했습니다. 저는 제 직분을 아주 진지하게 받아들였고 모든 힘을 다했으며 저 개인에게 중요한 것일 수도 있었던 많은 것을 포기했습니다. 후임자가 완전히 새롭게 시작할 수 있고 그를 방해하지 않기 위해서 제가 완전히 그만둘 수 있을 때 그만두어야 한다고 분명하게 생각했습니다. 그러므로 저는 아빠스라는 명칭뿐 아니라 다른 모든 외적 표시 또는 특권을 포기했습니다. 장상은 한 사람이어야 합니다. 저는 다시 '보통 사람', 평범한 수도자가 되고 싶은 큰 갈망을 품고 있었습니다.

중요한 '외적인 것들'에 관해 계속 이야기를 나누면 좋겠습니다. 신부님은 퇴임 후 관례적인 합의대로 '노老아빠스'가 되셨습니다. 그러나 신부님은 그렇게 불리고 싶지 않으셨지요?

'노아빠스'는 예전에는 없던 아주 이상하고 새로운 말입니다. 저는 사람들에게 그냥 피델리스 신부라고 불리기를 원한다고 말했습니다. 강의를 하러 가면 저를 어떻게 소개하면 좋을지 묻곤 합니다. 그러면 저는 "그냥 피델리스 신부라고 소개하십시오. 원하시면 예전에 뮌스터슈바르작 수도원의 아빠스였다고 덧붙여도 됩니다"라고 합니다. 제가 아빠스였다는 것을 감출 필요는 없지만 이 호칭을 늘 달고 다닐 필요는 없지요.

신부님은 아빠스 십자가 목걸이도 하지 않으십니까? 다른 공동체들에서는 그렇게 하는 것을 종종 봤습니다.

아니요, 십자가도 반지도 없습니다. 그리고 저는 주교 집전 미사도 주례하지 않습니다.

교회법상 그것이 가능한데도 말입니까?

네, 그것은 아직도 가능합니다. 저는 그것을 제 직분의 범위에서 중요하게 생각했고 아주 당연히 그렇게 했습니다. 지금은 제 후임자가 해야 할 일이라고 생각하고, 수도원 안에서나 밖에서나 제가 아직 아빠스인 것처럼 처신해서는 안 된다고 생각합니다. 그렇지 않으면 혼란을 일으킬 수 있습니다. 후임자는 그의 직분의 외적 표시를 받아들이고, 전임자는 참으로 뒤로 물러났고 넘겨주었다는 것을 보여 주어야 합니다. 하여튼 이렇게 하는 것이 공동체를 위해서나 저를 위해서 좋습니다.

그런 다음 신부님은 평수사로서 정해진 '서열'대로 그 자리로 돌아가셨습니다. 어떤 기준을 따른 것입니까?

그것은 수도원 입회 순서와 서원 순서에 따른 것입니다. 이제 제자리에 돌아온 것입니다.

그러니깐 신부님은 장로들의 서열에 따라 성당에서, 식당에서, 미사 입장 때나 어디서든지 앞에서 둘째 자리가 아니라 몇 자리 뒤로 미끄러지셨군요?

예, 아주 급격하게요. 완전히 미끄러졌지요. (웃음)

신부님은 완전히 뒤로 물러나고 싶다고 말씀하셨습니다. 다른 곳에서 좋지 않은 예를 보신 적이 있습니까?

여러 수도원에서 장상이 퇴임할 때 퇴임 그 자체와 그 후에 온갖 어려움이 발생했음을 저는 자주 보았습니다. 남자 혹은 여자 전임 장상에게나 공동체에 많은 문제가 있었습니다. 저와 공동체에게 그런 일을 겪게 하고 싶지 않았기 때문에 왜 그것이 거기서 그토록 어려운지 늘 관찰했습니다. 그래서 저는 이런 방식으로 작별한 것입니다.

신부님은 후임자를 위해 참으로 길을 비우려고 하셨습니다. 물러남을 완전히 행하기 위해 외적 물러남과 함께 내적으로도 준비하셨습니까?

결정이 어느 날 하늘에서 떨어진 것은 아니었습니다. 적당한 때를 알기 위해 오랫동안 고심했습니다. 개인적으로는 퇴임 4개월 전에 결정을 내렸고, 2개월 전에 공동체에 알렸습니다. 그래서 이제 곧 아빠스가 아니다라는 생각에 천천히 익숙해졌습니다. 좋은 과정이었습니다. 이렇게 저는 후임자를 위해 길을 터놓을 수 있었습니다. 새 아빠스 축복식 후 저는 후임자에게 정말 자리를 내주기 위해 이곳을 떠나 아프리카 수도원으로 가서 반 년 동안 살았습니다.

수년간 아니, 수십 년간 하루에도 몇 번씩 가장 앞에서 이 큰 공동체를 이끌며 성당으로 들어가셨습니다. 그런데 지금은 저 뒤 어디에서 뒤따라 들어가십니다. 그것이 신부님께 정서적으로 무엇을 의미했는지 생각나십니까?

결정은 분명했지만 그것으로 인해 어떤 감정이 일어날지는 알지 못했습니다. 마지막으로 성탄과 부활 대축일 미사를 드릴 때 제의를 갖추고 앞에 앉아 있었습니다. 그때 저는 가끔 저 자신에게 말했습니다. "다음 부활 축일 혹은 성탄 축일엔 저 아래 어딘가에 앉아 있게 될 것이다. 그리고 여기, 지금 이 자리에는 아직 이름도 모르는 다른 이, 나와 잘 지낼지, 그렇지 않을지도 알 수 없는 다른 이가 앉아 있을 것이다. 그래도 좋으냐?" 그러고서는 매번 저는 "그래, 그래도 좋다. 지금은 내가 이것을 한다"라고 말할 수 있었습니다. 그렇게 되리라는 걸 알았지만 익숙해지기 위해서 거듭 제게 물었습니다. 예를 들면, 중요한 회의를 할 때 저는 가끔 "다음엔 더 이상 여기 앉아 있지 않을 것이고, 다른 이가 내가 결정했던 것과는 다르게 결정한다면 어떻게 될까?" 하고 묻곤 했습니다. 저는 그것 역시 좋다고 느꼈습니다. 동시에, 시작할 시간이 되었다는 것이 내면적으로 분명했습니다. 그러한 생각들이 이젠 아주 성숙했기 때문에 그 일을 하는 것이 쉽게 느껴졌습니다.

아빠스 퇴임 후 '무엇인가 아쉽다'고 느끼신 적은 없습니까?

아니요, 기껏해야 문제들이 없어졌다는 것입니다. 퇴임 후 첫 주에 저는 모든 것이 아주 가볍고 좋고 편하게 느껴져서 놀랐습니다. 왜 이렇게 좋은지 처음에는 몰랐습니다. 지금까지 끊임없이 지워진 부담과 책임과 관계가 있었다는 것을 서서히 그리고 어렴풋이 알게 되었습니다. 그것들이 갑자기 사라졌습니다. 그러자 왠지 모르게 아쉬워졌습니다. 그러나 그것은 저를 행복하게 한 아쉬움, 부족함이었습니다.

그렇다면 형제들 무리로 들어간 것이 좋았습니까?

예, 긴장이 풀렸습니다. 계속해서 첫째 사람인 것은 저에게 한 번도 중요하지 않았습니다. 저는 언제나 앞에 서 있어야 하는 동물 무리의 우두머리가 아니라고 믿습니다. 저는 사람들 속에 있는 것을 아주 좋아하고, 팀을 이루어 일하는 것도 좋아합니다. 그래서 다시 형제들 속에 있는 것이 아주 기쁩니다. 제가 처음 식당에서 저의 새 자리로 갔을 때 형제들이 나를 환영하고 기뻐했던 것을 아직도 기억합니다. 그야말로 아름다웠습니다.

'놓아 버릴 수 있음'은 모든 삶의 기술의 핵심 단어입니다. 신부님에게도 요구되었지요. 놓아 버리는 것이 힘들고 부당한 요구처럼 느껴지지는 않았습니까?

아니요, 정말로 아닙니다. 저는 그저 해방감, 자유, 또 놓아 버릴 수 있음에 감사함을 느꼈을 뿐입니다.

신부님에게는 놓아 버리는 것이 부담에서 벗어난 것, 해방이었군요. 그것이 일에 대한 부담에서 벗어난 것을 넘어서서 어떤 식으로 힘을 주었습니까?

놓아 버림으로써 직책 없이 살 수 있는 것이 얼마나 좋고, 그것이 만족스러울 수 있는지 알았습니다. 그것은 '나는 여전히 한 인간이구나, 나는 여전히 수도자구나, 행복하기 위해서는 직책이 필요하지 않다'는 것을 보여 주었습니다. 저는 이제 완전히 저 자신에게로 돌아왔고, ― 제가 다시 원기를 회복하면 ― 지금까지 제 삶의 경험들과 함께 어떤 새로운 것이 다시 나타날 수 있다는 예감이 들었습니다.

이런 높은 영적 직책으로 자아를 보호하려는 유혹은 없습니까?

그런 유혹도 물론 있습니다. 하지만 그것이 저에게 어떻게 될 것인지는 확실하지 않았습니다. 직책에 매이지 않는다고 늘 생각했지만 정말 그만두게 되면 어떤 감정이 일어날지는 알 수 없었지요. 그러나 나중에 돌아보니 꽤 잘한 것 같습니다.

직책을 잘 놓을 수 있었던 이유는 무엇이라고 생각하세요?

재임 기간 동안 공적인 일을 수행하기 위해 필요했던 영적 부분 말고 저 개인의 영적 삶도 중요하게 여겼습니다. 저는 저만의 내적 수도자의 길을 가려고 했고, 가능한 범위 안에서 우리 영성의 원천에 늘 닿아 있으려고 했습니다. 그 외에도 저 개인의 영적인 길에 영감을 주는 사람들을 만났습니다. 예를 들면, 아프리카와 페루 여행에서 그랬지요. 그것이 또 다른 도움이 되었습니다.

한편으로는 직책을 완전히 수행하고, 다른 한편으로는 직책이 삶의 전부가 아니기 때문에 개인의 삶도 중요하게 여겼다고 하셨습니다. 그것은 수도원에서뿐만 아니라, 일반적으로 유지하기 어려운 삶의 균형입니다.

저는 열심히 일했습니다. 하지만 직책에 저의 정체성이 달려 있다고 보지 않았습니다. 공동체에 봉사하는 직책이었고, 외적 표시들과 특권이 있는 지위는 도움이 되긴 했지만 늘 제가 내적으로 거리를 둔 '부차적인 것'이었습니다. 제 인격을 위한 '장식물'로 그런 것들이 필요하지 않았습니다. 그렇게 하는 건 제게 정말 어렵지 않았어요. 개인적인 영적 생활을 위한 내면의 공간에 충분히 머물렀기 때문에 일에 좌우되지 않으면서 직무를 수행할 수 있는 힘을 얻었습니다.

신부님께서는 어떻게 지속적으로 퇴임을 준비하셨는지 말씀해 주셨습니다. 비슷한 직책에 있는 다른 분들도 이런 방식으로 하는 것이 좋을 것이라고 생각하십니까?

저는 그렇게 하면서 오직 저와 우리 공동체만 생각했습니다. 다른 이가 전통적인 칭호와 외적 표시들을 고수하기를 원한다면 저는 그것을 판단하지 말아야 합니다. 저를 위해서, 우리를 위해서 옳은 것이고, 그것이 복음에 상당히 가깝다고 믿었기 때문에 그렇게 한 것입니다.

그때에 반발하는 사람이 있었습니까? 그래도 그것은 약간 이례적인 것이었습니다.

주교관冠을 쓴 사람들이 때때로 상당히 비판적으로 재차 질문했습니다. 그러나 교회의 '신자들'은 많이 찬성했습니다. 어떤 이는 "드디어 한 사람이 해냈구나!" 하고 말하기도 했습니다. 많은 사람에게 권위와 외적 형태가 중요한 문제라는 인상을 준 것 같습니다. 프란치스코 교황이 요즈음 보내는 신호들이 정확히 이 방향을 가리키고 있습니다. 그분은 우리의 직책을 철저히 '봉사'로 봅니다. 자신을 위한 것도 자신의 영광을 위한 것도 아닙니다. 그것은 복음입니다. 저의 사목 표어인 "너희는 모두 형제다"(마태 23,8) 역시 이와 관련이 있습니다. 예수님은 이렇게 말씀하셨습니다. "이 세상 누구도 아버지라고 부르지 마라. 너희의 아버지는 오직 한 분, 하늘에 계신 그분뿐이시다. 그리고 너희는 선생이라고 불리지 않도록 하여라. 너희의 선생님은 그리스도 한 분뿐이시다"(마태 23,8). 모두가 형제라면 아버지 또는 권위의 역할이 상대적인 것으로 보일 것입니다.

그 말씀은 신부님의 사목 표어를 이해하기 위해 매우 중요한 관계가 있습니다. '아버지' 아빠스로서 신부님은 자신에게 의문을 제기하고 계십니다.

저에게는 두 가지 측면이 다 중요했습니다. 저는 "너희는 모두 형제다"라고 단순하게 말할 수는 없습니다. 그 말이 아빠스로서의 신원에 영향을 끼치기 때문입니다. 그러면 형제적 공동체에서 장상의 업무는 어떻게 되겠습니까? 그것은 긴장되는 도전이었습니다. 항상 쉽지 않았고, 저도 많이 배워야 했으며 실수도 많이 했습니다. 그러나 우리가 이런 형제 관계의 도전을 함께 받아들인 것은 유익했습니다. 그래서 결국 형제들 가운데서 다시 형제가 되는 것이 제게 중요했습니다.

퇴임하신 후 반 년 동안 아프리카에서 지내셨습니다. 공동체 안에서 신부님께 새로운 소임이 주어지리라는 것을 언제 아셨습니까?

원래 퇴임한 아빠스는 새 아빠스 아래 있습니다. 제가 아프리카로 떠나기 전에 후임자인 미하엘 레펜Michael Reepen 아빠스와 저의 미래에 관해 이야기를 나누었습니다. 저는 완전히 그분이 원하는 대로 하겠다고 했습니다. 그러자 그는 공동체가 어떻게 돌아가는지 알고 저를 가장 필요로 하는 곳이 어디인지 보기 위해 제가 다시 돌아올 때까지 결정을 미루고 싶다고 했습니다. 그것은 합리적이었고, 저 역시 시간이 필요했습니다. 아프리카에서 지내는 반 년 동안 종종 머릿속에서 떠오르곤 했습니다. 이곳으로 돌아올 때가 가까워 질수록 미래에 대한 질문이 더욱 저를 불안하게 했습니다. 미하엘 아빠스가 내게 맞지 않은 일을 맡기지 않을까? 그러면 어떻게 할 것인가? 꿈까지 꾼 적도 있습니다. 저는 몇 번이나 아빠스에게 전화를 하거나 편지를 쓰려고 했습니다. 그러나 자제하면서 이렇게 말했습니다. "내게 어떤 일이 벌어질지 모르겠지만, 지금은 참고 기다리자." 이는 제게 매우 좋은 훈련이었습니다. 여기서도 다시 한 번 놓아 버리고 후임자의 결정을 기다리는 것이 저에게 유익했습니다.

돌아오셔서 새 아빠스님 앞에 앉아 그분의 생각을 알게 된 순간이 왔습니다. 어떠셨습니까?

저는 매우 놀랐습니다. 미하엘 아빠스는 이렇게 말했습니다. "신부님이 다른 곳에 가지 않고 여기 우리와 함께 계셨으면 좋겠습니다. 그러나 저는 신부님께 특정한 업무나 책임을 맡기고 싶지는 않습니다. 충분히 많이 하셨습니다. 저는 신부님께 일을 하나 드리고 싶은데 물론 이것이 소임이겠지요. 신부님이 이곳에서 피정객들을 맞아 주셨으면 좋겠습니다. 지금까지의 경험들을 세미나나 강연, 피정 지도를 통해 전달하시고, 무엇보다 최근 몇 년 동안 수도승 원천에서 발견하신 것들과 다른 문화와 접촉하시면서 발견하신 것도 전해 주면 좋겠습니다." 미하엘 아빠스는 제가 이런 일들에 관심을 가지고 있었다는 것을 알고 있었습니다. 그분이 수련장이었기 때문에 우리는 종종 이러한 주제들에 관해 이야기를 나누곤 했습니다. 그러고서는 이렇게 말했지요. "긴 설명이 필요하지 않다고 생각합니다. 그냥 시작해 보십시오. 무엇이 가능한지는 신부님께 보이겠지요." 아빠스의 방을 떠나면서 저는 아주 행복했고 제 앞에 큰 문이 열리는 느낌이 들었습니다. 오늘도 역시 그렇습니다. 제 내면의 깊은 관심사가 많이 이해받고 있음을 느꼈습니다. 아버지가 제게 말씀하시는 것 같았습니다. 저는 감사했습니다.

신임 아빠스와 전임 아빠스와의 관계에 대해 좀 더 이야기하고 싶습니다. 후임자와의 갈등을 방지하기 위해 다른 장소로 가는 것이 특이한 경우는 아니지 않습니까?

공동체 혹은 후임자와 함께 있는 것이 어려워서, 아니면 다른 곳에서 필요로 해서 장상들이 다른 곳으로 가곤 합니다. 자주 있는 일이지요. 저는 후임자에게 결정을 맡겼습니다만 아주 기쁘게 뮌스터슈바르작에 머물렀습니다.

뮌스터슈바르작 같은 이런 큰 수도원의 아빠스로 선출되려면 후보자는 그에 적합한 조직력과 추진력을 지니고 있어야 할 것입니다. 신부님은 자신이 이제 더 이상 결정적인 것을 할 수 없다는 것이 힘들게 느껴지지는 않나요? 신부님은 물론 새로운 것을 하실 수 있지만 그것이 이제 '결정적인' 일은 아닐 것 같습니다.

저는 무언가를 이루어 내는 것을 좋아하고, 아이디어도 많습니다다. 하지만 저는 팀워크를 좋아한다고 앞에서도 말했습니다. 제가 일선에 있을 필요는 없습니다. 제게 중요한 것은 공동으로 결정한 것을 함께 이루어 나가고, 모두가 수용하는 결정을 내리기 위해 소수의 의견도 통합하는 것입니다. 현재도 일하면서 조직력이 많이 필요합니다. 저는 '통솔하지 못해' 아쉬워하지 않습니다.

신부님은 결코 하지 않았을 일을 후임 아빠스가 한다면 어떻게 하시겠습니까?

지금까지 그런 일은 없었습니다. 그러나 벌써 그분에게 "저는 그런 생각이 떠오르지 않았는데 정말 좋은 생각입니다!"라고 종종 말했습니다.

신부님은 그분께 조언도 하십니까?

저는 그분께 이렇게 말했습니다. "저에게 어떤 것이 맞지 않으면, 그것은 우선 저의 문제이지 당신의 문제가 아닙니다. 그것을 어떻게 다루어야 하는지는 저 자신이 해야 할 몫입니다. 저는 아빠스의 결정들을 결코 공적으로나 뒤에서 몰래 비판하지 않을 것입니다. 그러나 아빠스가 내 의견을 듣고 싶으면 언제든 물어볼 수 있습니다. 저는 매우 관심이 있고 의견을 나눌 준비가 되어 있습니다. 하지만 아빠스가 제게 물어보아야 합니다."

그래서 아빠스님은 그렇게 하시나요?

예, 그분은 이따금씩 저를 초대하십니다. 우리는 개인적인 일이나 공동체의 현안에 관해 이야기를 합니다. 그저 의견을 교환할 뿐입니다. 때로는 제가 제안을 하거나 새로운 생각을 내놓기도 합니다. 저의 제안은 어디까지나 제안이지, 업무 지시가 아니라는 것도 그분에게 말했습니다. 제가 생각하는 대로 그분이 하기를 기대하지 않습니다. 제 말에 그분은 "좋습니다. 신부님이 그렇게 말씀하시니 저에게 도움이 됩니다!" 하고 말했고, 우리 둘은 웃었습니다.

신부님은 아직도 수도원에서 지도자 위원회에 속하십니까?

장로회를 말씀하시는 것 같은데요. 3년마다 선출하는 아빠스의 자문기관입니다. 제게 할 마음이 있는지 물었을 때 저는 장로회에 있고 싶지 않다고 했습니다. 우리 수도원에는 활동하는 단체가 대단히 많습니다. 미하엘 아빠스는 제가 이 단체 중 몇 군데에서 함께 일하기를 청했습니다. 저는 그 단체의 장이 아니라 창조적인 생각을 발전시키거나 계획들을 준비하는 일을 함께합니다. 거기서 저는 그룹의 일원으로 의견을 냅니다.

신부님은 완전히 뒤로 물러나셨군요. 신부님이 아빠스였다는 것을 더 이상 기억하지 않으십니까?

재미난 일화가 하나 있습니다. 퇴임 후 첫 영명축일인 4월 24일 전날, 이날은 제가 퇴임한 날이기도 합니다. 미하엘 아빠스가 제게 말했습니다. "신부님이 아주 여러 해 동안 우리의 아빠스였다는 것을 1년에 한 번은 기억해야겠습니다. 그래서 신부님의 영명축일 저녁 식사 때에 모두에게 맥주 한 잔씩 제공하면 어떨까 합니다. 신부님은 찬성하십니까?" 저는 아주 좋다고 했습니다. 크게 소란스러운 것도 아니고 조용하게 기억하는 일이지요. 그리고 가장 아름다운 것은 모두가 그것을 누린다는 것이지요.

아빠스에서 피델리스 신부로 역할이 바뀌는 것에 특징적인 문제가 있었습니까?

예, 몇 가지가 있습니다. 세월이 흐르면서 습관이 된 '장상 메커니즘', 즉 옛 체계입니다. 예를 들면, 공동체에서 소임 이동이 발표될 때 '나는 전혀 알지 못했다. 나에게 전혀 물어보지도 않았다고 생각한 적이 벌써 여러 번 있었습니다. 그러면 갑자기 '너는 퇴임했다'라는 소리가 내면에서 울립니다. 그러면 저는 웃고 맙니다. 지금까지 저는 모든 것을 알았고 늘 정보를 제공받았으며 "내가 그것을 알아야 한다" 혹은 "사전에 내게 물어보아야 한다"는 체계가 내 안에 아주 깊이 자리하고 있습니다. 어떤 이들은 이런 상황에서 화가 나면 "그래도 나에게 물어봐야 하는 것 아니야?"라고 말할 수도 있을 것입니다. 그러면 사람들 사이에서 전임 장상에 대한 반감이 생깁니다. 이것이 그를 불행하게 만들지요. 그러면 전임 장상은 공동체에게 혹은 후임자에게 현명하지 못하게 반응합니다. 저는 제 영혼이 건강하게 반응하고 이런 전형적인 '장상 체계'에 대해 그냥 웃을 수 있어서 기쁩니다. 그렇게 해서 저 자신에게, 주변 사람들에게 넋두리를 늘어놓지 않게 되었지요.

웃음이 도움이 됩니까?

예, 웃음과 그리고 자조로만 설명할 수 있습니다. 아주 많이 도움이 됩니다. 그러면 이런 체계도 서서히 약화됩니다.

공동체에 어떻게 흡수되셨습니까?

특별한 문제는 느끼지 못했습니다. 저는 대단히 빨리 그리고 친절하게 받아들여졌다고 느꼈습니다. 제가 공동체에서 일상적인 일, 예를 들어 주간 식탁 봉사나 그와 비슷한 일을 아주 당연하게 맡아서 한 것이 중요한 역할을 했습니다. 복잡하지 않게 일을 받고 협력하면 아주 빨리 편입될 수 있습니다.

아빠스님이셨을 때는 수도자들이 신부님께 순명할 의무가 있었습니다. 이제는 신부님은 수도자들 가운데 한 명입니다. 동료 수도자들이 신부님에 대한 순명을 끝내기 위해 시간이 필요했습니까?

저는 물론 개인의 내면에서 무슨 일이 일어나고 있는지 알지 못합니다. 예전에도 어려운 관계들, 어려운 결정들이 있었습니다. 어떤 것은 무의식에 남아 있다는 것을 감안해야 합니다. 그러므로 저는 과거의 특정한 문제에 관한 것이면 더욱 조심합니다. 지금까지는 다 잘되었습니다. 무엇보다 이 역전된 상황이 기쁩니다. 옛 주제를 해결하기 위해 누군가 혹은 동료 수사들 사이에서 저에 대한 공격이 있으면 다시 그것에 대해 이야기하고, 필요하다면 내가 아직 그들에게 사과할 수 있는 기회가 있다는 것이 다행입니다. 어떤 이들과는 예전보다 지금 관계가 더 좋습니다. 그래서 기쁩니다.

퇴임 후에도 신부님은 계속해서 매우 활동적이십니다. 신부님은 공동체에 여전히 귀중한 존재이십니다. 지금 하는 모든 활동을 더 이상 할 수 없겠다고 느끼는 날이 오면 그것들을 어떻게 놓아 버리시겠습니까?

저는 올해(2013년) 75세가 되었습니다. 나이는 문제가 되지 않습니다. 그러나 올해 생일이 전환점이 된 것 같습니다. 새로운 시기가 기다리고 있음을 느꼈고, 활동을 조금 줄여야겠다는 생각을 하고 있습니다. 서서히 일이 너무 많다고 느껴지고 노년에 다시 한 번 완전히 다른 주제들을 위한 여유가 필요하다는 것을 깨달았기 때문입니다. 아프리카에서는 노인들이 사람들에게 경험을 전수하는 것은 좋은 일이라고 말합니다. '그러나 노인이 하느님과 좋은 관계를 맺음으로써 공동체에 축복을 가져오는 것'이 더 중요한 과제일 것입니다. 이런 생각이 저를 사로잡습니다. 저는 아직 무엇을 할 수 있을까 기대에 차 있습니다. 여기서 역시 중요한 것은 완전히 고요한 영역입니다. 이는 노수도자에게 꼭 필요한 것이지요. 아직도 열 수 있는 문은 있습니다.

주

1 Gerd B. Achenbach, *Vom Richtigen im Falschen. Wege philosophischer Lebenskönnerschaft*, 138 이하 참조.
2 이 표현은 Johann Michael Sailer의 *Die Weisheit auf der Gasse oder der Sinn und Geist deutscher Sprichwörter*에서 나온 말이다.
3 Friedrich Wulf, *Der Mittagsdämon oder die Krise der Lebensmitte* 참조. 이 책에서 Ignaz Weilner의 *Johannes Taulers Bekehrungsweg: Die Erfahrungsgrundlagen seiner Mystik*에 대한 중요한 언급을 찾았다.
4 안셀름 그륀 신부는 이 두 강의를 책으로 엮어 냈다. *Lebensmitte als geistliche Aufgabe*다. 그륀 신부는 이 소책자의 서문에서 이 주제를 깊이 다루기 위해 당시 배경이 된 우리 공동체의 위기 상황을 밝혔다. 이 주제가 수도원의 문제만이 아니었다는 것은 이 소책자가 그동안 12만 부 이상 판매되었고 아직도 계속해서 팔리고 있는 것을 보아서도 잘 알 수 있다. 그뿐 아니라 이 책은 10개국의 언어로 번역되었다.
5 Josef Goldbrunner, *Die Lebensalter und das Glaubenskönnen*, 11 참조.
6 Fidelis Ruppert, Ins Kloster gehen genügt noch nicht. Die zweite Absage an die Welt nach Johannes Cassian, in: *Erbe und Auftrag*, Heft 3/2013; Fidelis

Ruppert, *Geistlich kämpfen lernen*, 43-48 또한 참조.
7   Fidelis Ruppert, *Mein Geliebter, die riesigen Berge*. 이 책에서 첫 페루 여행에서 겪은 중요한 경험들을 묘사했다.
8   Pascal Mercier, *Nachtzug nach Liassabon*, 321.
9   『그림 동화』*Grimms Märchen*. 루트비히 리히테르Ludwig Richter의 삽화가 있는 전집, 321쪽.
10 Pierre Hadot, *Philosophie als Lebensform. Antike und moderene Exerzitien der Weisheit*; Gerd B. Achenbach, *Lebenskönnerschaft*; Alexander Förster, *Sinn und Aufgabe der philosophischen Praxis*. Alexander Foerster는 이 논문에서 오늘날의 지혜로운 삶의 형태에 대한 다양한 방향을 논했다.
11 Fidelis Ruppert, *Geistlich kämpfen lernen*, 33-48 참조.
12 요한 카시아누스 『담화집』 1권에 관한 Ruppert Fetsch, *Zur Reinheit des Herzens* 참조.
13 Fidelis Ruppert, *Auf dem Weg in die Weite des Herzens und in die vollkommene Gottesliebe. Der benediktinische Weg der inneren Reinigung aus der Tradition des Evagrius Pontikus und des Johannes Cassian* 참조.
14 Basilius von Caesarea, *Die Mönchsregeln*, 302 이하(200번째 질문).
15 Boniface Tiguila, *La présence des moines et moniales âgés au sein des communautés monastiques*, 10.
16 Gabriele Ziegler의 인용문. *Wüstenmütter. Prophetische Frauen anz den Wurzeln des Mönchtums*, 17 참조.
17 빅터 프랭클의 심리학적 기본 통찰을 가리킨다. 그는 나치 수용소에서 문제나 어려움을 창조적으로 극복하기 위해서 목표가 필요하다는 것을 경험을 통해 발견했다.
18 Karl Guido Rey/Edith Hess, *Die Reise ist noch nicht zu Ende*, 85.
19 요한 카시아누스 『담화집』 1,2 참조. Fidelis Ruppert, *Geistlich kämpfen lernen*, 41-43 또한 참조.
20 독일어로 "ins Alter hinein wachsen"(나이 들면서 성장하다)으로 번역한 말이 영어에서는 "growing old"라는 말로 아름답게 표현되고 있다.

21 중병, 더구나 치매에 걸린 사람에 대해서는 완전히 다른 관점에서 덧붙여 설명해야 할 것이다. 이에 대해서는 병에 관해 서술한 장章에서 자세히 언급하겠다. 이 책 3장의 "제일 중요한 것은 건강이다!?" 153쪽 참조.
22 이 책 3장의 "연로한 이들을 공경하고, 연소한 이들을 사랑하라" 116쪽 참조.
23 요한 카시아누스 『담화집』 2,13 참조.
24 Boniface Tiguila, *La Présence des moines et moniales âgés au sein des communautés monastiques monastiques*, 9.
25 요한 카시아누스 『담화집』 2,13 참조.
26 *Die ethische Dimension der Gemeinschaft. Das afrikanische Modell im Nord-Süed-Dialog*, 193와 주 11 참조. 'mzee kijana'라는 표현에 대한 이 책 머리말 참조.
27 Fidelis Ruppert, *Geistlich kämpfen lernen*, 53-59 참조.
28 예컨대 Heiko Ernst, *Wie uns der Teufel reitet. Von der Aktualität der sieben Todsünden*; Aviad Kleinberg, *Die sieben Todsünden. Eine vorläufige Liste*.
29 Franz-Josef Bode, *Und führe uns in der Versuchung. Vom Umgang mit den eigenen Abgründen*.
30 영적 투쟁의 다양한 측면에 관해서는 Fidelis Ruppert, *Geistlich kämpfen lernen*을 참조하라.
31 이 주제에 관한 가장 상세한 연구는 Gabriel Bunge, Drachenwein und Engelsbrot. Die Lehre des Evangrios Pontikos von Zorn und Sanftmut다.
32 Fidelis Ruppert, *Geistlich kämpfen lernen*, 152-159; Evagrius Ponticus, *Worte an die Mönche, Worte an eine Jungfrau*, 26-32 참조.
33 Fidelis Ruppert, *Geistlich kämpfen lernen*, 81-83 참조.
34 같은 책 60-73 참조.
35 Evagrius Ponticus, *Die Große Widerrede. Antirrhetikos*, 113-127 참조.
36 Fidelis Ruppert, *Geistlich kämpfen lernen*, 87-90 참조.
37 안셀름 그륀은 『내 영혼의 치유제』(김영철 옮김, 분도출판사 2014)에서 에바그리우스 폰티쿠스의 가르침을 쉽고 상세하게 설명하고, 여덟 가지 악덕에 맞서는 구체적인 성경 구절과 유익한 성경 말씀을 엮어 우리 시대에 맞게 재구성했다.
38 아쉽게도 출처가 불분명하다.

39 Karl Rahner, *Zum theologischen und anthropologischen Grundverständnis des Alter*, 317 참조.
40 David Steindl-Rast, *99 Blessings: An Invitation to Life* 참조.
41 David Steindl-Rast, *Gratefulness, The Heart of Prayer: An Approach to Life in Fullness* 참조.
42 이 책 1장의 "나이 들어 감을 제때 알아차리기" 13쪽 참조.
43 덧붙여서 전직 방송국 기자인 Sven Kuntze의 *Altern wie ein Gentleman: Zwischen Müßiggang und Engagement*, 247 참조. "하룻밤 사이에 사회적으로 비인간이 되는 것은 쓰디쓴 경험이었다. … 직업을 상실하는 것과 동시에 모든 면에서 나라는 인간에 대한 관심이 사라져 버렸다"는 문장에서 그의 견해가 잘 드러난다.
44 나는 Paul Watzlawicks의 *Anleitung zum Unglücklichsein*을 읽으며 크게 감동했다. 그 후 나는 나 자신과 타인의 잘못에서 많은 것을 배웠다.
45 *Cherubinischer Wandersmann*, 39 (II,30).
46 이 말은 자주 인용되지만 그 출처가 불분명하다.
47 *Ein Lesebuch für unsere Zeit*, 4.
48 마르코 복음 "저절로 자라는 씨앗의 비유"(4,26-28)를 참조하라.
49 "언제나 판결보다 자비를 더 낫게 여겨 자신도 같은 자비를 받게 할 것이다"(『수도 규칙』 64,10 참조); Fidelis Ruppert, *Nur Stellvertreter. Zum Selbstbild des Abtes in der Benediktsregel*, 113 참조.
50 Gerd B. Achenbach, *Lebenskönnerschaft*, 12; Gerd B. Achenbach, *Vom Richtigen im Falschen. Wege philosophischer Lebenskönnerschaft*, 139 참조.
51 Zum theologischen und anthropologischen Grundverständnis des Alters, in: ders., *Schriften zu Theologie XV*, 315-325.
52 Anselm Grün, *Vergib dir selbst*, 33-42 참조.
53 Fidelis Ruppert, *Geistlich kämpfen lernen*에서 인용, 174쪽 참조.
54 *Die Wunde der Ungeliebten*, 100.
55 Andreas Knuf, *Ruhe da oben!* 7 이하. 그는 이와 유사한 경험을 태국의 해변에서 했다고 전하며, 이와 같은 경험의 심리학적 맥락을 설명한다.

56　Joachim Bauer, *Das Gedächtnis des Körpers* 참조.
57　Manfred Arndt, *Ich atme des Abendstern*, 50-55 참조. 여기서 저자는 한 남성 그룹에 대해 보고하고 그들의 대화에서 오고 간 구체적 예화들을 제시한다.
58　Anselm Grün, *Lebensmitte als geistliche Aufgabe*, 35.
59　같은 책 40쪽.
60　Evagrius Pontikus, *Der Praktikos*, 36장 참조.
61　Fidelis Ruppert, *Geistlich kämpfen lernen*의 이 주제에 관한 서술 참조.
62　Evagrios Pontikos, *Der Praktikos*, 36장. "이제 순수한 기억만 남게 되고, 이제부터 수도승의 전투는 더 이상 싸움이 아닌 싸움 자체에 대한 관상으로 나아간다."
63　같은 책 67장 참조.
64　같은 책 83장 참조.
65　Manfred Arndt, *Ich atme den Abendstern*, 54.
66　*Die selige Synkletike wurde gefragt* 53 이하(62-66장) 참조.
67　*mnesikakia*를 독일어로 '나쁜 기억'으로 번역할 수 있지만, 이 증상의 만성적인 특성을 분명하게 하기 위해 '불쾌한 기억' 혹은 '병적인 기억'이라고 하는 것이 더 적합한 듯하다.
68　Pascal Mercier, *Nachtzug nach Liassabon*, 432-434 참조.
69　게르하르트 리들Gerhard Riedl이 자신의 논문에서 이 심리학적 치료법을 잘 정리했다.
70　Fidelis Ruppert, *Geistlich kämpfen lernen*, 150 이하 참조.
71　*Wahrheit, mit der ich lebe. Entdeckungen auf dem Glaubensweg*, 228 참조.
72　*Grau ist bunt. Was im Alter möglich ist*, 22 참조.
73　*Die Kunst des Aufhörens. Leben heißt, sich dem Fluss anvertrauen, der Anfänge schenkt und Abschiede zumutet*, 34.
74　Arnold van Gennep, *Übergangsriten*; Victor Turner, *Das Ritual. Struktur und Anti-Struktur* 참조.
75　John Gatungu Githiga, *Initiation and Pastoral Psychology*, 55.
76　"오히려 저는 제 영혼을 가다듬고 가라앉혔습니다. 어미 품에 안긴 젖 뗀 아기 같습니다. 저에게 제 영혼은 젖 뗀 아기 같습니다."

77 『어두운 밤』1장; 5장과 7장 참조.
78 "치유하는 습관을 만드는 반복의 의미에 대해." Karlheinz A. Geissler, *Lob der Pause. von der Vielfalt der Zeiten und der Poesie des Augenblicks*, 53-65.
79 2011년 3월 22일 발표.
80 *Publick-Forum* EXTRA 1/2013, 26.
81 참조: Arnold van Gennep, *Übergangsriten*, 21; Victor Turner, *Das Ritual. Struktur und Anti-Struktur*, 94.
82 참조: *Zur Schwellenphase*; Arnold van Gennep, *Übergangsriten*, 261.
83 Gerald Hüther, *Biologie der Angst. Wie aus Stress Gefühle werden*, 25. 62 참조.
84 Gerald Hüther, *Was wir sind und was wir sein könnten*, 122-144 참조.
85 *Wahrheit, mit der ich lebe. Entdeckungen auf dem Glaubensweg*, 229 참조.
86 이에 덧붙여서 요한 카시아누스 『담화집』의 열네 번째 담화 Johannes Cassianus, Sämtliche Schriften Bd 2. 115 참조; Fidelis Ruppert, *Ins Kloster gehen genügt noch nicht*. 요한 카시아누스에 따른 두 번째 세상 포기 참조.
87 *Finanzkrise*, 461 참조.
88 *Die innere Freiheit des Alterns*, 124.
89 Fidelis Ruppert, *Geistlich kämpfen lernen*, 159-164 참조.
90 Joseph Ratzinger, *Die christliche Brüderlichkeit*, 참조.
91 Gabriel Bunge, *Geistliche Vaterschaft*; Anselm Grün, *Geistliche Begleitung bei den Wüstenvätern*; Rudolf Prokschi/Marianne Schlosser, *Vater, sag mir ein Wort: Geistliche Begleitung in den Traditionen von Ost und West*.
92 Mauro Matthei/Enrique Con treras, "Seniores venerare - Juniores diligere." Conflit et Réconciliation des Générations dans le Monachisme Ancien.
93 Johannes Cassian, *Unterredungen mit den Vätern*, 102.
94 같은 책 103 참조.
95 같은 책 104 참조.
96 같은 책 105 참조.
97 Herbert Müller-Franke, *Wüstenväter - Moderne Verhaltenstherapeuten?*, 210-213 참조. 뮐러프랑케는 한 강연에서 행동심리학적인 측면에서 이 두 노수도승

의 관계를 철저하게 분석했다.
98 *Die ethische Dimension der Gemeinschaft*, 193.
99 Boniface Tiguila, *Afrikanische Weisheit - Monatische Weisheit*. 저자는 아프리카의 금언들과 사막 교부의 금언들을 연결하여 설명한다.
100 같은 책 214.
101 같은 곳.
102 같은 곳.
103 같은 책 215.
104 같은 곳.
105 Anselm Grün/Fidelis Ruppert, *Christus im Bruder. Benediktinische Nächsten- und Feindesliebe*.
106 그레고리오 대종 『베네딕도 전기』 이형우 역주, 분도출판사 1999, 머리말 1.
107 Kurt Marti, *Heilige Vergänglichkeit*, 20.
108 참조: Michaela Puzicha, *Kommentar zur Vita Benedicti*, 103; Ernst Robert Curtius, *Puer senex*, 12 이하; Ernst Robert Curtius, *Knabe und Greis. Greisin und Maedchen*, 108-115.
109 이 책 "머리말" 참조.
110 늙은이의 모태에서 출생이 불가능해 보였듯이, 동정녀에게서 탄생하실 예수님에 대한 이야기가 이어진다. 여기서도 출생은 자연법칙을 넘어서는 새롭고 초자연적인 삶을 의미한다.
111 Bénézet Bujo, *Die ethische Dimension der Gemeinschaft*, 189.
112 같은 곳.
113 같은 곳.
114 같은 책 190쪽 참조. 직위에서 제때에 평화로이 작별을 하는 것의 의미에 대해 자세히 설명하는 P.N. Wachege, *Living to Die, Dying to live*, 92-96도 참조하라.
115 아프리카의 여러 전통에서는 성불구자나 노년에 성적 능력이 없는 사람들은 (보통의 경우 생물학적 생식 능력이 엄청난 의미가 있음에도) 피안의 세계를 연결하는 중개자로서 사회적·종교적 역할을 했다. 이런 불임은 높은 차원에서 결실을 맺는다. 이에 관해서는 Laurenti Magesa, *Ethik des Lebens*, 153 참조.

116　*Worte der Erfahrung*, 76 이하.
117　Ingrid Riedel, *Die innere Freiheit des Alterns*, 124.
118　같은 곳.
119　같은 책 125.
120　*Die Gegenwart alter Mönche und Nonnen*, 213.
121　이 책 1장의 "노년에도 계속 성장하기" 26쪽 참조.
122　Basilius von Caesarea, *Die Mönchsregeln*, 302 이하 (200번째 질문).
123　Erich Rommerskirch, *Geschenk des Vertrauens. Gertrud von Le Fort*, 117.
124　같은 책 116.
125　Velma Wallis, *Zwei alte Frauen. Eine Legende von Verrat und Tapferkeit*, 24.
126　같은 책 34.
127　같은 책 36.
128　같은 책 110.
129　Wolfgang Beinert, *Kann man dem Glauben trauen? Grundlagen theologischer Erkenntnis*, 21-48 참조.
130　*Heilige Vergänglichkeit*, 27.
131　*Von der Unbegreiflichkeit Gottes*, 27.
132　*Frömmigkeit früher und heute*, 22.
133　*Heilige Vergänglichkeit*, 26.
134　*Von der Unbegreiflichkeit Gottes*, 27.
135　Ludger Schwienhorst-Schönberger, *Ein Weg durch das Leid. Die Theodizeefrage im Alten Testament*, 39-47 참조.
136　Fidelis Ruppert, *Geistlich kämpfen lernen*, 68 이하; 74-76 참조.
137　Johanna Domek, *Benediktinische Frauen bewegen die Welt*, 116.
138　이 책 2장의 "과거의 아픔 허용하기" 75쪽 참조.
139　Thomas Keating, *Das Gebet der Sammlung*, 109-129 참조.
140　Thomas Keating, *Das Gebet der Sammlung*; Cynthia Bourgeault, *Centering Prayer and Inner Awakening*.
141　*Ich bin ein ratlos Suchender*, 40.

142 같은 곳.
143 같은 곳.
144 같은 책 41.
145 같은 책 42.
146 Detlef Wendler, *Vom Glück des Gehens. Ein Weg zur Lebenskunst.*
147 Henry David Thoreau, *Vom Spazieren*, 6, 87.
148 *Pensées* Nr. 610.
149 Hans-Georg Wiedemann, *Altern ist (k)eine Achterbahn: Mein Gespräch mit Gott*, 55-77. 건강을 삶의 중심에 두고 있는 것처럼 보이는 사람들에 대해서.
150 *Die Stille der Zeit, Gedanken zum Älterwerden*, 9.
151 같은 책 13.
152 같은 책 20.
153 같은 책 21.
154 같은 책 110.
155 *Heilige Vergänglichkeit*, 16. 17.
156 같은 책 20.
157 같은 곳.
158 같은 책 27.
159 같은 책 28.
160 같은 책 26. 27.
161 같은 책 38.
162 Mary C. Earle, *Beginning again, Benedictine Wisdom for Living with Illness*, 13-19. 33-38.
163 같은 책 9 참조.
164 같은 책 1.
165 이에 덧붙여서 Anselm Grün/Meinrad Dufner, *Spiritualität von unten*을 참조.
166 *Vom Richtigen im Falschen*, 26.
167 *Der Große Fall*, 232.
168 Erich Schützendorf의 강의록 제목처럼.

169 Peter Gross/Karin Fagetti, *Glücksfall Alters*, 27.
170 참조; 같은 책 24-34; Jonathan Franzen, *Das Gehirn meines Vaters*, 30-32.
171 Walter Jens/Hans Küng, *Menschenwürdig Sterben. Ein Plädoyer für Selbstverantwortung*, 210.
172 *Der alte König in seinem Exil*, 17.
173 같은 책 173.
174 같은 책 186.
175 같은 책 179.
176 같은 책 189.
177 같은 곳.
178 알렉산드리아의 아타나시우스 『사막의 안토니우스』 허성석 옮김, 분도출판사 2015, 176.
179 Georg Holzherr, *Die Benediktsregel*, 103 이하 참조.
180 *Philosophie als Lebensform*, 53-59.
181 참조; 같은 책 55. 194.
182 Placidus Berger, *Ars Moriendi: Die Kunst des Lebens und des Sterbens* 참조. 이 책에도 많은 문헌이 제시되어 있다.
183 이 책 1장의 "나이 들어 감을 제때 알아차리기" 13쪽 참조.
184 Bernhard Meuser, *Christsein für Einsteiger*, 180-185. 임종 십자가와 임종 묵주를 늘 침대 옆에 있는 탁자에 두고 매일 가족들과 '선종'을 위해 기도한 저자의 할머니에 대한 이야기를 하고 있다.
185 Peter Gross/Karin Fagetti, *Glücksfall Alte*, 180-185; Gian Domenico Borasio, *Über das Sterben*, 159-175.
186 Gian Domenico Borasio, *Über das Sterben* 참조.
187 Sophronia Feldhohn/Jakobus Kaffanke, *Sich täglich den Tod vor Augen halten. Sterbeberichte früher Mönche und Nonnen*.
188 알렉산드리아의 아타나시우스 『사막의 안토니우스』 176.
189 그레고리오 대종 『베네딕도 전기』 37,2.
190 *Tanzen heißt auferstehen: Letztes Tagebuch*, 14.

191 같은 책 62.
192 같은 책 63.
193 같은 책 64.
194 *Zum theologischen und anthropologischen Grundverständnis des Alters*, 321.
195 이 강론은 인터넷에 게재되어 있다.
196 키팅은 이 강론에서 자기 수도원 초대 아빠스 에드문트 푸터러Edmund Futterer의 삶에 대해서도 언급했다. 에드문트도 바실처럼 매우 활동적으로 살았지만 고통 속에서 삶을 마감했다. "최종적으로 재능을 가장 훌륭하게 사용하는 것은 그것을 포기하는 것인 듯하다. 이런 말을 듣고 싶지 않겠지만, 나는 이것이 진실이라는 것이 두렵다."
197 *Selig die Suchenden*, 116.
198 이 관습은 우리 문화에서도 전혀 낯선 것이 아니다. Fulbert Steffensky, *Segnen - Sikzzen zu einer Geste*, 47의 죽음을 앞둔 아버지가 어린 아들에게 축복하는 이야기를 참조하라.
199 Monika Renz, *Hinübergehen. Was beim Sterben geschieht. Annäherungen an letzte Wahrheiten unseres Lebens*; Gian Domenico Borasio, *Über das Sterben. Was wir wissen. Was wir tun können. Wie wir uns darauf einstellen.*
200 Eva M. Welskop-Deffaa, *Watch the gap. Politik für eine Gesellschaft des langen Lebens*, 37.
201 같은 책 38.
202 뷔르츠부르크 아우구스티누스 연구소 코르넬리우스 마이어(아우구스티누스회 신부)의 지적이다.
203 Hans-Georg Wiedemann, *Altern ist (k)eine Achterbahn*, 52.
204 Jörg Zink, *Die Stille der Zeit, Gedanken zum Älterwerden*, 45.
205 Rupert Fetsch, "Zur Reinheit des Herzens" bei Johannes Cassian, 200 이하; Gerd Summa, *Von der Wüste zur klösterlichen Zelle*, 174 이하.
206 David Steindl-Rast, *Und ich mag mich nicht bewahren. Vom Älterwerden und Reifen*, 6.
207 Silja Walter, *Tanzen heißt auferstehen*, 6.

208 같은 책 26.
209 Ingrid Riedel, *Die innere Freiheit des Alterns*, 72.
210 Richard Rohr, *The Naked Now: Learning to See as the Mystics See*.
211 P.N. Wachege, *Living to Die, Dying to Live. African Christian Insights*, 90.
212 Isaak von antiochien, Gedicht über die Nachtwachen zu Antiochien, 215.
213 요한 카시아누스『담화집』4,2.
214 Sr. Mirijam Schaeidt, *Aufbrüche. Geschichte der Trierer Benediktinerinnen vom Heiligsten Sakrament*, 7.

참고문헌

Athanasius von Alexandrien, *Leben des heiligen Antonius* (Bibliothek der Kirchenväter 31), Kempten 1917.

Regula Benedicti – Die Benediktusregel. Lateinisch/Deutsch. Hg. im Auftrag der Salzburger Äbtekonferenz, 4. Auflage, Beuron 2005.

Gregor der Große, *Der heilige Benedikt.* Buch II der Dialoge, lateinisch/deutsch, St. Ottilien 1995.

Michaela Puzicha, *Kommentar zur Vita Benedicti,* St. Ottilien 2012.

HOLZHERR, Georg, *Die Benediktsregel. Eine Anleitung zu christlichem Leben,* Freiburg/Schweiz 2005.

Evagrius Ponticus, *Die Große Widerrede. Antirrhetikos.* Übersetzt von Leo Trunk mit einer Einführung von Anselm Grün und Fidelis Ruppert (Quellen der Spiritualität 1), Münsterschwarzach 2010.

—, *Worte an die Mönche – Worte an eine Jungfrau.* Eingeleitet und übersetzt von Wilfried Eisele, mit einer Hinführung von Fidelis Ruppert (Quellen der Spiritualität 6), Münsterschwarzach 2012.

—, *Der Praktikos.* Eingeleitet und kommentiert von Gabriel Bunge (Weisungen der Väter 6), Beuron 2008.

Johannes Cassianus, *Sämtliche Schriften*. Übersetzt von Valentin Thalhofer (Bibliothek der Kirchenväter), 2. Band, Kempten 1879.

—, *Unterredungen mit den Vätern*. Collationes Patrum. Teil I: Collationes 1 bis 10. Übersetzt und erläutert von Gabriele Ziegler (Quellen der Spiritualität 5), Münsterschwarzach 2011.

"Die selige Synkletike wurde gefragt." Vita der Amma Synkletike. Hg. Karl Suso Frank (Weisung der Väter 5), Beuron 2008.

Basilius von Caesarea, *Die Mönchsregeln*. Hinführung und Übersetzung von Karl Suso Frank, St. Ottilien 1981.

Isaak von Antiochien, Gedicht über die Nachtwachen zu Antiochien, in: *Ausgewählte Schriften der syrischen Dichter*. Bibliothek der Kirchenväter VI, Kempten 1912, S. 210-216.

ACHENBACH, Gerd B., *Lebenskönnerschaft* (Herder Spektrum 5123), Freiburg 2001.

—, *Vom Richtigen im Falschen. Wege philosophischer Lebenskönnerschaft*, Freiburg 2003.

Angelus Silesius, *Cherubinischer Wandersmann*. Hrsg. Theo Rody, Aschaffenburg 1947.

ARNDT, Manfred, *Ich atme den Abendstern. Anders Altern*, Norderstedt o. J. (Books on Demand).

BAUR, Joachim, *Das Gedächtnis des Körpers. Wie Beziehungen und Lebensstile unsere Gene steuern*, München 2012.

BEINERT, Wolfgang, *Kann man dem Glauben noch trauen? Grundlagen theologischer Erkenntnis*, Regensburg 2004.

BERGER, Placidus, *Ars Moriendi. Die Kunst des Lebens und des Sterbens* (Münsterschwarzacher Kleinschriften 176), Münsterschwarzach 2010.

BODE, Franz-Josef, *Und führe uns in der Versuchung. Vom Umgang mit den eigenen Abgründen*, Freiburg 2012.

BORASIO, Gian Domenico, *Über das Sterben. Was wir wissen. Was wir tun können. Wie wir uns darauf einstellen*, München 2011.

BOURGEAULT, Cynthia, *Centering Prayer and Inner Awakening*. Foreword by Thomas Keating, Lanham 2004.

BRECHT, Bertold, *Ein Lesebuch für unsere Zeit*, Berlin 1970.

BUJO, Bénézet, *Die ethische Dimension der Gemeinschaft. Das afrikanische Modell im Nord-Süd-dialog* (Studien zur theologischen Ethik 49), Freiburg/Schweiz 1993.

BUNGE, Gabriel, *Drachenwein und Engelsbrot. Die Lehre des Evagrios Pontikos von Zorn und Sanftmut*, Würzburg 1999.

—, Geistliche Vaterschaft (Eremos 1), Berlin 2011.

CURTIUS, Ernst Robert, Knabe und Greis. Greisin und Mädchen. In: *Europäische Literatur und lateinisches Mittelalter*, Bern 1954, S. 108-115.

—, Puer senex, in: *Gesammelte Aufsätze zur romanischen Philologie*, Bern und München 1960, S. 12f.

DOMEK, Johanna, *Benediktinische Frauen bewegen die Welt*. 24 Lebensbilder, Münsterschwarzach 2009.

DOSTOJEWSKIJ, Fjodor, *Die Brüder Karamasow*. Übersetzt von Swetlana Geier, Frankfurt 2006.

EARLE, Mary C. *Beginning again. Benedictine Wisdom for Living with Illness*. Harrisburg 2004.

ERNST, Heiko, *Wie uns der Teufel reitet. Von der Aktualität der sieben Todsünden*, Freiburg 2011.

Evangelisches Gesangbuch. Ausgabe für die Evangelisch-Lutherischen Kirchen in Bayern und Thüringen, München o. J.

FELDHOHN, Sophronia, *Kaffanke, Jakobus, Sich täglich den Tod vor Augen halten. Sterbeberichte früher Mönche und Nonnen* (Weisungen der Väter 2), Beuron 2006.

FETSCH, Rupert, "Zur Reinheit des Herzens" bei Johannes Cassian anhand von Collation 1, in: Linus Eibicht u. a. (Hrsg.), *Das Schauen Gottes wiedererlangen* (Weisungen der Väter 21), Beuron 2012, S. 191-209.

FÖRSTER, Alexander Sinn und Aufgabe der Philosophischen Praxis, in: *Stimmen der Zeit*, Heft 10, 2012, S. 662-670.

FRANZEN, Jonathan, Das Gehirn meines Vaters, in: ders., *Anleitung zum Alleinsein. Essays*, Hamburg 2007.

GEIGER, Arno, *Der alte König in seinem Exil*, München 2011.

GEIßLER, Karlheinz A., *Lob der Pause. Von der Vielfalt der Zeiten und der Poesie des Augenblicks*, München 2012.

GENNEP, Arnold van, *Übergangsriten*, Frankfurt 1999.

GITHIGA, John Gatungu, *Initiation and Pastoral Psychology*, Canyon, Texas 1996.

GOLDBRUNNER, Josef, *Die Lebensalter und das Glaubenkönnen*, Regensburg 1973.

Grimms Märchen. Gesamtausgabe mit Illustrationen von Ludwig Richter, Bindlach 1994.

GROSS, Peter/FAGETTI, Karin, *Glücksfall Alter. Alte Menschen sind gefährlich, weil sie keine Angst vor der Zukunft haben*, Freiburg 2008.

GRÜN, Anselm, *Lebensmitte als geistliche Aufgabe* (Münsterschwarzacher Kleinschriften 13), Münsterschwarzach, 11. Auflage 2011.

—, *Geistliche Begleitung bei den Wüstenvätern* (Münsterschwarzacher Kleinschriften 67), Münsterschwarzach 2002.

—, *Vergib dir selbst* (Münsterschwarzacher Kleinschriften 120), Münsterschwarzach 1999.

—, *Die spirituelle Hausapotheke. Für alle Fälle*, Münsterschwarzach und Stuttgart 2013.

GRÜN, Anselm/DUFNER, Meinrad, *Spiritualität von unten* (Münsterschwarzacher Kleinschriften 82), Münsterschwarzach 2004.

GRÜN, Anselm/RUPPERT, Fidelis, *Christus im Bruder. Benediktinische Nächsten- und Feindesliebe* (Münsterschwarzacher Kleinschriften 3), Münsterschwarzach 2004.

HADOT, Pierre, *Philosophie als Lebensform. Antike und moderne Exerzitien der Weisheit*, Berlin 1991.

HANDKE, Peter, *Der Große Fall*, Berlin 2011.

HOFMEISTER, Klaus, Die Kunst des Aufhörens. Leben heißt, sich dem Fluss anvertrauen, der Anfänge schenkt und Abschiede zumutet, in: *Publik-*

Forum EXTRA 1/2013, S. 33f.

HUME, Basil, *Selig die Suchenden*, München 2001.

HÜTHER, Gerald, *Was wir sind und was wir sein könnten*, Frankfurt a. M. 2011.

—, *Biologie der Angst. Wie aus Stress Gefühle werden*, Göttingen 2012.

JENS, Walter/KÜNG, Hans, *Menschenwürdig sterben. Ein Plädoyer für Selbstverantwortung. Mit einem Text von Inge Jens*, München 2011.

Johannes vom Kreuz, *Dunkle Nacht*, München 1924.

KEATING, Thomas, *Das Gebet der Sammlung*, Münsterschwarzach 2010.

—, *Das kontemplative Gebet*, Münsterschwarzach 2012.

KLEINBERG, Aviad, *Die sieben Todsünden. Eine vorläufige Liste*, Berlin 2010.

KNUF, Andreas, *Ruhe da oben! Der Weg zu einem gelassenen Geist*, Freiburg 2011.

KUNTZE, Sven, *Altern wie ein Gentleman. Zwischen Müßiggang und Engagement*, München 2012.

—, "Ich bin ein ratlos Suchender." Interview in *Publik Forum* Nr. 1/2013, S. 40-42.

LÉGAUT, Marcel, *Worte der Erfahrung*, Freiburg 1975.

MAGESA, Laurenti, *Ethik des Lebens. Die afrikanische Kultur der Gemeinschaft* (Theologie der Dritten Welt 36) Freiburg 2007.

MARTI, Kurt, *Heilige Vergänglichkeit. Spätsätze*, Stuttgart 2011.

MATTHEI, Mauro/CONTRERAS, Enrique, "Seniores venerare – Juniores diligere." Conflit et Réconciliation des Générations dans le Monachisme Ancien, in: *Collectanea Cisterciensia 39* (1977) S. 31-67.

MERCIER, Pascal, *Nachtzug nach Lissabon*, München 2004.

MEUSER, Bernhard, *Christsein für Einsteiger*, München 2007.

MÜLLER-FRANKE, Herbert, Wüstenväter – Moderne Verhaltenstherapeuten?, in: Linus Eibicht, Jakobus Kaffanke (Hg.), *Das Schauen Gottes wiedererlangen* (Weisungen der Väter 21) Beuron 2012, S. 210-219.

PASCAL, Blaise, *Gedanken*. Übertr. v Wolfgang Rüttenauer, Birsfelden-Basel o. J.

PROKSCHI, Rudolf/SCHLOSSER, Marianne, *Vater, Sag mir ein Wort. Geistlich Be-*

gleitung in den Traditionen von Ost und West, Würzburg 2007.

RAHNER, Karl, Frömmigkeit früher und heute, in: ders., *Schriften zur Theologie*. Band VII, Freiburg 1966, S. 11-31.

—, Zum theologischen und anthropologischen Grundverständnis des Alters, in: ders., *Schriften zu Theologie XV*, Zürich 1983, S. 315-325.

—, Von der Unbegreiflichkeit Gottes. Erfahrungen eines katholischen Theologen. Mit einer Einführung von Karl Kardinal Lehmann, Freiburg 2005.

RATZINGER, Joseph, *Die christliche Brüderlichkeit*, München, Neuausgabe 2006.

RENZ, Monika, *Hinübergehen. Was beim Sterben geschieht. Annäherungen an letzte Wahrheiten unseres Lebens*, Freiburg 2011.

REY, Karl Guido/HESS, Edith, *Die Reise ist noch nicht zu Ende*, Freiburg 2004.

RIEDEL, Ingrid, *Die innere Freiheit des Alterns*, Mannheim 2010.

ROHR, Richard, *Pure Präsenz. Sehen lernen wie die Mystiker*, München 2010.

ROMMERSKIRCH, Erich, Geschenk des Vertrauens. Gertrud von Le Fort, in: *Der Lebensabend großer Christen*, Würzburg 1978.

RUPPERT, Fidelis, *Mein Geliebter, die riesigen Berge. Erfahrungen in den Bergen von Peru* (Münsterschwarz. Kleinschriften 86) Münsterschwarzach 1994.

—, Meditatio – Ruminatio. Zu einem Grundbegriff christlicher Meditation, in: *Erbe und Auftrag 53* (1977) S. 83-93.

—, Nur Stellvertreter. Zum Selbstbild des Abtes in der Benediktsregel, in: *Erbe und Auftrag 76* (2000) S. 107-118.

—, *Geistlich kämpfen lernen. Benediktinische Lebenskunst für den Alltag*, Münsterschwarzach 2012.

—, Auf dem Weg in die Weite des Herzens und in die vollkommene Gottesliebe. Der benediktinische Weg der inneren Reinigung aus der Tradition des Evagrius Pontikus und des Johannes Cassian, in: Linus Eibicht u. a. (Hg.), *Das Schauen Gottes wiedererlangen* (Weisungen der Väter 21) Beuron 2012, S. 73-91.

—, Ins Kloster gehen genügt noch nicht. Die zweite Absage an die Welt nach

Johannes Cassian, in: *Erbe und Auftrag*, Heft 3/2013.

RUPPERT, Fidelis/VASQUEZ, Orlando, *Mein Geliebter, die riesigen Berge. Erfahrungen in den Bergen von Peru*. Illustrierte Ausgabe mit Bildern von Orlando Vasquez, Münsterschwarzach 1996.

SAILER, Johann Michael, *Die Weisheit auf der Gasse oder Sinn und Geist deutscher Sprichwörter*, Frankfurt a. M. 1996.

SATORY, Gertrude, *Wahrheit mit der ich lebe. Entdeckungen auf dem Glaubensweg*, München 2000.

SCHAEIDT, Sr. Mirijam, *Aufbrüche. Geschichte der Trierer Benediktinerinnen vom Heiligsten Sakrament*, Trier 2012 (Books on Demand, Norderstedt).

SCHELLENBAUM, Peter, *Die Wunde der Ungeliebten*, München 1989.

SCHERF, Henning, *Grau ist bunt. Was im Alter möglich ist*, Freiburg 2006.

SCHÜTZENDORF, Erich, Das Recht der Alten auf Eigensinn. Hörbuch mit 4 CDs, Munchen 2009.

SCHWIENHORST-SCHÖNBERGER, Ludger, Ein Weg durch das Leid. Die Theodizeefrage im Alten Testament, in: Michael Böhnke u. a. (Hg.), *Leid erfahren – Sinn suchen, Das Problem der Theodizee*, Freiburg 2007, S. 7-49

SIEVEKING, David, *Vergiss mein nicht. Wie meine Mutter ihr Gedächtnis verlor und ich meine Eltern neu entdeckte*, Freiburg 2012.

SÖDING, Thomas, Finanzkrise, in: *Christ in der Gegenwart*, 14.10.2012, S. 461.

STEFFENSKY, Fulbert, Segnen. Skizzen zu einer Geste in: Li Hangartner, Brigitte Vielhaus (Hg.), *Segnen und gesegnet werden*, Düsseldorf 2006, S. 43-53.

—, Aufbruch in später Zeit. Ich werde nie Boden unter die Füße bekommen, wenn ich ständig dem Vergangenen nachweine, in: *Publik-Forum* EXTRA 1/2013, S. 26f.

STEINDL-RAST, David, *Fülle und Nichts. Von innen her zum Leben erwachen*, Freiburg 1999.

—, *Einladung zur Dankbarkeit*. Hrsg. von Ulla Bohn, Freiburg 2012.

—, Und ich mag mich nicht bewahren. Vom Älterwerden und Reifen, Innsbruck 2012.

SUMMA, Gerd, Von der Wüste zur klösterlichen Zelle, in: Linus Eibicht u. a. (Hgs), *Das Schauen Gottes wiedererlangen* (Weisungen der Väter 21) Beuron 2012, S. 163-190.

THOREAU, Henry David, *Vom Spazieren*. Essay, Zurich 2004.

TIGUILLA, Boniface, Afrikanische Weisheit – Monastische Weisheit (Münsterschwarzacher Kleinschriften 80), Münsterschwarzach 1994.

—, La présence des moines et moniales âgés au sein des communautés monastiques in: *Le don des aînés. Bulletin l'AIM* 2009 No. 96, S. 7-16.

—, Die Gegenwart alter Mönche und Nonnen in klösterlichen Gemeinschaften, in: *Erbe und Auftrag* 86 (2010), S. 213-315 (Dieser Artikel ist eine auszugsweise Übersetzung des vorangehenden Beitrages.).

TURNER, Victor, *Das Ritual. Struktur und Anti-Struktur*, Frankfurt 2005.

WACHEGE, P. N., *Living to Die, Dying to Live. African Christian Insights*, Nairobi 2005.

WALLIS, Velma, *Zwei alte Frauen. Eine Legende von Verrat und Tapferkei*t, München 2010.

WALTER, Silja, *Tanzen heißt auferstehen. Letztes Tagebuch*, Freiburg/Schweiz 2011.

WATZLAWICK, Paul, *Anleitung zum Unglücklichsein*, München 2002.

WEILNER, Ignaz, *Johannes Taulers Bekehrungsweg. Die Erfahrungsgrundlagen seiner Mystik*, Regensburg 1961.

WELSKOP-DEFFAA/Eva M., Watch the gap. Politik für eine Gesellschaft des langen Lebens, in: *Herder Korrespondenz* Heft 1/2013, S. 37-42.

WENDLER, Detlef, Vom Glück des Gehens. Ein Weg zur Lebenskunst, München 2010.

WIEDEMANN, Hans-Georg, *Altern ist (k)eine Achterbahn. Mein Gespräch mit Gott. Publik-Forum Streitschrift*, Oberursel 2013.

WULF, Friedrich, Der Mittagsdämon oder die Krise der Lebensmitte, in: *Geist und Leben* 38 (1965) S. 241-245.

Ziegler, Gabriele, Wüstenmütter Prophetische Frauen an den Wurzeln des Mönchtums, in: *Monastische Informationen* Nr. 152, September 2012, S. 17.

Zink, Jörg, *Ich werde gerne alt*, Stuttgart 1989.

—, *Die Stille der Zeit. Gedanken zum Älterwerden*, Gütersloh 2012.